Almut Seidel (Hg.)
Verschmerzen

Almut Seidel (Hg.)

Verschmerzen

Musiktherapie mit krebserkrankten Frauen und Männern im Spannungsfeld von kurativer und palliativer Behandlung

zeitpunkt musik
Reichert Verlag Wiesbaden 2005

Bibliografische Information Der Deutschen Bibliothek
Die Deutsche Bibliothek verzeichnet diese Publikation in der Deutschen Nationalbibliografie;
detaillierte bibliografische Daten sind im Internet über http://dnb.ddb.de abrufbar.

Gedruckt auf säurefreiem Papier
(alterungsbeständig – pH 7, neutral)

Dr. Ludwig Reichert Verlag Wiesbaden 2005
www.reichert-verlag.de
ISBN: 3-89500-457-X

Printed in Germany

Schön
wenn der verwundete Mensch
seine Narben
verschmerzt

sich gesellt
zum stillen Stein
zum beredten Wasserfall

und sich erkennt
im Blick der
Nachbarpupille

Rose Ausländer

Inhalt

Vorwort

In Krankenhäusern und Kliniken auf der ganzen Welt ist Musiktherapie heute ein fester Bestandteil der Arbeit mit Krebspatienten und in der Palliativpflege. Mit der beruflichen Weiterentwicklung der Musiktherapie weltweit hat auch ihre Bedeutung in der Palliativpflege zugenommen. Künste und schöpferische Kunsttherapien gelten als eine Form geistiger Betreuung, insbesondere für Patienten[1] mit lebensbedrohenden Krankheiten. Mit der Möglichkeit, sich künstlerisch zu betätigen und kreative Ausdrucksformen zu entwickeln, werden beispielsweise Krebspatienten eher in die Lage versetzt, Kummer und Leid zu äußern, trotz der Krankheit Freude am Leben zu haben, ihre Situation zu ertragen und darin Sinn und Heilung zu finden.

Die Empfehlungen der Weltgesundheitsorganisation für die Betreuung von Krebspatienten und die Palliativpflege lauten: das Leben bejahen und Sterben als normalen Vorgang ansehen, Schmerzen und Leidenssymptome lindern, psychologische und spirituelle Aspekte in der Patientenbetreuung berücksichtigen, den Patienten so aktiv wie möglich bis zum Tod Unterstützung gewähren und den betroffenen Familien während der Krankheit und in der Trauerphase Hilfestellung geben. Die Musiktherapie hat das Potential, all diesen Empfehlungen zu entsprechen.

Viele Studien beschreiben den Einsatz von Musiktherapie auch für Angehörige und Pflegende. Musiktherapie ist wichtig für die Arbeit mit Patienten und ihren Familien; Musiktherapeuten betonen aber auch die heilende Kraft der Musik für sich selbst, wenn sie mit Sterbenden arbeiten und deren Bedürfnissen gerecht zu werden versuchen, und für ihre gemeinsame Arbeit im Krankenhaus mit Kollegen und Freunden.

Die Untersuchung dieses Buches liefert einen bedeutenden Beitrag zur Fachliteratur. Als empirische Studie zur Musiktherapie ist sie auf europäischer Ebene ein Meilenstein in der Forschung. Darüber hinaus wird der wichtige Gender-Aspekt angesprochen. Musiktherapie wird weltweit auf breiter Basis angewandt, und in der Betreuung von Krebspatienten nimmt der Einsatz zu; dennoch erfolgte auf diesem Gebiet bisher wenig relevante Forschung. Mit der Entwicklung der Musiktherapie zur wissenschaftlichen Disziplin wächst der Bedarf an Forschung zum Thema. Diese Studie entspricht dem Bedarf insofern, als Praxis und Theorie untersucht werden. Zusätzlich enthält das Buch eine pragmatische Mischung aus quantitativen und qualitativen Untersuchungsergebnissen. Die Abgrenzungsstreitereien zwischen quantitativer und qualitativer Forschung haben sich zum Glück als vorübergehende Erscheinung erwiesen, und Pragmatismus hat sich schließlich durchgesetzt. Hier finden wir nützliche Forschungsergebnisse im Sinne der englischen Wortbedeutung von „re-search“ (Forschung) als erneut suchen. Die-

1 In dieser Arbeit wird wegen der besseren Lesbarkeit die männliche Form verwendet, gemeint ist dabei aber immer die männliche und weibliche Form.

se Ergebnisse sind nicht nur für Patienten, sondern auch für Betreuende relevant; letztere spreche ich in ihrer Eigenschaft als reflektierende Kliniker in einer Gemeinschaft der Nachforschenden an (Aldridge 1996). Kliniker haben Interesse an Forschungsergebnissen; Patienten verlangen von ihnen nicht nur ein Eintreten für ihre Interessen, sondern auch Informationen. Wer krank wird, braucht eine Informationsgrundlage für seine Entscheidungen zur Behandlung.
Dieses Buch stellt einen entscheidenden Schritt auf dem Weg zur Erkenntnis dar, wie Musiktherapie Patienten hilft, ist aber gleichzeitig auch ein bedeutsames Beispiel für morphologische Forschung. Wie wir unserem Leben eine befriedigende Ausdrucksform verleihen, ist eine Frage der Funktion und der Ästhetik gleichermaßen. Den beteiligten Forschenden ist eine elegante Integration beider Aspekte gelungen.

David Aldridge, PhD, Dr. med. habil., FRSM
Lehrstuhl für Qualitative Forschung in der Medizin
Universität Witten/Herdecke
Übersetzung: Christina Wagner

Vorwort der Herausgeberin

Verschmerzen

Schön
wenn der verwundete Mensch
seine Narben
verschmerzt

sich gesellt
zum stillen Stein
zum beredten Wasserfall

und sich erkennt
im Blick der
Nachbarpupille

Rose Ausländer
in: Hinter allen Worten S. Fischer Verlag Frankfurt 1992

Es mag verwunderlich erscheinen, wenn als Einleitung zur Darstellung eines wissenschaftlichen Forschungsprojekts ein Gedicht gewählt wird. Symbolisierungen und Metaphern als Codierungen auf der einen Seite, Decodierung und Digitalisierung auf der anderen Seite – wie fügt sich das zusammen?

Die vorliegende Gender-Studie ist eine Forschungsarbeit, die sich der Musiktherapie in einem außerordentlich schwierigen Praxisfeld annimmt. Es geht hier um Krebspatienten beiderlei Geschlechts, die sich an einem ganz bestimmten Punkt ihrer Erkrankung und deren Behandlung in der Klinik befinden, nämlich exakt jenem Punkt, an dem kurative Behandlungsansätze in eine palliative Arbeit übergehen, medizinische Interventionen und Eingriffe noch erfolgen, obwohl Patient und Behandler in den meisten Fällen um die letztendliche Begrenztheit, ja Erfolglosigkeit ihres Bemühens wissen.

„Punkt" – das suggeriert eine Genauigkeit und Eindeutigkeit, die es so natürlich nicht gibt. So ist denn auch die schleichende Gewisswerdung des nahen Endes neben dem Ertragen all der körperlichen Leiden die Hauptaufgabe für den Patienten und stellt sein „Verschmerzen" dar. Dieses Verschmerzen ist ein doppeltes, heißt es doch einerseits, überhaupt erst einmal in den Schmerz hineinzugehen, wie andererseits, ihn einzuschließen, Narben zu bilden, da wo der letzte Weg allein gegangen werden muss.

Musiktherapeutische Behandlung in diesem Zwischenfeld zwischen kurativem und palliativem Arbeiten ist der Spannung zwischen Stille und Beredtem ausgesetzt: sie kann nicht nichts hörbar machen, denn was immer sich in Musik übersetzt, ist Rede, ist Kunde von dem erlebten Leid. Aber sie kann – um es mit den Worten von Rose Ausländer zu sagen – das „Sich-Gesellen“ begleiten, den eigenen Blick, die eigene (Klang-)Sprache, das Stillewerden und Nach-innen-lauschen einbringen, um das Erkennen zu erleichtern und das Leiden damit zu lindern. Sie bedient sich dabei ihrer eigenen Mittel und Wege, zu denen neben der Wahrnehmung von und dem Umgang mit den verbal geäußerten Bedürfnissen des Patienten das Angebot einer klangsymbolischen Dimension des Erlebens gehört.

Krebs als Krankheit trifft auf Frauen wie Männer gleichermaßen, unterscheidet also nicht zwischen den beiden Geschlechtern – und Musiktherapie als Behandlungsangebot sollte das ebensowenig tun, sagt sich die Logik. Es stellt sich aber die Frage, ob angesichts der immer vehementer und lauter geäußerten Forderung nach einer geschlechterdifferenten Betrachtungsweise auch und gerade in allem, was Gesundheit und Krankheit anbelangt, die recht spezifische Art des „Verschmerzens“, wie sie die Musiktherapie bereithält, vielleicht doch Unterscheidungen nötig macht, zumindest aber die Aufforderung enthält, sich diesem Prozess des Sichgesellens und Sich-erkennens differenziert zu nähern und genauer hinzuschauen. Anliegen und Aufgabe dieser Studie sind damit klar umrissen.

An der Entstehung, Durchführung und Dokumentation dieses Forschungsprojekts waren viele Menschen beteiligt. Ihre Zahl geht über die Autoren dieses Buches weit hinaus, denn der „Blick der Nachbarpupille“ sollte und musste angesichts der Komplexität der Fragestellungen ein sorgfältiger, ein behutsam differenzierender und vielfältig ansetzender sein. Allen Beteiligten gilt mein herzlicher Dank. In diesen Dank eingeschlossen sind ganz besonders und vor allem die Patienten dieser Studie, ohne deren Bereitschaft zur Mitwirkung sie selbst nicht entstanden wäre. Dieser Dank betrifft gleichermaßen die beteiligten Kliniken (Klinik für Hämatologie und Onkologie am Klinikum Nürnberg – Psychoonkologischer Dienst / Universitätsklinik Eppendorf – Einrichtung für Knochenmarktransplantation Hamburg / Schlossbergklinik Humaine Oberstaufen/Allgäu) für ihre Aufgeschlossenheit musiktherapeutischer Forschung gegenüber.

Bad Homburg, November 2004

Almut Seidel

Kapitel 1 Gender – (k)ein Thema für die Musiktherapie?

Almut Seidel

Die Ausgangslage

„Man sollte meinen, Musiktherapie sei von Frauen für Frauen gemacht" – das war der spontane Kommentar zu dem ersten eingereichten Forschungsbericht, geäußert von einem Mitglied des Forschungsausschuss der Hochschule, an der das im Folgenden vorgestellte Forschungsprojekt durchgeführt (und finanziert) wurde. Von Frauen für Frauen? Nur von Frauen für Frauen? Nur von Frauen und nur für Frauen? Und wo bleiben die Männer? Als Therapeuten, als Patienten?
Ein Blick in die musiktherapeutische Berufsrealität zeigt, dass auch im Jahr 2004 Musiktherapie immer noch überwiegend ein Frauenberuf ist. Der Berufsverband der Musiktherapeutinnen und Musiktherapeuten in Deutschland (BVM) zählt im Jahr 2004 insgesamt 290 Mitglieder; 78 davon (rund 26%) sind männlich. Die Ausbildungsinstitute zeigen sich besonders interessiert an männlichen Studierenden; im Schnitt liegt ihr Anteil zwischen 10 und 20%, mit einer Ausnahme, die die sprichwörtliche Regel bestätigt.
Die musiktherapeutisch-wissenschaftliche Seite zeichnet das Bild noch krasser: war für den 6. Europäischen Musiktherapiekongress in Finnland 2004 das Thema „Music Therapy and Gender" zunächst offensichtlich noch als zentral angesehen, da ihm eines der 6 (halbtägigen) Symposien gewidmet war, so blieben am Ende von insgesamt 155 Veranstaltungen gerade einmal 2 Angebote zur Gender-Thematik übrig, irgendwo versteckt in der zeitlichen Konkurrenz mit 9 anderen attraktiven Angeboten – das Symposium selbst war schlicht „ge-cancelled".
Ähnlich die Seite der wissenschaftlichen Literatur- und Forschungsbeiträge. Von 2477 Artikeln, die der Music Therapy World Journal Index (MTWJI) im Jahre 2004 verzeichnet, sind es gerade einmal 11 Artikel, aus deren Titel und abstract sich unmittelbar eine Genderfrage im weitesten Sinne ablesen läßt, eingerechnet die Thematik sexuellen Missbrauchs. Die „Musiktherapeutische Umschau", seit einem Vierteljahrhundert in Deutschland wohl wichtigstes musiktherapeutisches Fachorgan, hat keinen einzigen Artikel, der sich direkt mit dem Genderaspekt beschäftigt. Von Interesse ist als ein Genderaspekt unter vielen zwar der Krankheitsbereich Ess-Störungen, der hier jedoch weitgehend unter einer frauenspezifischen Fragestellung diskutiert wird. Er wird unter den 100 Heften der ersten 25 Jahrgänge mit 2 (Themen-)Heften als vergleichsweise wichtig angesehen. Fachartikel zu vergleichbaren männerbezogenen Fragestellungen fehlen. Ebenso kommt die Behandlung des Themas sexuellen Missbrauchs vor (2 Artikel). Die Fallstudien in der „Musiktherapeutischen Umschau" schließlich verteilen sich annähernd gleich stark auf männliche wie weibliche Patienten-Darstellungen, wobei allerdings 4 Fallstudien in den beiden Themenheften zu Ess-Störungen hoch zu Buche schlagen. – Monografien zur Genderfrage gibt es überhaupt nicht.

Sie taucht also nicht auf, die Genderfrage, die Frage nach den „gesellschaftlich, sozial und kulturell geprägten Geschlechtsrollen von Frauen und Männern“, die „– anders als das biologische Geschlecht – erlernt und damit auch veränderbar“ sind (BMFSFJ – Definition in: http:// www.gender-mainstreaming.net). Dabei ist sie doch virulent, die Frage, unstreitbar im Leben, aber nicht nur dort, sondern gleichermaßen in der Psychotherapie und deshalb auch in der Musiktherapie. Die Frage ist: gibt es sie nicht, weil es keine Genderspezifik in der Musiktherapie gibt? Weil man Musiktherapie gern als geschlechtsneutral ansehen möchte, warum auch immer? Aus Desinteresse heraus? Aus Befangenheit? Weil andere Themen bislang immer noch wichtiger waren?

Literarische Quellen

Das Wenige, was es an literarischen Beiträgen zur Genderfrage gibt, ist überschaubar. Es lohnt sich also, hier an ausgewählten Beispielen genauer hinzuschauen und nach Gründen für das Fehlende zu suchen – seien sie explizit oder implizit gemacht. Dabei interessieren die Aspekte, die in den Blick geraten – und die, die fehlen.

Barbara Krantz

„Geschlechtsspezifische Aspekte in der Musiktherapie“ überschreibt Barbara Krantz 1999 eine Studie zur Genderdiskussion. Dieser Beitrag ist – von der Autorin unmissverständlich und frank und frei und sehr offen eingestanden – parteilich: „Ich leide nicht darunter, dass ich Frau bin“, sagt Barbara Krantz gleich zu Anfang ihrer Ausführungen, „ich leide darunter, dass Frau-sein in unserem gesellschaftlichen Kontext Festlegungen beinhaltet, die mir das Heil-sein unmöglich machen. Besonders schmerzlich sind Leidenserfahrungen, die auf widersprüchlichen Festlegungen beruhen. Dann bewege ich mich in einem Feld, für das gilt: was die Frau auch tut, sie tut immer das Falsche“ (Krantz 1999, 1).
Assoziationen zur Weiblichkeit („z. B. Orientierung nach innen, Weichheit, Empfindsamkeit, Emotionalität, Hingabe, Beziehungspflege, versorgend, auf andere bezogen, einfühlsam, abhängig, lebensspendend“) und Männlichkeit („nach außen orientiert, zielstrebig, einsam, unabhängig, selbständig (...), Kontrolle, Autorität, Arbeit, Macht“) sind für sie teils Rollenerwartungen, teils geschlechtsspezifische Qualitäten, wobei sie davon ausgeht, dass die als weiblich beschriebenen Qualitäten in der Gesellschaft abgewertet werden.
Therapie ist für sie immer geschlechtsspezifisch: „Die geschlechtsspezifische Therapie geht davon aus, dass die Sozialisation und gesellschaftliche Position von Frauen und Männern Einfluss auf die Probleme hat, mit denen sie in die Therapie kommen (...) (Sie) versucht Hilfe zu bieten, die speziell auf Frauen und Männer ausgerichtet ist (...) (und sie) will emanzipierend arbeiten“ (a.a.O., 1–2).
Geschlechtsspezifische Arbeit, nach Krantz also „Therapie mit einer ideellen Ausrichtung und mit emanzipatorischem Charakter“, ist in Bezug auf Frauen (hier

im Rahmen einer psychiatrischen Klinik) Arbeit mit Depressiven, in Bezug auf Männer Arbeit mit Alkoholikern (a.a.O., 2). Die Zuweisung ist „kein Zufall. Die Zusammenstellung der Musiktherapie-Gruppen geschieht aufgrund der Diagnose, nicht aufgrund der Geschlechtlichkeit (...) Es möge (...) deutlich sein, dass bereits die Diagnose geschlechtsspezifische Komponenten in sich trägt“ (a.a.O., 2–3). Erfahrungen aus der Arbeit mit beiden Gruppen werden bei Krantz wie folgt konnotiert, konzeptualisiert und polarisiert:

Bei den Frauen geht es um
- Hören und Zuhören im Sinne von lernen, auf sich selber zu hören, von sich hören zu lassen und gehört zu werden sowie den „selbstverleugnenden Mechanismus von Schweigen und Stillehalten“ zu durchbrechen (a.a.O., 3)
- Raum und Grenzen im Sinne von Fühlungnahme mit Schutz- und Freiräumen für das Experimentieren mit neuen Gedanken, Gefühlen und Handlungen sowie mit den eigenen Begrenzungen, um potentiell erleidbare Grenzüberschreitungen zu vermeiden, „mit denen sich“ nach Meinung der Autorin „fast jede Frau auseinandersetzen muß“ (a.a.O., 5); es geht insofern um das übergeordnete Ziel der Autonomieentwicklung sowie um
- Eigenheit und Selbstbestimmung durch „Musikmachen nach Gefühl“ (a.a.O., 6)

Bei den Männern geht es um
- Schaffensdrang und Sinngebung im Sinne der Herstellung von „richtiger Musik“, besser: eines Produkts mit erkennbaren Formen, der Vergleichbarkeit mit anderen Produkten und der Reproduzierbarkeit – alles drei Faktoren, die für Krantz Zwischenmenschlichkeit und Gefühle nicht erkennbar werden lassen: „Die Musiktherapie, in der es ja gerade um Beziehungen und Gefühle geht, hat es damit schwer“ (a.a.O., 7), gibt hier aber unmissverständlich das Ziel vor
- oben und unten im Sinne der Infragestellung autoritäts- und hierarchie-orientierten Denkens und Handelns und der Spannung zwischen Dominanz und Unterwerfung sowie
- innen und außen im Sinne der zunehmend schwächer werdenden Orientierung an den männlichen „Kodierungen“ Unabhängigkeit, Selbständigkeit, Angstfreiheit, Kontrolle etc. mit dem Ziel, Musiktherapie als Raum für „selbstbestimmtes Fühlen“ zu nutzen (a.a.O., 9).

Barbara Krantz schließt mit einem Plädoyer für geschlechtergetrennte Musiktherapiegruppen: „Wenn Frauen und Männer von sich hören lassen, kann das unterschiedlich klingen. Frauen machen anders Musik als Männer, für Männer kann die Musiktherapie eine andere Bedeutung haben als für Frauen (...) ich gehe davon aus, dass die Therapie, die ich anbiete, wirkungsvoller ist, wenn sie genauer auf meine PatientInnen zugeschnitten ist – wenn sie frauenspezifisch bzw. männerspezifisch ist“ (a.a.O., 9).
Es ist eine gewisse Vorsicht in der Formulierung („kann“) nicht überhörbar.

Krantz arbeitet im Übrigen mit der Metapher „Mutter“, als die sie hier die Gruppe sieht: „Die Gruppe, die gemeinsam Musik macht, kann als eine Art Mutter gesehen werden. Die Musiktherapie kann zum Schauplatz werden, an dem sich eine gesunde Individuation im wahrsten Sinne des Wortes „abspielt“ (...) Das gemeinsame Musikmachen ist der ideale Ort, an dem Autonomie erprobt werden kann, dort, wo sie für Frauen oft auch am schwierigsten ist: in der wechselseitigen Beziehung zur Mutter“ (a.a.O., 6).
Das, was Barbara Krantz hier fokussiert und reproduziert, ist in etwa das, was man über das Geschlechtliche aus der Sozialisationsforschung weiß: Männer sind so, Frauen so ... „Frauen sind emotional, Männer sind rational (...) Das Männliche ist außen, weit, öffentlich, aktiv, selbständig, gewalttätig, durchsetzungsfähig, vergeistigt, vernünftig, abstrakt, fest, gebend. Das Weibliche dagegen ist innen, nah, privat, passiv, abhängig, schwach, wankelmütig, emotional, empfindsam, konkret, anmutig, nachsichtig, empfangend“ (Bick 2003, 1). Oder als Statement eines Mannes: „Das männliche Sozialisationssyndrom besteht (...) aus Leistung, Härte, Distanz, Gehorsam, Kampf und Gewalt (...) Der Knabe und spätere Mann muß wie eine Eiche im Leben verwurzelt sein. Er muß seinen Mann stehen, hart, zäh, unerschütterlich, jedem Sturm trotzend, sich immer wieder aufrichtend, unbesiegbar (...) er wagt alles, setzt sich ein, aggressiv, mutig, heftig und wild; er ist der „winner“, der Sieger“ (Hollstein 1999, 63). Nach Hollstein fehlen dem Mann Einfühlen, Flexibilität, Nachgeben, Erdulden, Empathie, Offenheit und Sensibilität als weibliche Eigenschaften.
Es scheint sich also im Sinne einer sich selbst erfüllenden Prophezeihung in B. Krantz Musiktherapie zu ergeben, was uns die Genderforschung ergebnishaft zuträgt. Eine genauere Überprüfung ihrer impliziten Thesen nimmt Barbara Krantz nicht vor. Sie traut ihren eigenen Wahrnehmungen – und ihrer Parteilichkeit.

Annegret Sieg

Ganz ähnlich verfährt eine andere Studie. Es ist eine Fallstudie über eine reine Musiktherapie-Männergruppe in einer Klinik für Psychosomatik und Krebsnachsorge, verfasst von einer weiblichen Musiktherapeutin, deren Interesse den folgenden Fragen gilt:

Welche Übertragungen finden in einer reinen Männergruppe, geleitet von einer Therapeutin, statt?
Welche Rolle wird ihr, der Therapeutin, zugewiesen?
Welche Art von Prozess wird befördert?
Welche Themen tauchen auf?
Welche Musik entsteht?
Was ist anders als in gemischgeschlechtlichen Gruppen?
Was sind die Vorteile? (vgl. Sieg 1995, 44)

Anlass für die Bildung einer reinen Männergruppe und das Entstehen solcher differenzierten Fragen war die Beobachtung, dass „Männer in den Musiktherapiegruppen ein wenig überzeugendes Bild abgaben. Entweder traten sie als großspurige Machos auf, die jegliche Therapie und die Musiktherapie insbesondere für nicht ernst zu nehmenden Kinderkram hielten und daraus auch keinen Hehl machten (...) Oder es gab die völlig eingeschüchterten Männer, die am Arbeitsplatz und auch im privaten Leben immer wieder unterdrückt worden waren, sich nichts mehr trauten und kaum zu einer musikalischen oder sprachlichen Äußerung in der Lage waren (...) Ein trauriges Bild, fanden wir“ (a.a.O., 44).
Eine Art Initialzündung war die erste Musik, die die Männer machten: „Es fiel mir auf, dass die Teilnehmer sich äußerst schnell und effektiv organisierten, damit die von ihnen gewünschte Musik entstehen konnte. Es gab Absprachen und Verbesserungsvorschläge untereinander, und jemand, der dabei die Führung übernahm, auch in der Musik, wurde bedingungslos akzeptiert“ (a.a.O., 46). Die Musik selbst wird wie folgt beschrieben: sehr schnelle Einigung auf einen gemeinsamen Rhythmus, lautstarke Musik vorwiegend auf Schlaginstrumenten, die gleichförmig und ohne Abweichungen und Differenzierungen blieb, was bewertet wurde als „große Anpassung an den Stärkeren, eine Verwischung der Grenzen und eine Vermeidung von Kontakt zu sich selbst und den anderen“ (a.a.O., 46). Erlebt wird sie „als martialischer Marsch, unerbittlich fast und ohne leise Töne und nur für solche, die mithalten können und wollen“ (a.a.O., 46). Interpretiert wird sie als Verbrüderungsmusik zur Befestigung eines Männerbunds mit der Funktion der Entängstigung und Stärkung (a.a.O., 47). Auf diese Art Musik wird „wie ein roter Faden“ immer wieder zurückgegriffen. In gemischtgeschlechtlichen Gruppen – so die Autorin – reagieren Frauen „empfindlich auf Gleichschritt und Lautstärke“. Aber – so ihre zusammenfassende These – „Männer brauchen ihre „Männerbund-Musik“, um Hilflosigkeit und Machtlosigkeit zu kompensieren und sich ihre Basis zu sichern. Erst dann wird unmittelbares, individuelles Erleben möglich und Kontakt und Begegnung erfahrbar“ (a.a.O., 43).
Unterstützend und quasi als Brechung wirkte hier eine von außen herangetragene Veränderung: nach kurzer Zeit schied der männliche Praktikant, der als Katalysator für die Verbrüderung gewirkt hatte, aus und überließ das Feld der weiblichen Therapeutin. Die bislang vermissten psychischen Anteile wie „Weiches, Verletzliches, Kontaktbedürfnisse, Selbstwahrnehmung, (...) das mögliche Nichtfunktionieren, (...) Hass und Unterdrückung, (...) Liebe und Zärtlichkeit, (...) Hilflosigkeit“ wurden zunehmend thematisiert und bearbeitet (a.a.O., 47–48).
Auch in dieser Studie stellt sich schnell und – so empfindet man es – unter einer gewissen Erleichterung das Bild der Familie als Reflexions-Metapher ein; das Gruppengeschehen wird mit einem Familiengeschehen gleichgesetzt, die Therapeutin sieht sich als mögliche Mutter, Schwester, Partnerin, der (später nicht mehr anwesende) Praktikant wird als Bruder konzipiert: „Meine Sicherheit gewann ich erst zurück, als ich mich in der 3. Sitzung in der gewohnten Rolle der fachkundigen Leiterin präsentieren konnte und merkte, dass mir die Rolle einer Mutter zuzufallen begann“ (a.a.O., 46). Es ist die Mutter von Söhnen, und zu Therapie-

Ende, beim Abschied, „wollten sie alle auf die eine oder andere Weise „noch einmal auf den Arm“ genommen werden“, meint die Verfasserin (a.a.O., 51).
Eine wie auch immer geartete wissenschaftliche Beweiskraft hat die Studie nicht – das ist auch nicht ihr Anspruch gewesen. Sie ist als reiner Erlebnisbericht mit dem begrenzten Anspruch auf eine „möglichst plastische Schilderung aus dem musiktherapeutischen Alltag“ (a.a.O., 45) durch keinerlei Kontrolle der Subjektivität gegangen, noch nicht einmal von supervisorischer Begleitung der Arbeit ist die Rede. Sie liest sich wie eine rückwirkende Verifizierung einiger gängiger Thesen zur geschlechtsspezifischen Sozialisation, verliert aber ihre Überzeugungskraft sehr schnell, wenn man sich die Mühe macht, die zwei ausgeführten Fallvignetten „umzuschreiben“, also durchgängig das Geschlecht zu vertauschen und von jeweils einer Frau und „sie, ihr“ zu sprechen.
Wichtig für die vorliegende Studie ist der Satz am Ende des Berichts: „Mir scheint, dass sich durch diese Gruppe Männer gewinnen ließen, die sonst die Teilnahme an der Musiktherapie schlicht verweigert hätten. Die Männergruppe bot die Erfahrung der Solidarität und neue positive Identifikationsangebote mit dem eigenen Geschlecht. Sie erleichtert dadurch auch den Zugang zum eher als weiblich klassifizierten Raum der Musiktherapie“ (a.a.O., 51).

Anthony Meadows

Forschungsmethodisch abgesichert und regelgeleitet geht hingegen die Studie von Meadows vor, die 2002 unter dem Titel „Gender implications in therapists’ constructs of their clients“ veröffentlicht wurde (Meadows 2002, 127 ff). Anders als in den beiden bereits vorgestellten Studien, deren Basis die Methode der aktiven Musiktherapie ist, bezieht sich diese Untersuchung auf die Form rezeptiver Musiktherapie, genauer gesagt auf „The Bonny Method of Guided Imagery and Music“ (BMGIM). Es handelt sich hierbei um „ein musikpsychotherapeutisches Verfahren, bei dem die Patientin eine Auswahl meist klassischer Musik in einem Zustand veränderten Bewusstseins hört und ihr Erleben (=Imaginationen) der Therapeutin (während, also begleitend zum Musikerleben, A. S.) mitteilt. Die Wahrnehmung während des Musikhörens kann innere Bilder, Körperempfindungen, Gefühle, Erinnerungen und Gedanken beinhalten. Die Therapeutin fungiert als Begleiterin, um die dynamische Entwicklung der Imaginationen zu unterstützen und emotionalen Ausdruck zu ermutigen. Die Musik spielt dabei eine entscheidende Rolle, indem sie die Imaginationen stimuliert, stützt, trägt und weiterentwickelt“ (Geiger 2004, 89). Sprache und Musik stehen in diesem Verfahren anders als bei der aktiven Musiktherapie in einer unmittelbaren Verschränkung und Bezogenheit, die direkte Versprachlichung des Musikerlebens ohne zeitliche Verzögerung ist unabdingbarer Motor der prozessualen Entwicklung. Gender-Implikationen, seien sie bewusst oder unbewusst, können von daher viel ungeschützter einfließen, eine Tatsache, die möglicherweise Motivation und Anlaß für die o. g. Forschungsarbeit war.

Meadows hat folgende Fragestellungen in seinem Forschungsansatz:

- Welche Konstrukte (im Sinne von Vorstellungen, Bilder, Einordnungen, Perspektiven) verwenden Therapeuten in Bezug auf ihre Patienten, und in welchem Ausmaß sind Genderaspekte darin integriert, finden also Eingang in die Deutungsmuster des Therapeuten?
- In welchem Ausmaß sind diese Aspekte bedeutsam für den Prozess?
- Gibt es Unterschiede, wie tendenziell eher als weiblich oder als männlich erlebte Patienten wahrgenommen werden bei einerseits weiblichen, andererseits männlichen Therapeuten?
- Ist Gender als Kategorie für weibliche bzw. männliche Therapeuten unterschiedlich wichtig?
- Gibt es Unterschiede in der Art und Weise, wie tendenziell eher weibliche bzw. eher männliche Konstrukte (z. B. Imagination, Suche nach Bedeutungen, Warmherzigkeit, analytisches Denken, Widerstand, Offenheit oder Verweigerung einer gewissen Führung gegenüber, emotionales Engagement oder das Fehlen desselben, Reflexions- und Introspektionsfähigkeit und -bereitschaft, Vertrauen etc.) in Bezug auf die Reaktionsbereitschaft („responsiveness“) und die generelle Mitwirkung im Therapieprozess beim Patienten wirken?
- Gibt es von daher unterschiedliche Ergebnisse, was die Wirksamkeit der Therapie anbelangt?
- In welcher Form sind Gender-Konstrukte bezogen auf das tatsächliche (biologische) Geschlecht der Patienten? (vgl. Meadows 2002, 132)

Das Forschungs-Design arbeitete mit je 4 weiblichen und männlichen Therapeuten in Einzel-Interviews. Mit ihnen zusammen wurden nach dem Zufallsprinzip 10 Patienten ausgewählt, die hinsichtlich bestimmter Beschreibungskonstrukte miteinander vergleichen wurden. Aus diesem Arbeitsschritt fielen mindestens 8 Beschreibungskategorien heraus, die anschließend nach weiblichen bzw. männlich Qualitäten eingeordnet und als Genderkonstrukte gefasst wurden (Meadows spricht vorsichtig von „male-like qualities / female-like qualities“). Unterschieden wurden allgemein Haupt- und Nebenkonstrukte. Weitere Prüfverfahren (Patienteneinschätzung, die Konstrukte als solche) schlossen sich an.

Ohne dass auf das technische Procedere nun noch weiter eingegangen wird, sollen die Ergebnisse der Studie in Kurzform aufgelistet werden:

- Jeder Therapeut hat eine klare Vorstellung über männliche und weibliche Qualitäten bezügliche seiner Patienten, sozusagen ein Konzept über eine Geschlechtsspezifik, was sich quantitativ in mindestens einem diesbezüglichen Konstrukt ausdrückt.
- Unter allen Konstrukten, die überhaupt gebildet wurden, hatten 57% eine „gender notion“.
- Es gibt beträchtliche Unterschiede in der Anzahl von Genderkonstrukten je Therapeut; d. h. die Differenziertheit und Komplexität dessen, was als Genderkonstrukt verstanden ist, variiert von Therapeut zu Therapeut beträchtlich.

- Insgesamt unterscheiden sich die 8 Therapeuten beträchtlich in den Konstrukten. Es gibt mehr Differenzen als gemeinsame Statements.
- Nicht bei allen Therapeuten ist ein Genderkonstrukt mit dem sog. Haupt- (also wichtigsten) Konstrukt verbunden und deshalb auch nicht von zentraler Bedeutung.
- Bei allen 4 Frauen der Studie jedoch war ein Genderkonstrukt mit dem Hauptkonstrukt verbunden, hingegen war es das nur bei einem Mann. D. h. Gender als Kategorie ist in dieser Studie für Frauen von zentraler Bedeutung, für Männer ist es das nicht oder kaum
- 41% der als männlich eingeschätzten Qualitäten wurden als nicht förderlich für den Therapieprozess und das Ergebnis angesehen, von den Männern eher als von den Frauen; andererseits wurden 66 % der als weiblich etikettierten Merkmale sowohl von männlichen wie von weiblichen Therapeuten als förderlich betrachtet.
- Männlich attribuierte Patienten unterscheiden sich von weiblichen Patienten in Bezug auf das, was ihnen an Deutungen angeboten wird.
- Männliche und weibliche Attribuierungen sind nicht mit dem realen Geschlecht verbunden. Die meisten Patienten werden sowohl mit männlichen wie mit weiblichen Attribuierungen versehen.

Trotz einer gewissen Diffusität in den Ergebnissen, die u. a. der geringen Probandenzahl geschuldet ist, nimmt Meadows in seine Zusammenfassung einige allgemeingültige Hinweise auf:
Jeder Therapeut, so sagt er, hat ein implizites Konzept, was männliche und was weibliche Qualitäten sind. So sollte sich jeder Therapeut darüber klar werden, ob er nun der Meinung ist, dass es Genderunterschiede gibt. Denn dann wäre zu hinterfragen, ob mit den männlichen Attribuierungen nicht auch implizit verbunden ist, dass dieser Patient von der Methode GIM (allgemeiner gesagt: von Musiktherapie) nicht profitiert.
Denkbar ist auch, so Meadows, dass Patienten aufgrund genderbasierter Vorannahmen des Therapeuten als männlich attribuiert werden und sich als Folge eine bestimmte Dynamik breit macht, die dann tatsächlich die Effizienz der Therapie beeinträchtigt. „Therapists may (...) perceive their male-like clients as less responsive, regardless of the specific ways the clients actually responded. That is, perhaps therapists can be gender biased, based on their own stereotypes. Or, perhaps certain kinds of dynamics were set up between male-like clients and their therapists that lead to less responsiveness from these clients" (a.a.O., 138).
Auch Therapeuten, die an keine Unterschiede in der Behandlung von Patienten glauben, sollten nach Meinung von Meadows überprüfen, welches ihre eigenen Genderkonstrukte und -konzepte sind. Dies umso mehr, als Genderkonstrukte nicht mit dem realen Geschlecht des Patienten verbunden waren, wohl aber mit bestimmten Patienten. Alle Patienten der Studie haben gemäß Einschätzung der Therapeuten sowohl männliche wie weibliche Attribuierungen, die einmal so, dann wieder so herauskommen.

Offen bleibt für Meadows, welche Vorannahmen von Seiten der Patienten eingehen.
Genauso offen bleibt auch die Frage, welchen Einfluss die Musik selbst als Gender-Faktor auf die Konstruktion des Gendertypus hat. Sollten deshalb besondere Programme für den einen und für den andere Typ geschaffen werden, damit die Methode als solche ergiebig ist?
Dieser letzte Aspekt verweist auf Fragestellungen, die in der Studie sozusagen als Nebenschauplätze diskutiert werden. Dazu gehört zuallererst die Frage, ob man in der Musik selbst Geschlechtsaspekte finden kann, ob Musik also selbst als „engendered“ angesehen werden kann – etwa über ihre Parameter Form, Melodie etc. oder über die Absichten des Komponisten, weibliche oder männliche Aspekte zu befördern. „The sound can, for example, be invasive, smothering, aggressive, positive, holding, caring, loving, and safe. In other words, music can be both warm and nurturing and a fearsome, destructive mother figure” (Warja 1987 in Meadows 130).
Eine weitere Frage ist für Meadows, ob nicht die im Verfahren angestrebte und über die Musikeinspielung vielfach verkörperte therapeutische Grundhaltung, Sicherheit zu spenden, zu „nähren“, also die sogenannte „mothering function“, etwas Geschlechtsspezifisches und Therapie damit als Ganzes „engendered“ ist.

Gertrud Loos u. a.

Spätestens die obigen letzteren Aspekte knüpfen an eine Diskussion an, die die deutsche Musiktherapie-Szene seit den frühen Achtzigerjahren des vorigen Jahrhunderts beschäftigt. Sie findet ihre Codierung in dem von Gertrud Loos geprägten Begriff der „matrizentrischen Musiktherapie“: „Musiktherapie ist eine matrizentrische Therapie, d. h. sie ist nährend und gewährend, spielorientiert im Gegensatz zu leistungsfordernd. Sie ist mehr auf Nachreifung als auf Deutung angelegt. Musiktherapie kann wachstumsfördernde Aufgaben erfüllen, die sich in der freien Improvisation hervorragend mit dem Aufarbeiten von schädlichen oder zerstörenden frühen Einflüssen verbinden lassen“ (Loos 1993, 60). Oder an anderer Stelle und ergänzend: „Musiktherapie ist eine matrizentrische Therapie, d. h. sie ist mütterlich nährend und gewährend, wachstumsfördernd, spielerisch und leistungsfern (...) Kurz: eine matrizentrische Musiktherapie in Hand und Herz und Hirn einer einfühlsamen Therapeutin, eines warmherzigen Therapeuten ist das Mittel der Wahl, präverbale Traumata zu lindern. Die Grundregel der Behandlung lernen wir aus dem Verhalten der Mutter zu ihrem Kind. Da ist Körper und Liebe und Nähe und Singen und Lachen. Abstinenz in ihrer konservativen Form nährt frühe Scham, hat etwas von Besserwisserei und Manipulation. Natürlich muss allmählich und situationsgerecht Konfrontation eingeführt und Autonomie gefordert werden“(Loos 1997, 43).
(Musik-)Therapie als Ganzes verkörpert also so etwas wie das weibliche Prinzip, und wenn Gertrud Loos über „weibliche Beweggründe im therapeutischen Handeln“ nachdenkt, so geht sie menschheitsgeschichtlich einen weiten Weg zurück,

nämlich bis zur Schöpfungsgeschichte. Es interessiert sie die Vertreibung aus dem Paradies und hier die deutlich werdende besondere Rolle von Eva, der ungehorsamen Eva, die aufbegehrt, die vom Baum der Erkenntnis isst und harte Sanktionen, „Rache für das Begehren nach Erkenntnis", in Kauf nehmen muss (Loos 1982, 246). Doch dann heißt es: Eva trug „ganz heimlich und verborgen ein Stück Paradies mit hinaus" aus dem Garten Eden, aus dem sie mit Adam verbannt wurde, „in ihrem Leib (...) sie kann von nun an für neun Monate selber paradiesisches Aufgehobensein vermitteln (...) Hier ist die Kraftquelle weiblicher Sicherheit im therapeutischen Handeln. Und jetzt", fährt Gertrud Loos fort, „meine ich wirklich die Frau und nicht nur die, die geboren hat, sondern den Uterus-Menschen; denn ob es das eigene Kind ist oder das Pflegekind, der Patient; der Hauch vom Paradies kommt aus der Verkörperung der Schutzhöhle. Und im Schutzraum kann das Schwache wachsen, die Mutlosigkeit Hoffnung fassen, Ungeformtes sich gestalten" (Loos 1982, 247).
Wenn man so nah an das Bild der weiblichen Therapeutin, der Frau, des „Uterus-Menschen" herangekommen ist und die Assoziation zum weiblichen Gebärraum geschaffen ist, dann liegt der Bezug zur Musik in ihrer Stofflichkeit greifbar nahe: „Der Mensch bewegt sich in den Urphänomenen Raum und Zeit. Musik ist ein Ereignis in Raum und Zeit. Der Lebensbeginn ist eine Entwicklung in Raum und Zeit. Der Mutterleib ist Raum, der Herzschlag ist Zeit. Klang ist das Symbol für Raum. Rhythmus ist das Symbol für Zeit. (...) Klang braucht Raum, um sich entwickeln zu können – Klang braucht Grenzen, um gehalten zu werden und um Echo – das heißt auch Antwort – zu erzeugen. Ich will darauf hinaus, dass Klang und Rhythmus ein Gegensatzpaar der Ergänzung sind wie Himmel und Erde, Mann und Frau, linke und rechte Hirnhälfte – eine körperlich-geistige Heilprophetie, ruhend im Unbewussten" (Loos 1997, 40).
„Die pränatale Muttererfahrung ist eine akustisch-rhythmisch-dynamische, und das sind Urstoffe der Musik", heißt es an anderer Stelle (Loos 1997, 42). Das suggeriert die Frage: Ist Rhythmus eine weibliche Qualität? „Im Rhythmus finden wir ein Therapeutikum von basaler Kraft in unserer Verantwortung. Rhythmus als Freiheit im Gesetz der Ordnung, als Symbol der spirituellen und kosmischen Weisheit, als intrauterines Signal (...) Männer können meiner Meinung nach den Rhythmus besser beschreiben, wissenschaftlich ausloten, ihn dirigieren, ihm in der Komposition schöpferischen Ausdruck verleihen, ihm Gestalt geben und Zuordnung und Struktur – Frauen erleben und vermitteln ihn, Frauen leben ihn, den Rhythmus, in ihrem Leib, in ihrem Zyklus, der sich in den Naturrhythmen, in den Mondphasen, den Gezeiten und Jahreszeiten, im ganzen Naturgeschehen widerspiegelt. Letztenendes ist Rhythmus der Ursprung des menschlichen Lebens" (Loos 1993, 53).
Aber auch Klang als bedeutsamer Gegenspieler zum Rhythmus bezieht nach Gertrud Loos seine Wirkkraft aus dem pränatalen Erleben: „Klang aber trifft schon im Mutterleib auf Ohren und Haut, auf Erinnerungsspuren, Erlebnis- und Gefühlsbeschaffenheit. Klang ist nicht nur nonverbal, er ist auch präverbal, extraverbal, prämental und pränatal. Und Erlebnisse aus diesen Schichten sind abrufbar" (Loos 1993, 61). So wird letztlich Musik in ihrer Ganzheit gleichgesetzt mit Urmütter-

lichkeit: „Die intrauterine Raum-Zeit-Erfahrung kann Paradies sein: Befriedigung aller Bedürfnisse in einem metaphysischen Maß von Nehmen und Geben; sie kann auch Hölle sein: ohnmächtig, eingeschlossen, nicht gemeint, unwirksam, „Nobody". Einem Vernichtungsurteil entgegenzutreten kann nur eine übersinnliche archaische Kraft wie die Musik, wie die Urmütterlichkeit, die nicht zerstörerisch und feindlich sein können" (Loos 1997, 42).

Nicht weit ist nun auch der Schritt, in die musiktherapeutische Arbeit den Körper miteinzubeziehen „als Wiederbelebung der missglückten Frühzeit (...) Ohne ihn ist die Behandlung solcher (gemeint sind Frühstörungen, A.S.) in der Ungetrenntheit von Körper und Seele entstandenen Leiden nicht denkbar. Hautberührungen in therapeutischer, d. h. non-egoistischer Liebe können Wunder bewirken. Haut ist der Stoff, aus dem die Zärtlichkeit gemacht ist. Dazu den Namen des Kindes sagen, immer wieder – ich rufe dich bei deinem Namen – immer wieder – das sind die Spielelemente, die in unserem musiktherapeutischen Biotop zur Zugehörigkeit einladen und zu Leben und Lieben verlocken" (Loos 1997, 38).

Matrizentrische Musiktherapie – das meint also bei Gertrud Loos den reflexiven Diskurs auf jene Erkenntnisse aus der prä- und postnatalen Audiologie, Neurobiologie und Psychologie des Hörens, die gerade für die Musiktherapie zu den wichtigsten theoretischen Grundlagen gehören (vgl. u. a. Nöcker, Spitzer, Tomatis). Daran ist nicht zu zweifeln und nicht zu rütteln. Zu hinterfragen ist denn eher die starke Bildlichkeit und die Suggestivkraft, die mit den Bildern entfaltet wird. Mütterlichkeit und Schwangerschaft, Uterus und Rhythmizität des weiblichen Körpers, Körper des Patienten, seine zärtlich berührte Haut, der Patient als das Kind – das ist mehr als eine Sprache von Metaphorik: hier werden in starkem Maße Gefühle angerührt, die gleichzeitig so etwas wie eine Ur-Sehnsucht aufkommen lassen ... aufkommen lassen können, sollten, müssten?

In diesem Zusammenhang ist nun auch die methodische Kategorie des „Nachnährens" zu nennen, wie sie als Leitidee die (Teil-)Aufgabe und Haltung des Therapeuten und als Zieldimension den Rahmen von (Musik-)Therapie umgreift (vgl. freies musikzentrum münchen e.V., hg. von Moreau/Wölfl 2002, Timmermann 2004 u. a.). In den Kontext von frühkindlichen Erfahrungen gestellt, liegt die Idee des „Stillens" nahe – und wird als musiktherapeutisches Agens gern benutzt, ist doch Stille wiederum ein musikalisches Vehikel. Es liegt die Gefahr nahe, dass sich hier Konzepte vermischen und Konturen undeutlich werden: das Eine die Therapievariable, eine therapeutische Haltung, die ein Grundprinzip des Daseins zu sichern hilft, und das Andere die Analogie zur sozialen Rolle, die prä-determiniert ist und vielfältige Konnotationen hat: Mutter mit zugehörigem Kind, (ver-)sorgende Mutter eines unzureichend ausgestatteten Kindes etc. Geht die Assoziation dann gar noch so weit, dies Versorgen mit entsprechend „früher" Musik, der „Musik im Mutterleib" (Decker-Voigt 1999, 25) in Verbindung zu bringen, so bleiben Klang und Rhythmus als „Nahrung" übrig – Elemente der Musik, Rudimente, nicht aber mehr Musik in ihrer „erwachsenen", gestalteten, progressiven Form, für die der Musiktherapeut in der Regel ja einmal ein sorgfältig konzipiertes Musikstudium zwecks professioneller Vorbereitung durchlaufen hat.

Die Idee des Nachnährens als musiktherapeutische Handlungsqualität, die implizit das System Stillen anspricht – ist das für einen potentiellen Patienten der Musiktherapie – sagen wir beispielhaft einmal: einen Erwachsenen, einen noch relativ integriert im Leben stehenden und vom Leben geforderten Menschen männlichen Geschlechts, der ebenso sozialisiert wurde – ist das ein einladendes Bild, sei's auch noch so unterschwellig vermittelt?

In all diesen gedanklichen Zusammenhängen ist es auch nicht sonderlich hilfreich, wenn nun die Jung'schen Dimensionen von Animus und Anima bemüht werden, um zu zeigen, dass beider Potentiale beiden Gechlechtern eigen sind. Denn immer da, wo – allen Beteuerungen zum Trotz, dass man die Anima-Potentiale meint, die dem Manne wie der Frau eigen sind – das Weibliche in die Nähe der Begrifflichkeit Mutter gebracht wird, steht Geschlechtlichkeit pur und nicht das gegengeschlechtliche Prinzip Animus/Anima im Raum, ob man das möchte oder nicht. Denn das Muttersein (anders als das Prinzip Mütterlichkeit) ist nun einmal und immer noch und voraussichtlich noch einige Zeit an das weibliche Geschlecht gebunden.

Unsere (Therapie-)Welt besteht aber nun einmal zu etwa gleichen Teilen aus Männern und Frauen als Therapeuten, für weibliche und für männliche Patienten. Wie wird nun wiederum darüber nachgedacht?

Nicola Scheytt / Fritz Hegi

„Der Therapeut als Mann und Mutter – die Therapeutin als Frau und Vater. Geschlechterneutrales Parenting in der Musiktherapie" war Vortragsthema auf der 10. Musiktherapietagung des Freien Musikzentrums 2002, die den Titel „Zur Idee des therapeutischen Nachnährens – was kann Musiktherapie leisten?" trug (Freies Musikzentrum München e.V. 2002). In reizvollem Wechselspiel zwischen der weiblichen und der männlichen Position – auch ganz buchstäblich im eingestreuten musikalischen Dialogspiel – wurden von beiden Vortragenden bzw. Autoren dem Thema gemäß zunächst Statements abgegeben, die anschließend in einem dialogischen Teil diskursiv – auch unter Einbeziehung der Zuhörer – vertieft wurden.

Bereits im Untertitel taucht die Familien-Metapher auf. Es handelt sich zwar um einen eingeführten Fachterminus, setzt aber dennoch als Begriff unmissverständlich ein Programm.

Nicola Scheytt stellt fest, dass „gerade die Eigenschaften, die Frauen per se zugeschrieben werden, quasi als Geschlechtsrollenstereotyp die sind, die im allgemeinen von Therapeuten und Therapeutinnen erwartet werden und die diese (Frauen wie Männer) auch als selbstbezogene Ideale von sich haben wie z. B. akzeptierend, tolerant, warmherzig, intuitiv (...) (und) interessierter an Beziehungen" und fragt sich in diesem Zusammenhang, ob Frauen die besseren Therapeutinnen sind (a.a.O., 47). Unter Bezugnahme auf das Konzept des „role responsiveness" (Sandler 1976, zitiert a.a.O., 47) verweist sie aber sogleich auf die Abhängigkeit von den Rollenerwartungen und -zuschreibungen vonseiten der Patienten.

Die Therapeutin als Frau taucht für Nicola Scheytt auf, wenn sie mit dem Patienten musiziert, also in ihrem musikalischen Beziehungs-Beitrag: „Ich warte meist, bis der/die Patient/Patientin sein/ihr Instrument gewählt hat, ich passe meine Wahl an, ich höre zu, ich begleite, ich spiele mit, ich widme ihm oder ihr für eine bestimmte Zeit meine ganze Aufmerksamkeit und Wertschätzung, ich mache ein Beziehungsangebot. Und damit bin ich in einer eher weiblich-mütterlichen Rolle" (a.a.O., 48).

Der Therapeut als Mann scheint bei Fritz Hegi in folgenden Thesen auf: „Mann und Frau sind grundverschieden. Als Polarität sind sie Ergänzungen und ahnen noch um das Ganze – als Gegensatz sind sie einander ausschließende und bekämpfende Wesen. Der Therapeut stellt die Männerwelt dar, verkörpert das männliche Prinzip und verantwortet es" (a.a.O., 48). Seine Begründungen für die letztere Teil-These sucht er im gestalttherapeutischen Modell von Organismus und Umwelt und dem Kontakt als dazwischenliegendem Dritten und schlussfolgert Organismus = weiblich, Umwelt = männlich: „Am Kontaktpunkt zwischen Organismus und Umwelt ist Erregung, dort treffen wir eben dieses Phänomen wie Befriedigung, Erfindung, dort entsteht auch das Kind, das Werk" (a.a.O., 49). Er plädiert für eine Haltung von Wertefreiheit, bei der „die männliche Seite nicht durch Abwertung oder Entwertung beleuchtet wird, sondern das Anders-Sein des Männlichen im Vergleich mit der Frau egalitär bewertet werden kann" (a.a.O., 49). Zum Verständnis der Verhältnisses von „Frau-Organismus" und „Mann-Umwelt" referiert Hegi diverse geschlechterdifferente biologische, medizinische, psychosoziale, psychische und kultur-philosophische Erkenntnisse, ohne letztlich einen Beleg für seine obige These anzubieten.

Die Therapeutin als Vater vertritt Nicola Scheytt mit der These: „Ich bin immer Frau und als solche nie Vater. Aber ich kann mich „väterlich" verhalten im Sinne von ordnend, strukturierend, triangulierend: Ermutigung zum Unterschied" (a.a.O., 52). Und unter Bezugnahme auf das Konzept der Androgynie mutmaßt sie: „Vielleicht müssen wir uns mit dem Gedanken vertraut machen, dass die Unterschiede innerhalb der Gruppe der Frauen und der der Männer größer sind als die Unterschiede zwischen den Geschlechtern" (a.a.O., 53).

Den Therapeuten als Mutter versucht Fritz Hegi gedanklich so zu fassen: „Der Therapeut ist immer Mann und als solcher nie Mutter. Das Weibliche in ihm (Anima) ist aber dem Seelischen näher. Das Mütterliche in ihm (Berufung) ist aber der Therapie näher" (a.a.O., 55). Sogleich stellt er fest: „Ich meine, dass die Mütter die besseren TherapeutInnen sind" (a.a.O., 55). Als Belege dienen ihm im wesentlichen die Gedanken, die Gertrud Loos 1982 in ihren Ausführungen über „weibliche Beweggründe im therapeutischen Handeln" äußerte und die er sehr frei zitiert. Der männliche Therapeut hat sich, so Hegi, „als Mutter von Großmüttern, Müttern und starken Frauen in eine Kunst des zauberhaften Kontakts einführen lassen. Diese Kunst ist auch im Therapiesetting verborgen", das dem männlichen Therapeuten scheinbar wie von selbst zur Verfügung steht bzw. gestellt wird (a.a.O., 56). Unter Ausbreitung der „Vorzüge der mütterlichen Kunst", zu denen Hegi Prozessorientierung, Tiefe der Beziehung, Geduld, Toleranz, Einfühlung, alogische Experimente, Ausharren im Chaos, höhere Schmerzfähigkeit u. a. zählt, schließt er dann aber wieder mit dem Hinweis: „Das Aushalten, eine der Hauptfähigkeiten in der therapeutischen Identität, ist bei den Frauen generell weiter entwickelt als bei den Männern. Eine Therapieberufung ist deshalb bei Frauen, besonders aber bei Müttern direkter und leichter aufzufinden“ (a.a.O., 56). Wiewohl es Hegi eigentlich um den Therapeuten als Mutter geht oder gehen soll, schließt er seine Ausführungen in Bezug auf die männlichen Therapeuten mit harscher Kritik an „der männlichen Haltung (vor allem, wenn sie keine Väter sind)“ (a.a.O., 56); als Tendenzen sieht er Ungeduld, Gefahr von Übergriffen, Flucht aus der Beziehung, Flucht in die Metaebene, übertriebene Abstinenz, emotionale Abwesenheit etc. etc., um nur einige seiner Kritikpunkte anzuführen: „Alles zusammengenommen wird erklärbar, weshalb Männer immer wieder die therapeutische Bodenarbeit fliehen und in die Verwaltung von Therapie, in die Diagnostik, die Beratung, die Wissenschaft oder in andere Funktionen um das therapeutische Feld herum abwandern“ (a.a.O., 56).

Der anschließende Diskurs, soweit er sich – für diese Arbeit zentral – der Geschlechterfrage öffnet und nicht auf das übergeordnete Tagungsthema des Nachnährens bezogen ist, widmet sich der Frage von geschlechtsspezifischen Zuordnungen zu den Parametern der Musik. Ist Rhythmus männlich und Klang weiblich? Bewirkt ein binärer Rhythmus das Männliche im Männlichen und ein ternärer, also Dreier-Rhythmus das Weibliche im Männlichen? Ist das Weibliche im weiblichen Klang das Lieblich-Feine und das Männliche im weiblichen Klang das Grobe, Harte und Spannungsvolle? Ist „die Sekunde als Spannung, als Abenteuer, (...) dem Männlichen näher, (...) ein väterliches Attribut (...) die Moll-Terz, das Fliessend-Weiche der Sext (...) mehr ein weibliches, ein mütterliches Attribut (...) Lieder und Songs (...) männlicher und weiblicher Ausdruck bunt gemischt (...) in der Dynamik-Komponente die männlichen Archetypen die Luft und das Feuer (...) dem Luftigen entspricht das Laute (...) Form (schließlich): da sprachen wir vom Männlichen, von Väterlichen als dem Tragenden in der Welt (...) das Formspendende und das Formsprengende, die Prinzipien, die Gesetze, die Regeln?“ (a.a.O., 63–64)

Fragen über Fragen, Mutmaßungen, vielleicht Visionen, allemal aber Denkanstöße, die aufhorchen lassen: kann denn das Geschlechtliche als soziale Kategorie so unbesehen, so nahtlos als Metapher dienen und auf die Elemente der Musik übertragen werden? Liegt die Chance der Musik nicht gerade darin, dass sie in ihrer Vielgestaltetheit, in der Fülle ihrer Substanz und der Biegsamkeit ihrer Materialverwendung das Geschlechtliche überwinden hilft?

Nachgedanken

Ein letzter Hinweis soll diese „tour d’horizon“ geschlechtsspezifisch bezogenen Denkens abrunden. Es ist die Frage, was letztendlich und hintergründig wohl ausgelöst wurde und wird, wenn – wie seit Mitte der neunziger Jahre geschehen – in der musiktherapeutischen Theoriebildung so zentral der Profit aus den Forschungsarbeiten von Daniel Stern gezogen wird mit seinem Niederschlag in der Analogie oder Homologie von Musiktherapie und frühkindlichem Dialog bzw. der Interaktion Mutter und Kind, wenn also musiktherapeutisch-theoretisch entwicklungspsychologische Modellbildung mit den gestaltbildenden Wirkfaktoren der Musiktherapie verbunden wird (vgl. Schumacher, Stern, Hegi, Smeijsters, Gindl u. a.). Diese Analogie „frühkindlicher Dialog = musiktherapeutisch-improvisatorische Realität", so überzeugend sie auch ausgearbeitet wurde und so hilfreich sie sich als reflexive und evaluative Praxis erweist, impliziert dennoch das Bild eines sehr kleinen Kindes als Patient, impliziert ein Autonomie- und Machtgefälle und suggeriert eine bestimmte therapeutische Haltung, für die die bereits diskutierte Kategorie des Nachnährens nur stimmig ist, Mutter-, Vater- und Elternschaft notwenig macht und damit das berühmte „parenting" zur Chefsache erklärt.

Wiewohl klar ist, dass es sich um eine Analogiebildung handelt, um ein Therapie-Konstrukt und nicht um reale soziale Verhältnisse oder Rollen, so gibt es doch wohl so etwas wie ein Klima, das in der Musiktherapie herrscht, etwas Atmosphärisches, verdeckt und unterschwellig natürlich, dennoch als implizites Wissen wirksam, beruflich einsozialisiert und unbewusst durchaus abrufbar, und das könnte sich schlagwortartig so verdichten:

- Musiktherapie ist eine „weibliche" Therapie
- Sie hat etwas mit mütterlicher Versorgung zutun
- Es geht ihr um das Nachnähren
- Sie fördert (und fordert?) damit die regressiven Tendenzen im Erleben und Verhalten
- Sie agiert präverbal, prämental, pränatal (vgl. Loos 1993)
- lindert (vorzugsweise? nur?) die präverbalen, kognitiv so schwer zugänglichen Traumata
- Musiktherapie können die Frauen, die (realen oder potentiellen) Mütter, am besten
- Sie bringt alles in allem das zutage, was den Männern fehlt.

Geschlechtsspezifische Gesundheitsforschung

Ein Blick in die geschlechtsspezifische Gesundheitsforschung lässt unschwer weitere Signale erkennen, auf welche Verhältnisse Musiktherapie als Psychotherapie-Maßnahme und klinische Praxis stoßen könnte (vgl. Brähler/Felder (Hg) 1999, Bründel/Hurrelmann 1999, Hurrelmann/Kolip 2002, Klesse u. a. 1992, Maschewski-Schneider 1997). Dabei ist nur bedingt von *der* geschlechtsspezifischen Gesundheitsforschung zu sprechen; vielmehr muß eher von Frauen- und Männer-Gesundheitsforschung die Rede sein. Denn laut Hurrelmann (2002) haben sich beide Bereiche unterschiedlich entwickelt. Frauengesundheitsforschung kann auf eine gut 20-jährige Erfolgsgeschichte zurückblicken, innerhalb derer u. a. erkannt wurde

- dass „sich Männer und Frauen in ihrer gesundheitlichen Lage und in ihren gesundheitlichen Bedürfnissen unterscheiden und dass das Geschlecht eine zentrale Variable ist, die den Gesundheitszustand beeinflusst" und
- „dass sich die Gesundheit von Frauen nicht auf Fragen der Reproduktion und der Geschlechtsorgane beschränkt, sondern dass eine geschlechtersensible Betrachtung in allen Bereichen der Gesundheitsforschung eine Rolle spielen muss"
- dass „der Gender-Bias, also Verzerrungen in Forschungsprojekten, die auf eine geschlechter-insensible Planung, Interpretation und Auswertung von Forschungsergebnissen zurückzuführen sind, zunehmend in den Blick gerät" und
- „dass Frauen keine homogene Gruppe sind, sondern dass weitere Differenzierungen eingeführt werden müssen" (Hurrelmann 2002, 14–15).

Demgegenüber ist der Stand von Forschung und Praxis der Männergesundheitsforschung wesentlich ungünstiger zu beurteilen, und darüber kann auch nicht hinwegtäuschen, dass die bisherige Gesundheitsforschung „implizit männerlastig war und das biologische und soziale Geschlecht als bedeutsamen Faktor in der Untersuchung von Bedingungen des Gesundheitsverhaltens und Strukturen der Gesundheitsversorgung ignoriert hat" („Androzentrismus") (Hurrelmann 2002, 16). Hurrelmann u. a. konstatieren in diesem Zusammenhang auch, dass es „heute zu gesundheitlicher Ungleichversorgung und daraus resultierender Fehlversorgung für beide Geschlechter kommt" (Hurrelmann 2002, 17).
War lange Zeit der Blick der Gesundheitsforschung einseitig auf den Blickwinkel Frauengesundheit und hier auf alle Formen der Benachteiligung gerichtet, so geht er heute in Richtung auf Vergleich und Differenzierung und nicht mehr in Richtung auf Abgrenzung. Es geht also um Unterschiede und Gemeinsamkeiten. „Ziel ist die Vermeidung von Fehlbehandlung und eine dem jeweiligen Bedarf und der Notwendigkeit angemessene Versorgung beider Geschlechter" (Hurrelmann 2002, 17).
Möglich ist, dass die lange Zeit herrschende eindimensionale Strategie, Geschlechterforschung als Frauenforschung zu verstehen, demnach Genderfragen als Frauenfragen zu diskutieren und hier einseitig Aspekte von Benachteiligung zu thematisieren, das Interesse der Musiktherapie an spezifischer Genderforschung blockiert hat. Es hätte dies seine Logik, wenn man dem Topos „matrizentrische Musiktherapie" noch einmal nachspürt und dabei unschwer erkennen kann, dass Frauen *hier ganz und gar nicht* benachteiligt sind.
Aus der Fülle der Aspekte, die in den letzten Jahren und Jahrzehnten in der geschlechtsspezifischen Gesundheitsforschung zusammengetragen und erforscht wurden, sollen beispielhaft einige wenige Facetten beleuchtet werden, die als Einflussgrößen auf die Musiktherapie ernst zu nehmen und konzeptionell einzuarbeiten sind. Die tabellarische Übersicht im direkten Vergleich, so plakativ sie auch erscheinen mag, ist Absicht; sie soll ein Ausufern der Thematik an dieser Stelle verhindern.

Auf die spezielle Psycho-Ätiologie bzw. das Erkrankungsrisiko bei Krebspatienten wird ein späteres Kapitel eingehen (vgl. Kappauf).
Unschwer lässt sich ablesen, das die Fülle dieser Aspekte eine Reihe von Vorannahmen suggeriert, deren Summe dann verständlicherweise in den eingangs zitierten Satz („Musiktherapie von Frauen für Frauen“) einmünden könnte.

Tab. 1: Männer – Frauen

Männer	Frauen
... halten sich generell für gesünder als Frauen und haben deshalb häufig kein eigentliches Gesundheitskonzept. Sie suchen nur dann ärztliche oder psychologische, auch seelsorgerische und soziale Hilfen auf, wenn sie sich wirklich krank und absolut hilflos fühlen. Ihre Lebensutopien brechen dann häufig zusammen. Männer haben Scheu vor Gesundheitseinrichtungen und fürchten im Krankheitsfall um ihre Selbständigkeit.	... beobachten grundsätzlich ihre Körperlichkeit mehr, haben ein körperbezogenes Alltagswissen und ein explizites und implizites Alltagskonzept von Gesundheit. Sie nehmen häufiger medizinische und psychosoziale Hilfen in Anspruch, weil ihre Gesundheitsutopien Lebensutopien sind. Bei Frauen ist der Gesundheitsbegriff mit Gebrauchtwerden verknüpft.
... sind de facto kränker, u.a. weil sie seltener zu Vorsorgeuntersuchungen gehen. Sie werden von Ärzten in ihren Beschwerden ernster genommen, eben weil sie seltener und häufig erst zu einem sehr späten Zeitpunkt der Erkrankung einen Arzt aufsuchen. Männerspezifische Symptome psychischen Leidens werden als „externalisierende“ Störungen bezeichnet (Ursache, Schuld im Außen).	... suchen öfter einen Arzt auf, haben andere medizinische Diagnosen und andere therapeutische Interventionsformen. Bei Frauen vermuten die Ärzte ein psychisches Leiden (Stichwort „Klagsamkeitsorientierungen“; vgl. Klesse u. a. 1992), sie werden deshalb immer schon auch psychotherapeutisch beraten oder behandelt. Frauenspezifische Symptome psychischen Leidens werden als „internalisierende“ Störungen bezeichnet (Schuld Person selbst).

... haben den Anspruch, ihre Probleme selbst und ohne fremde Hilfe zu lösen, Unwohlsein zu ertragen und die Kontrolle über die eigenen Leistungsfähigkeit zu wahren. Das erschwert die Inanspruchnahme von Hilfe. Männer gehen also weniger davon aus, dass ihnen Krankheit „widerfahren" kann; entsprechend tief sitzt der Schock, was sich im Falle einer Krebserkrankung potenziert.	... haben intuitiv ein Wissen um die eigene Morbidität, verhalten sich aber häufig nach dem weiblichen Stereotyp, Kranksein als einzigen legitimen Grund zum Rückzug aus Überlastungen zu hantieren, ansonsten aber Durchhaltestrategien und ein Zurückstellen eigener Befindlichkeitsprobleme zu demonstrieren.
... Männern fehlt ein verlässliches soziales Netz, mit dem sie im Krankheitsfall in Austausch treten können. Entsprechend fremd ist es ihnen, über sich und ihre Erkrankung zu reden.	... sind in der Regel durch ein ausgeprägtes soziales Netzt weitsichtiger, annahmefähiger und wahrnehmungsstärker in Bezug auf ihre Krankheit.
... akzeptieren Hilfe nur im engsten Familienkreis.	... suchen Hilfe bei Freunden, waren immer schon höheren psychischen Belastungen ausgesetzt und haben immer schon aktiv nach Hilfe gesucht.
... sind „Heilern" (Ärzten) ausgesetzt, die überwiegend gleichen Geschlechts sind. Möglicherweise trauen sie denen mehr als den weiblichen Therapeuten.	... sind von Natur aus die „Pflegerinnen".
... bei Männern bedeutet die Krankheit die Aufgabe ihrer Arbeit, und das wiederum führt zu einem Zusammenbrechen ihres Lebens- und Selbstkonzepts.	... im Krankheitsfalle ist die Rollenkombination Beruf/Mutter ein wichtiger Überlebens- und Gesundheitsfaktor.

Musiktherapie – eine Herausforderung an beide Geschlechter

Die skizzierten Aspekte zur Genderdifferenz, insbesondere, was das genderspezifische Gesundheitsverhalten anbelangt, lesen sich vordergründig wie eine Kontraindikation von Musiktherapie zumindest für das eine Geschlecht, die Männer. Diese Anmutung verstärkt sich, wenn man an all die Einschränkungen denkt, die der in dieser Studie untersuchte Krankenstand mit sich bringt. Wie denn sollte es angesichts von so viel vorab schon hinderlich, sperrig Erscheinendem noch sinnvoll sein, Musiktherapie an Männer heranzutragen? Ist es denn nicht sinnvoller, konzeptionell sich eher der Frauenarbeit zuzuwenden, diese methodisch auszudifferenzieren und angesichts der geringen ökonomischen Pfründe hier die Versorgung gut zu machen, als sich/sie an die Männer zu verschwenden?

Musiktherapie arbeitet mit Musik als einem Medium, das – ob aktiv erschaffen oder rezeptiv nachvollzogen – eher einem weiblichen Konzept zu folgen scheint, denn es geht um

- sich hingeben
- sich verschenken
- um Vergessen
- um emotionales Reagieren
- darum, sich dem Intellekt weniger hinzugeben als der Intuition
- im Chaos das Schöpferische zu entdecken
- zu lassen und zu sein und nicht zu tun und zu haben
- um Hingabe und das Annehmen von Geborgenheit und Wärme.

Was Improvisation und Rezeption von Musik ja tatsächlich fordern und fördern, scheint männlichem Weltzugriff verschlossen zu sein.
Neben der Improvisation gibt es ferner das Setting. Es ist charakterisiert durch

- Produktferne einschließlich des Fehlens von Bewertungskriterien
- durch ein offenes, prozessorientiertes Vorgehen
- durch Benutzung von (teilweise) Kinderinstrumenten bzw. musikkulturferneren Instrumenten
- durch Aufforderung zu freiem Spiel, zur Regression
- durch das methodisch angeleitete und begleitete Verbalisieren von Gefühlen und Erleben

Es liegt also in der „Sache“ Musiktherapie selbst begründet, dass sie für Patienten beiderlei Geschlechts als Herausforderung empfunden werden kann oder muss, dies für männliche Patienten aber wohl mehr und grundlegend. Es gilt dies für beide Geschlechter aber umso mehr, als in dem Stadium, in dem die Krebs-Patienten der Studie sind, diese Herausforderungen nicht mehr als Lern- und Entwicklungspotentiale genutzt werden können, da die Patienten zu schwach und nicht mehr auf ihre Entwicklung hin anstoßbar sind.
Fast unüberschaubar erschienen nun zunächst die Fragen, die in Untersuchungspunkte würden einmünden müssen:

- Welche Rolle spielt das Geschlecht des Therapeuten und das des Patienten? Spielt es überhaupt eine Rolle? Und sofern es einen Einfluß nimmt, in welchen Dimensionen dann?
- Betreffend den Erfolg, das Ergebnis, die Effizienz und Wirksamkeit?
- Betreffend die Art der Beziehungnahme zwischen Therapeut und Patient? Die Redestile, das körpersprachliches Verhalten, Atmosphärisches?
- Die Art und Elaboration von Inhalten oder psychischem Material?
- Die Gestaltung der Musik, insgesamt oder einzelne Gestaltungsfaktoren betreffend?
- Das Zustandekommen von Therapie überhaupt?

Als weitergehende Frage ergab sich dann aber sehr schnell: sind das Invarianten? Gelten die Unterschiede (wenn es sie gibt) in jedem Fall, ungeachtet von einem spezifischen Krebserscheinungsbild, vom Behandlungsstand, klinischem Konzept und Setting?

Der Weg, den die Forschungsarbeit gehen sollte, erschien sehr bald und deutlich vorprogrammiert:
In Eingrenzung der schier uferlosen Komplexität, die sich angesichts der obigen Fragstellungen auftut, sollte die vorliegende Gender-Studie einen deutlichen Fokus setzen. So verfolgt und materialisiert sie zwei Aspekte:
ehe vorschnell auf eine vermeintlich differenzierende Kategorie von männlichem oder weiblichem Verhalten / Erleben / Ergebnis rekurriert und diese als Untersuchungsvariable eingesetzt wird (Beispiel: Instrumentenwahl und Umgang / Bereitschaft zur Verbalisierung emotionaler Erlebnisinhalte / Symbolbildungsstrategien o.ä.), erschien es angezeigt, die Qualität der Arbeit mit diesen Patienten im Blick auf beide Geschlechter gleichermaßen zu bestimmen. Also musste vor der Genderfrage das Substantielle der Arbeit mit Krebspatienten im Spannungsfeld von kurativer und palliativer Arbeit selbst begriffen sein und erst danach eine genderbezogene Binnendifferenzierung vorgenommen werden.
Nicht minder wichtig erschien dann eine zweite Forderung: alle Genderfragen sollten im Blindversuch erhoben werden, um Vorannahmen, die allein durch das Wissen um das Geschlecht hervorgerufen werden könnten, auszuschalten. Ebenso ergab sich aber auch die dritte Forderung: alle am Forschungsprozess Beteiligten sollten beide Geschlechter repräsentieren.
Denkbar und vorstellbar erschienen über die methodisch-substantielle Bestimmung von Musiktherapie in der Psychoonkologie und über den Gendervergleich hinaus am Ende Ergebnisse, die als Fragen so formuliert wurden:
Gibt es vielleicht Bereiche, aus denen sich die Musiktherapie zurückziehen sollte, weil sie nicht die nötige Effizienz erreicht? Zum Beispiel aus der Männerarbeit? Um die wenigen vorhandenen Ressourcen besser und gezielter zu nutzen? Und muss die Musiktherapie vielleicht insgesamt viel stärker geschlechtsspezifisch in ihrem Methoden- und Handlungsrepertoire variieren, als es das derzeit vorhandene methodische Repertoire und die benutzten Materialien vorstellbar machen?

Kapitel 2 Krebs

2.1 Krebserkrankungen und Krebsbehandlungen aus medizinischer und psychoonkologischer Sicht

Herbert Kappauf

Die gängigen Beschreibungen von Krebs als „Geißel der Menschheit“, „bösartige Erkrankung“, „maligne“, „heimtückisch“, „zerfressend“, „tödlich“ zeigen: Kaum eine Krankheitsdiagnose ist mit mehr Angst, Schock und bedrohlichen Vorstellungen verbunden als Krebs. Diese Krankheit wird vielfach mit Siechtum und quälenden Schmerzen gleichgesetzt. In der Tat verwenden viele Sprachen für Schmerz, böse und bösartige Erkrankung dieselben Worte oder einen gemeinsamen Wortstamm[2]. In Wirklichkeit gehen hingegen etwa ein Drittel aller Krebserkrankungen – selbst in fortgeschrittenen Stadien – eher selten mit wesentlichen Schmerzen einher, für die es zudem heute effektive Behandlungsmöglichkeiten gibt. Ähnlich trifft die Gleichsetzung von Krebs mit tödlicher Erkrankung nicht (mehr) zu: Heute kann bei nahezu jedem zweiten Patient mit einer Krebsdiagnose durch eine kompetente onkologische Therapie eine dauerhafte Heilung erreicht werden. Damit wird deutlich: Bei der Diagnose einer Krebserkrankung geht bei den Betroffenen das psychische Befinden in der Krankheitsauseinandersetzung nicht mit den somatischen Befunden parallel.

Was ist Krebs?

Krebserkrankungen sind wissenschaftlich durch drei Merkmale gekennzeichnet: *Neoplasie*, *Proliferation*, *Invasivität*. Krebs ist eben eine Neubildung von Zellen (Neoplasie), die entseht, wenn sich Körperzellen aufgrund von molekularen Veränderungen (Mutationen) ihres genetischen Bauplans ungebremst vermehren (unkontrollierte Proliferation), dadurch ihr gewohntes Erscheinungsbild ändern und über die Grenzen ihres ursprünglichen Zellverbandes hinaus in andere Zell- oder Gewebsverbände eindringen (Invasivität). Zellen der Ausgangsgeschwulst (*Primärtumor*) können dabei zu Tumorabsiedlungen (*Metastasen*) im übrigen Körper führen. *Den* Krebs gibt es allerdings nicht. Vielmehr sind bei der Diagnose Krebs nach Klassifikationssystem über 100 Krankheitsbilder zu unterscheiden. Sie lassen sich nicht nur durch ihre Lokalisation und Häufigkeit voneinander abgrenzen, sondern auch hinsichtlich ihrer Ursachen, ihres Verlaufs, der bevorzugten Altersgruppe und ihrer Prognose mit und ohne Behandlung.

---

2 Malignom als medizinischer Terminus für „bösartige“ Erkrankung ist abgeleitet von lateinisch „malus“= böse, schlecht, genauso wie das französische „avoir mal“ = Schmerzen haben.

Bei Krebs unterscheiden Ärzte *solide Tumore* von *malignen Systemerkrankungen* und *Primärtumore* von *Metastasen* (Tochtergeschwülste). Die Krebszellen von soliden Tumoren beginnen im jeweiligen Organ mit einer knotigen Geschwulst – dem Primärtumor. Dessen Krebszellen können über Lymph- oder Blutgefäße im Körper streuen und Tumorabsiedlungen – Metastasen – in anderen Organen bilden. Maligne Systemerkrankungen – z. B. Leukämien („Blutkrebs"), maligne Lymphome („Lymphknotenkrebs") und Plasmozytome – entwickeln sich hingegen aus mobilen Zellen des blutbildenden Knochenmarks oder Lymphsystems und sind deshalb von Anfang an selten lokal begrenzt.

Krebsepidemiologie

In Deutschland erkranken derzeit jährlich ca. 350.000 bis 400.000 Menschen an Krebs (Krebsinzidenz). Pro Jahr sterben etwa 210.000 Menschen an ihrer Krebserkrankung (Krebsmortalität). Mit oder nach Krebs leben in der Bevölkerung mehrere Millionen Menschen (Krebsprävalenz). Während Anfang des 20. Jahrhunderts nur etwa 10 Prozent der Todesfälle auf Krebs entfielen, sind es heute bereits 29 Prozent, mit weiter steigender Tendenz. Andererseits nimmt die altersstandardisierte Krebssterblichkeit bei Frauen seit über 50 Jahren stetig ab. Bei Männern ist ein Rückgang erst seit Beginn der 90er Jahre zu beobachten. Mit zunehmender Alterspyramide werden aber die absoluten Erkrankungs- und Sterblichkeitszahlen an Krebs zunehmen. Denn mehr als zwei Drittel aller Krebskrankheiten treten jenseits des 65. Lebensjahres auf.
Die in Deutschland fünf häufigsten Krebstodesursachen sind in absteigender Zahl bei Männern Lungenkrebs, Darmkrebs, Prostatakrebs, Magenkrebs und Bauchspeicheldrüsenkrebs. Bei Frauen führen Brust- und Darmkrebs vor Krebserkrankungen der Lunge, der Eierstöcke und des Magens.

Krebsursachen

Krebs ist keine Zivilisationskrankheit, sondern ist schon aus Funden der frühen Menschheitsgeschichte belegt. Zivilisationseinflüsse verändern das Krebsrisiko in beide Richtungen. So tritt auf Grund verbesserter Lebensbedingungen und gesünderer Ernährung die lange Zeit in Deutschland mit Abstand häufigste Krebserkrankung – Magenkrebs – heute etwa fünf mal seltener auf als noch vor 50 Jahren. Anderseits hat sich im gleichen Zeitraum die Lungenkrebshäufigkeit als Folge des Rauchens fast verdreifacht.
Krebs entsteht in einem mehrstufigen, meist jahrelangen Prozess, in dem Körperzellen die in ihnen genetisch gesteuerte Kontrolle ihrer Vermehrung und ihres Absterbens verlieren. Tabakrauch und Ernährungsfaktoren spielen dabei mit jeweils etwa 30 Prozent die größte Rolle. Erbanlagen, einige Viren, ein sitzender Lebensstil, berufliche Schadstoffbelastungen und UV-Strahlen besitzen dazu im Vergleich eine geringere Wertigkeit und rangieren noch vor anderen Umweltbelastungen und ionisierenden Strahlen. Tabakrauch allein ist für jährlich 50.000 Krebstodes-

fälle in Deutschland verantwortlich. Das persönliche Gesundheitsverhalten kann somit das individuelle Krebsrisiko deutlich beeinflussen – aber keineswegs eine Krebserkrankung verhindern.
Während viele Krebsbetroffene nach der Diagnose ihre Tumorerkrankung auf einen „Knoten" ihrer Biografie zurückführen, ließen sich psychische Faktoren in soliden systematischen Untersuchungen nicht als dominante Krebsrisikofaktoren belegen. Ein in den Anfängen der psychosomatischen Forschung postuliertes Konstrukt einer „Krebspersönlichkeit" konnte nicht aufrecht erhalten werden.

Krebstherapie

Solange solide Tumore noch örtlich begrenzt sind, kann eine lokale Therapie durch Operation und/oder Bestrahlung eine dauerhafte Heilung erreichen. Bei vielen Krebserkrankungen streuen Krebszellen häufig schon bei sehr kleinem Tumorknoten. Die Krankheit ist dadurch „systemisch" geworden. Dann verhindert die lokale Behandlung mit Operation und/oder Bestrahlung nicht eine Metastasenbildung an anderer Stelle im Körper. Bei diesen Erkrankungen mit hohen Metastasenrisiko, bei fortgeschrittenen Tumoren, die lokal inoperabel sind oder bereits nachweisbar metastasiert haben, und bei primär malignen Systemerkrankungen ist eine Krankheitskontrolle in der Regel nur durch eine alleinige oder zusätzliche „systemische" Behandlung möglich. Dazu zählen Medikamente der Hormon-, Chemo- und Immuntherapie, die über den Blutweg überall im Körper wirksam werden können.

Tumorchirurgie

Die chirurgische Tumorentfernung ist die älteste Behandlungsmethode bei Krebs. Berichte darüber finden sich bereits 1600 v. Chr. in einem ägyptischen Papyrus. Bis vor 100 Jahren war die Tumorchirurgie sogar die einzige medizinische Maßnahme, mit der – damals eher selten – eine Heilung erreicht werden konnte. Wenn in den westlichen Industrieländern heute jeder zweite bis dritte Krebskranke mit einer dauerhafte Heilung seiner Malignomkrankheit rechnen kann, so haben dies die meisten Patienten mit soliden Tumoren primär einer fortentwickelten Operationstechnik und – immer mehr – der kombinierten Behandlungsmodalität im Sinne einer anschließenden Bestrahlung und / oder medikamentösen Therapie zu verdanken.

Strahlentherapie

Die Möglichkeit einer Strahlentherapie bei Krebserkrankungen besteht eben seit 100 Jahren. Sie hat sich seitdem und besonders in den letzten Jahrzehnten technisch enorm fortentwickelt. Damit sind heute bei lokalisierten Krebserkrankungen im Vergleich zu früher hocheffektive, besser steuer- und eingrenzbare und damit weniger nebenwirkungsbelastete Behandlungsmöglichkeiten gegeben. Punktgenaue Bestrahlungen können manchmal sogar eine Operation ersetzen („Radiochirurgie", „Gamma-Knife").

Medikamentöse Behandlung mit Hormon-, Chemo- und/oder Immuntherapie

Die „systemischen" Behandlungsmöglichkeiten von Krebserkrankungen mit Hormontherapie, Chemotherapie oder Immuntherapie wurden vorwiegend in den letzten 50 Jahren entdeckt.
Mit einer antitumorösen Chemotherapie können beispielsweise inzwischen in westlichen Ländern etwa 80 Prozent aller krebskranken Kinder geheilt werden. Sie hat sich seit ihren Anfängen mit „Zellgiften" nach dem Zweiten Weltkrieg genauso fortentwickelt, wie andere Behandlungsformen auch. *Die* Chemotherapie gibt es genauso wenig wie *den* Krebs. Vielmehr gibt es in der modernen Krebsmedizin mehr als 50 Chemotherapie-Medikamente, die einzeln oder in Kombination eingesetzt werden und sich hinsichtlich ihres Wirkspektrums und Nebenwirkungen sehr unterscheiden. Wirksame Begleitmedikamente haben inzwischen die Nebenwirkungen, die viele Menschen in ihrer Vorstellung mit einer Chemotherapie verbinden, in den Hintergrund gedrängt. Entgegen derartig gängigen Vorstellungen wirkt eine Chemotherapie auch keineswegs über eine allgemeine „Vergiftung" des Körpers.
Medikamente der antitumorösen Hormontherapie hemmen die Körperhormone, die die Krebszellen mancher Tumorarten im Wachstum stimulieren. Derartige Medikamente haben die Behandlungsstrategien vor allem bei Brustkrebs und Prostatakrebs entscheidend verändert und verbessert.
Medikamente der modernen Immuntherapie umfassen einerseits Zellbotenstoffe, wie Interferone und Interleukine, die Zellen des Immunsystems stimulieren, und andererseits spezifische Antikörper, die sich gegen Merkmale von Tumorzellen und ihrer Wachstumskontrolle richten.
Wenn Krebsgeschwülste wachsen, liegt dies keineswegs immer daran, dass sich Krebszellen schneller vermehren als gesunde Zellen. Während diese bedarfsgerecht nur eine festgelegte Anzahl von Teilungen durchlaufen dürfen, bevor sie teilungsunfähig eine gewisse Funktion übernehmen oder durch Apoptose („programmierter Zelltod") absterben, unterlaufen Krebszellen dieses Apoptose-Programm, werden damit unsterblich und teilen sich dann nicht unbedingt schneller, aber öfter als gesunde Zellen. Chemotherapiemedikamente machen Krebszellen häufig wieder für das Apoptose-Programm empfindlich. Dies wird auch durch spezifische Antikörper erreicht, die sich gegen Merkmale bestimmter Tumormerkmale richten und bei einigen Krebserkrankungen die Erfolgschancen einer gleichzeitigen Chemotherapie erhöhen (Chemoimmuntherapie).
Solide Tumoren können nur dann die Größe von feinnodulären Plaques überschreiten, wenn in sie Blutgefäße aus dem umgebenden Gewebe einsprossen und eine Nährstoffversorgung gewährleisten (Tumor-Angiogenese). Seit kurzem lassen sich in der systemischen Krebstherapie bereits einige *anti-angiogenetische* Medikamente (Angiogenese-Inhibitoren) einsetzen, die eine Gefäßbildung von Tumoren hemmen und dadurch deren Rückbildung (Remission) fördern. Auch manche herkömmliche Chemotherapiemedikamente haben anti-angiogenetische Eigenschaften.

Die Zielsetzung der Behandlung ist wichtig

Bei der Krebstherapie ist die Zielsetzung entscheidend. Ein *kurativer* Therapieansatz strebt eine definitive Heilung der Krebserkrankung an, was heute durch eine kompetente Krebstherapie bei nahezu jedem zweiten Patienten gelingt. Eine *adjuvante* Therapie zielt dabei darauf ab, das Risiko eines Krankheitsrückfalls (*Rezidiv*) nach der vollständigen Entfernung des Primärtumors zu vermindern. Eine *neoadjuvante* Therapie strebt dagegen eine Verkleinerung des Primärtumors vor einer Operation an, die manchmal dadurch erst möglich wird. Wenn bei Diagnosestellung oder im Verlauf der Erkrankung das Ziel einer Heilung nicht mehr realistisch ist, so besteht in dieser *palliativen* Situation nur ein *palliativer* Therapieansatz. Dieser soll Krebskranken ein möglichst langes Leben mit guter Lebensqualität gewährleisten. Palliative Tumortherapien beziehen sich nicht nur auf den letzten Lebensabschnitt. Sie vermögen bei vielen Patienten die Krebserkrankung über Jahre, manchmal sogar über mehr als ein Jahrzehnt zu kontrollieren.
Eine *palliativmedizinische* Behandlung im engeren Sinn betrifft medizinische Maßnahmen bei weit fortgeschrittener Krebserkrankung, besonders wenn eine direkt gegen Krebszellen gerichtete Therapie nicht mehr erfolgversprechend ist. Dann ist ein Krebspatient nicht „austherapiert", sondern für ihn ist weiter hohe ärztliche Kompetenz für eine befriedigende Symptomkontrolle im letzten Lebensabschnitt gefordert.
Unter *Supportivtherapie* versteht man sowohl bei kurativen als auch palliativen Behandlungsansatz sämtliche Behandlungsmaßnahmen, die keinen unmittelbaren Einfluss auf das Tumorgeschehen haben, aber die problematische Auswirkungen der Erkrankung und Behandlung mildern: beispielsweise Bluttransfusionen, Medikamente gegen Übelkeit und Erbrechen, Antibiotika bei Infektionen, Vitamine und Wachstumsfaktoren, die die Bildung von gesunden Blutzellen stimulieren.
Das Ziel jeder Therapie bei Krebskranken, ob mit kurativem oder palliativem Ansatz, ob unmittelbar nach der Diagnose oder bei der palliativmedizinischen Begleitung im letzten Lebensabschnitt muss sein, Patienten möglichst viel zu nützen und möglichst wenig zu schaden.

Die Erfolge der modernen Krebsmedizin bedeuten neue – psychosoziale – Probleme:

Wenn gesunde Menschen „Patienten" werden

Wissenschaftliche Erkenntnisse über die Krebsentstehung eröffnen neue Möglichkeiten der Krebsprävention und Krebsfrüherkennung. Am besten ist natürlich, wenn Krebserkrankungen verhindert werden können. Bei manchen eindeutigen Risikomerkmalen für eine spätere Krebserkrankung ist beispielsweise der Nutzen einer prophylaktischen Operation klar erwiesen. Unumstritten ist beispielsweise die Indikation zur frühzeitigen Verlagerung eines kindlichen Leistenhodens (Orchidopexie), um das Risiko eines späteren Hodenkrebses zu vermindern. Ein derartiger Eingriff ist risikoarm und nicht funktionsbeeinträchtigend. Dies gilt bereits weniger bei Menschen mit der Disposition einer familiären Kolonadenomatose, denen eine prophylaktische Kolektomie vor dem 20. Lebensjahr anzuraten ist. Denn diese Menschen, in deren Dickdarm sich Hunderte von Polypen bilden, entwickeln in etwa 50 % bereits vor dem 40. Lebensjahr einen Dickdarmkrebs (Kolonkarzinom), und mit 70 Jahren sind praktisch alle genetische Merkmalsträger an diesem Krebs erkrankt. Weitaus schwieriger ist die ärztliche Empfehlung zur prophylaktischen Mastektomie (Brustamputation) bei jungen Frauen mit einen sehr hohen familiären Brustkrebsrisiko.

Die Heilungschancen bei bereits manifesten Krebserkrankungen sind umso besser, wenn sie zu einem frühen Zeitpunkt entdeckt werden, zudem noch keine Tumorzellen im Körper gestreut haben. Das Wissen über Möglichkeiten der Krebsprävention, eines Risikoscreenings und der Frühdiagnostik führt dazu, dass sich die moderne Krebsmedizin vermehrt an gesunde und noch gesunde Menschen wendet, die während ihres gesamten Lebens die Möglichkeit einer eigenen Krebserkrankung in Betracht ziehen und entsprechendes Vorsorgeverhalten entwickeln sollen. Besonders Screening-Untersuchungen hinsichtlich eines familiären Krebsrisikos bringen außergewöhnliche psychosoziale Belastungen mit sich.

Jeder Arzt, der Krebsvorsorgeuntersuchungen durchführt, weiß, welche emotionale Belastung damit für manche dieser gesunden Menschen verbunden ist. Angst vor einer Krebserkrankung und ihren Folgen ist der entscheidendste Faktor, warum sinnvolle Früherkennungsuntersuchungen nur von einer Minderheit der angesprochenen Personengruppen genutzt werden.

Zunehmende Diskrepanz von Krankheit und Krankheitsgefühl

Ein weiterer, bisher wenig beachteter Aspekt der modernen Medizin kompliziert die Patient-Arzt-Beziehung und erschwert die dort stattfindende Kommunikation: Je häufiger es gelingt, Krankheiten frühzeitig zu diagnostizieren, bevor sie symptomatisch werden, desto weniger decken sich auf Patientenseite Krankheitserleben und Krankheitswirklichkeit. Wenn zum Diagnosezeitpunkt ein Krankheitsgefühl fehlt, wird der diagnostizierende Arzt nicht selten als krank machend erlebt. Da dann oft erst die Nebenwirkungen einer nachfolgende Behandlung körperlich wahrgenommen werden, wandelt sich im Patientenerleben die Therapie zur Krankheit. Der häufige und ebenfalls zunehmende Patientenwunsch nach „alternativer“ oder „zusätzlicher wieder mehr aufbauender“ Therapie verdeutlicht und verstärkt diese in der heutigen Medizin immanente Ambivalenz in der Patient-Arzt-Beziehung.

Eine längere Therapie erfordert auch eine höhere Bewältigungsleistung

Durch Früherkennung und neue Behandlungsstrategien sind zudem bei vielen früher rasch tödlichen Krankheiten nicht nur die Heilungschancen angestiegen, sondern auch die Behandlungsdauer, die therapieassoziierten Risiken und die krankheits- und therapiebedingten psychosozialen Belastungen und Langzeitfolgen. Gerade weil viele Krankheiten nicht mehr rasch zum Tode führen, müssen sich heute mehr Menschen länger und oft auch intensiver mit den Auswirkungen einer bei ihnen oder ihren Angehörigen diagnostizierten bedrohlichen Erkrankung auseinandersetzen – und somit mit der damit verbundenen existentiellen Unsicherheit.

Fortschritte der palliativen Onkologie bedeuten auch längere chronische Krankheit

Die Fortschritte der palliativen Onkologie gewährleisten mehr Krebskranken eben nicht nur ein längeres Überleben, sondern fordern dadurch auch eine längere Adaptationsleistung an das Leben mit einer lebensbedrohlichen chronischen Krankheit. Diese längere Auseinandersetzung bezieht das familiäre und weitere soziale Umfeld der Patienten ein. Besonders wenn stationäre Behandlungszeiten möglichst kurz gehalten werden und eine palliativmedizinische Begleitung im Interesse des Patienten weitgehend ambulant erfolgt, so werden Bezugspersonen im häuslichen Umfeld praktisch und emotional mehr gefordert – in Loyalitätskonflikten oft überfordert: Begleitung zu Arztterminen, psychosoziale Unterstützung, Zurückstellen eigener Interessen, Organisation und Koordination von ambulanten Hilfen, häusliche Pflege bis zur Sterbebegleitung.

Heilung bedeutet auch längeres Leben mit Rezidivängsten

Gerade weil heute mehr Malignompatienten auf Dauer geheilt werden können, müssen sie nicht nur die oft sehr beeinträchtigende Therapiephase bewältigen, sondern auch für die Dauer ihres geretteten Lebens eventuell bleibende Krankheitsauswirkungen und Rezidivängste. Neue Therapiestrategien, beispielsweise die Hochdosischemotherapie mit Knochenmarkstransplantation, oder eine brusterhaltende Mammaoperation gefolgt von einer adjuvanten Strahlentherapie und adjuvanten Chemotherapie stellen für die Kranken, ihre mitbetroffenen Angehörigen, an Knochenmarkspender und genauso an professionelle Helfer psychosoziale Anforderungen, wie sie früher in der Medizin unbekannt waren. „Nachsorge"-Untersuchungen bedeuten ebenfalls für manche Krebsbetroffenen eine erhebliche psychische Belastung, die nicht selten zu einem arztmeidenden Verhalten führt. Bei anderen kurativ behandelten Krebsbetroffenen äußern sich Rezidivängste hingegen in einem verunsicherten, sich besorgt beobachtenden arztsuchenden Verhalten.[3] Sie gelten möglicherweise als medizinisch geheilt, fühlen sich aber weiterhin als krebskrank. Die psychische Krankheitsbewältigung bei einer Inkongruenz von Krankheit und Krankheitsgefühl ist eine enorme Ich-Leistung der Krebsbetroffenen, zu der viele Patienten auf Grund ihrer biografischen Erfahrungen und krankheitsunabhängigen Belastungen nicht fähig sind.

3 Ähnlich wie bei dem Begriff „Krebsvorsorge", der sich ja auf eine Krebsfrüherkennung bezieht, handelt es sich auch beim Term „Krebsnachsorge" um einen Euphemismus. Die sogenannte „Nachsorge" umfasst Maßnahmen zur Rezidivfrüherkennung, zur Diagnostik und Behandlung von Krankheits- und Behandlungsfolgen sowie in den meisten Fällen um die längerfristige palliativonkologische Begleitung chronisch Kranker, bei diesen Patienten also die „Hauptsorge" der onkologischen Betreuung.

Die aufgezeigte gerade wegen der medizinischen Erfolge höhere psychosoziale Belastung und längere existentielle Verunsicherung ist in der Arzt-Patient-Beziehung ein wichtiges Thema. Entsprechend werden Ärzte öfter und intensiver denn je in ihren kommunikativen Fähigkeiten gefordert: Sie müssen bei zunehmender Arbeitsverdichtung innovative Behandlungsstrategien, z. B. klinische Studien erklären, Internet-Ausdrucke und andere Medieninformationen kommentieren, den Wunsch nach „zweiten – und weiteren – Meinungen“ oder nach unkonventionellen Therapien erörtern, hoffnungsbesetzte Optionen von neu verfügbaren palliativen Zweit- und Drittlinientherapien realistisch vermitteln, den Übergang von einer krankheitsspezifischen zu einer symptomorientierten palliativen Behandlung nachvollziehbar darstellen und in terminalen Krankheitsstadien auch gegenüber Angehörigen immer wieder Einfühlung und Verständnis zeigen. Der Umgang mit prognostischer Unsicherheit ist ein wichtiges, aber schwieriges Thema in der Kommunikation zwischen Ärzten und Krebsbetroffenen, in der es gilt, sowohl realistische Zielsetzungen aufzuzeigen als auch Hoffnung zu ermutigen.

Krankheit als existentielle Krise und die Wichtigkeit von Kommunikation

Krebskranke erleben ihr Leiden unabhängig von der Prognose zunächst als existentielle Krise. Die psychische Bewältigung von Krisen geschieht ganz wesentlich kommunikativ, andererseits ist Kommunikation gerade in Krisenzeiten besonders störanfällig. Kommunikation ist somit unabdingbarer Bestandteil medizinischen Krisenmanagements. Die ärztliche Kompetenz, Kranken bedrohliche Befunde wie beispielsweise eine Krebsdiagnose mitzuteilen und dabei gleichzeitig die psychische Bewältigung der angstbesetzten Krankheitssituation zu katalysieren, hat eine entscheidende Modellfunktion, ob und wie Patienten mit ihrer Erkrankung zurechtkommen.
Nicht richtig zu erfahren, was ihnen fehlt, ist die häufigste Patientenklage über Ärzte.
Innerhalb der letzten Jahrzehnte ist eine größere Bereitschaft zur Weitergabe medizinischer Information an Patienten im klinischen Alltag selbstverständlich geworden. Ein offensiver Umgang mit Information ist aber noch keine offene Kommunikation. „Forsche Aufklärung“ mit drastischen Erläuterungen von Überlebenszeiten oder Ansprechraten dient im Gegenteil nicht selten dazu, hilfreiche Kommunikation und eine einfühlsam unterstützende Beziehung zum Patienten zu vermeiden.

Gerade wo es um existenzielle Fragen von Leben und Tod geht, droht Sprachlosigkeit. Für das Gespräch über ungünstige Befunde konnte *Ptacek* fünf Elemente der Beziehungsgestaltung herausarbeiten, die eine Patientenzufriedenheit mit dem Gespräch trotz ungünstiger Mitteilung voraussagen ließen:
1. Das Gespräch fand an einem angenehmen Ort statt.
2. Der Arzt sorgte dafür, dass keine Unterbrechungen stattfanden.
3. Der Arzt saß nahe beim Patienten.

4. Der Arzt bereitete in Worten den Patienten darauf vor, dass schlechte Nachrichten mitgeteilt würden.
5. Der Arzt versuchte mitzufühlen, was der Patient empfand (Ptacek und Ptacek 2001, 4160–4164).

Vier dieser fünf entscheidenden Elemente der Beziehungsgestaltung sind nonverbale Elemente. Die Qualität zwischenmenschlicher Kommunikation wird eben nur in geringerem Maß durch sachliche Information, weit mehr hingegen durch emotionale und nonverbale Kommunikationselemente geprägt. Patienten hören und lesen in einer Situation grosser Verunsicherung jenseits der Worte. Viele Studien belegen inzwischen, dass Krebsbetroffene von einer guten Patient-Arzt-Kommunikation profitieren: mit höherer Zufriedenheit, geringerer psychosozialer Belastung und besserer Krankheitsbewältigung.
Eine offene empathische Kommunikation als tragende Pfeiler einer therapeutischen Patient-Arzt-Beziehung braucht eine Zielsetzung und eine dieser dienliche Struktur: Eine unklare Situation, in der angstbesetzte Wahrnehmungen und widersprüchlich oder bedrohlich erlebte Einzelinformationen verunsichern, soll in einem dialogischen Prozess geklärt und erklärt werden Ein einfühlsames Gespräch mit Patienten über bedrohliche Themen ihrer Krankheit steigert nicht die Bedrohung, sondern vermindert die mit ihr verbundene emotionale und zwischenmenschliche Belastung.

Tab. 2: Kommunikationspraxis, die bei onkologischen Patienten mit einer geringeren psychischen Morbidität verbunden ist

1	Patient wird auf Krebsdiagnose vorbereitet
2	gewünschte Bezugspersonen sind anwesend
3	soviel Information wie Patient möchte
4	Patientenfragen werden am gleichen Tag beantworten
5	schriftliche Information werden angeboten
6	klar verständliche Mitteilungen
7	Arzt thematisiert Gefühle und vermittelt Sicherheit
8	das Wort „Krebs“ wird verwendet
9	Die Ernsthaftigkeit der Erkrankung, ihre Auswirkung auf andere Lebensbereiche und die Lebenserwartung werden thematisiert
10	Mitwirkung an Behandlungsentscheidungen wird ermutigt

(nach Schofield et al. Ann Oncol 2003)

Angst und Depression stehen im Vordergrund

Systematische Untersuchungen belegen etwa bei jedem zweiten Krebsbetroffenen in der aktuellen Krankheitssituation psychosoziale Beschwerden, die die Diagnosekriterien einer behandlungsbedürftigen psychischen Störung (nach ICD oder DSM) erfüllen. Vorwiegend handelt es sich um Störungen, für die wirksame Behandlungsmöglichkeiten existieren, meist um sogenannte „Anpassungsstörungen“. Etwa bei 80% der Patienten mit einer kriteriengestützten psychischen Ko-Morbidität äußert sich diese mit den Leitsymptomen Angst und/oder gedrückte Stimmung. Die psychiatrische Nosologie und Terminologie wird leider onkologischen Patienten selten gerecht, da die große Adaptationsleistung Krebskranker beispielsweise in der Auseinandersetzung mit Krankheitsfolgen und wiederholten Rezidiven nicht anerkannt wird. Zudem gibt es keine definierte „normale“ Anpassung angesichts des perzipierten baldigen Todes, auf die eine dahingehende „Anpassungsstörung“ Bezug nehmen könnte.
Trotzdem ist es jenseits aller terminologischen Diskussionen wichtig, bei Krebskranken das jeweilige Ausmaß der psychosozialen Belastung wahrzunehmen und kompetente Unterstützung einzuleiten. Als grobe Faustregel kann gelten: Unabhängig von der Prognose gelingt etwa 50% der Krebskranken mit ihren eigenen Ressourcen eine befriedigende Krankheitsauseinandersetzung – wenn diese nicht von Seiten der professionellen Helfer erschwert wird. Bei der anderen Hälfte der Krebspatienten reichen die eigenen Bewältigungsmöglichkeiten zumindest für einige Zeit nicht aus, um in der Krankheitssituatiom ein akzeptables Lebensgefühl aufrechtzuhalten. Die psychische Not dieser Patienten wird häufig ärztlicherseits nicht erkannt: Nach vorliegenden Untersuchungen entgehen Ärzten etwa 50% der psychosozialen und psychiatrischen Probleme ihrer Patienten. Therapeutische Unterstützungsangebote werden andererseits auch nur von einer Minderheit der Patienten angenommen, weil diese Angebote die Dynamik der aktuellen Krankheitsauseinandersetzung zu wenig berücksichtigen. *Söllner et al.* zeigten beispielsweise kürzlich, dass sich 83% der Patienten mit einem malignen Melanom, die sich sehr stark psychisch belastet fühlten, eine psychosoziale Unterstützung durch ihre Onkologen wünschten, während nur die Hälfte dieser Kranken Interesse an einer anderweitigen psychotherapeutischen Unterstützung bekundete (vgl. Söllner 1998, 94). Die Verbundstudie der Europäischen Konsultations-Liaison Arbeitsgruppe (ECLW) zeigte, dass trotz der bekannten hohen Prävalenz von behandelbaren psychischen Störungen im Akutkrankenhäusern psychosomatische oder psychiatrische Konsiliardienste insgesamt selten für onkologische Patienten in Anspruch genommen werden. Die Autoren diskutieren, dass wahrscheinlich nicht integrierten Konsultationsdiensten wenig Kompetenz für die Hilfestellung bei den Problemen Krebskranker zugetraut wird. Dass eine enge Einbindung von Liaison-Psychotherapeuten in die jeweiligen Fachabteilungen entscheidend ist, zeigt das Nürnberger Modell integrierter psychosomatisch-psychotherapeutischer Liaison-Arbeit, das im deutschen Sprachraum über die kontinuierlichsten und umfassendsten Erfahrungen verfügt: In Nürnberg machen Krebskranke die Hauptgrup-

pe aller Liaison-Patientenkontakte aus (Dr. S. Gutberlet, Nürnberg, persönliche Mitteilung).

Belastungmomente und Bewältigungsfähigkeiten

Die neuere Sozialforschung richtet ihre Aufmerksamkeit nicht nur auf Belastungen und Defizite von Menschen, sondern genauso auf die individuellen Fähigkeiten dieser Menschen, mit diesen Belastungen umzugehen. Dieser Ansatz ist auch in der psychoonkologischen Begleitung von Krebsbetroffen sehr hilfreich.
Für die psychische Belastung von Krebskranken sind nicht Merkmale ihrer Erkrankung – nicht einmal das von Heilbarkeit oder Unheilbarkeit – am entscheidensten, sondern es sind malignomunabhängige psychosoziale Probleme, die eine hohe psychische Belastung während der aktuellen Krankheit wahrscheinlich machen: aktuelle Verlusterfahrungen durch Scheidung, Tod einer Bezugsperson, psychische Vor- oder Begleiterkrankungen, Suizidversuche in der Vorgeschichte oder aktuelle Krebserkrankungen im nahen sozialen Umfeld.
Daneben führt auch bei psychisch stabilen Menschen eine anhaltend ungenügende Kontrolle von körperlichen Beschwerden immer zu einer erheblichen psychosozialen Belastung, meist im Sinne einer depressiven Krankheitsverarbeitung mit sozialem Rückzug bis zur resignativen Hoffnungslosigeit und Suizidalität.
Die Belastungen der Krebsbetroffenen werden abgepuffert durch ihre intra- und interpersonellen Ressourcen. Dazu gehören ihre Ich-Stärke, die sich daran abschätzen lässt, wie gut sie bisher im Leben Probleme bewältigt haben. Genauso wichtig ist die soziale Einbindung des Patienten. Nicht die Anzahl von Kontakten ist hier entscheidend, sondern die Qualität der zwischenmenschlicher Beziehungen. Ein Aspekt sozialer Unterstützung ist auch die Qualität der therapeutischen Beziehung, die Patienten während ihrer Krebsbehandlung und Nachsorge erfahren. Eine schlechte Patient-Arzt-Beziehung korreliert mit mehr depressiver und ängstlicher Krankheitsauseinandersetzung und anderen eher problematischen Bewältigungsmustern.
Eine tragfähige therapeutische Beziehung hat naturgemäß eine elementare Bedeutung für die Krebskranken, die über keinerlei andere verlässliche Beziehungen mehr verfügen, also sozial bereits ausgegrenzt oder isoliert sind. Gerade wenn in der Beziehungsgestaltung die Patientenautonomie ernstgenommen wird, so muss immer wieder reflektiert werden, dass der Aufbau einer neuen tragfähigen Beziehung stets schwieriger ist, als bereits vorhandene tragfähige Beziehungen zu erhalten, zu unterstützen oder zu aktivieren. Beim Ziel der psychosozialen Unterstützung Krebskranker erweist es sich als sehr hilfreich, in – und nur in – Abstimmung mit dem Patienten für ihn wichtige Bezugspersonen in Gespräche einzubeziehen. Möglicherweise benötigen diese Bezugspersonen mehr psychoonkologische Unterstützung als der Patient selbst.

Die Patientenautonomie erhalten und stärken

Eine wahr- oder angenommene Kontrollmöglichkeit schützt in einer bedrohlichen Situation vor Verzweiflung und Hoffnungslosigkeit. Deshalb fällt in der psychoonkologischen Unterstützung Krebsbetroffener, deren Krankheit allgemein mit Kontrollverlust assoziiert wird, der Patientenautonomie eine eminente Rolle zu. Das schließt ein, die Kompetenz des Patienten für sein Kranksein anzuerkennen, genauso seine Bewältigungsleistung und sein Recht, in therapeutische Entscheidungen maßgeblich einbezogen zu werden. Untersuchungen belegen beispielsweise: Die Krankheitsbewältigung von Frauen mit Brustkrebs unterscheidet sich dann nicht, gleich ob eine Mammaamputation oder eine brusterhaltende Operation durchgeführt wurde, wenn die Patientinnen bei dem chirurgischen Vorgehen mitentscheiden konnten.
Die Autonomie des Patienten bekommt natürlich besonders dann eine große Bedeutung, wenn sie sich bei zunehmender Hilfsbedürftigkeit auf immer geringere Bereiche erstreckt. Deshalb ist gerade bei fortschreitender Malignomerkrankung ein Gespräch mit Drittpersonen über einen kommunikationsfähigen Patienten ohne dessen explizite Zustimmung für den Kranken besonders bedrohlich, weil es ihn im wörtlichen Sinn entmündigt. Der Wunsch nach aktiver Sterbehilfe wird häufiger durch Furcht vor Verlust der eigenen Würde und Autonomie ausgelöst als durch unerträgliche Schmerzen.

Psychoonkologische Unterstützung verbessert die Lebensqualität Krebskranker

Primäre Ziele der psychoonkologischen Unterstützung sind:

- Eine verbesserte Lebensqualität Krebsbetroffener im Sinne einer befriedigenden Symptomkontrolle und guten Krankheitsadaptation. Dass unterschiedliche psychoonkologische Interventionen dafür wirksam sind, ist inzwischen empirisch ausreichend belegt.
- Eine größere Zufriedenheit und ein erweitertes Krankheitsverständnis auf Seiten der professionellen Helfer.

Die Hauptindikationen für eine professionelle psychoonkologische Unterstützung sind in der folgenden Tabelle aufgeführt.

Tab. 3: Situationen, die besondere psychoonkologische Kompetenz (durch behandelnden Arzt oder mitbetreuenden Spezialisten) erfordern

1	Suizidrisiko
2	unklare Verhaltensauffälligkeiten oder -änderungen (strukturelle oder reaktive Störung?)
3	Schwerwiegende Compliance-Probleme
4	Unfähigkeit des Patienten Entscheidung zu fällen (Ziel ist Ambivalenz zu klären, nicht den Patienten zu überreden)
5	invasive Therapie mit langwierigen Verlauf oder beeinträchtigenden Therapiefolgen
6	Beeinträchtigende Angst- oder Depressionssymptome und andere belastende Probleme der Adaptation
7	Problematische Reaktionsweisen von Angehörigen
8	Anamnese einer psychiatrischen Krankheit oder Persönlichkeitsstörung
9	Konflikte zwischen Patient, Angehörigen und professionellen Helfern
10	Schwierige Symptomkontrolle (antizipatorische Nausea und Emesis, Schmerzen)

Einige randomisierte Studien weisen auch auf ein durch psychoonkologische Interventionen verlängertes Überleben Krebskranker hin. Psychoonkologie hat aber – ähnlich wie die Palliativmedizin – auch dann eine Wertigkeit, wenn „nur“ die Überlebensqualität der Patienten verbessert wird und ihre Überlebenszeit unbeeinflusst bleibt. – Der „Immunstatus“ ist kein Zielkriterium psychoonkologischer Arbeit.

Die Auseinandersetzung Krebsbetroffener mit ihrer Erkrankung ist ein zeitlich dynamischer Prozess, in dem in verschiedenen Krankheitssituationen und -abschnitten auch unterschiedliche Probleme in den Vordergrund treten. Kreativtherapeutische Methoden der Psychoonkologie – z. B. Musiktherapie, Kunsttherapie, Tanztherapie – erweisen sich als sehr hilfreich, besonders wenn im Patientenerleben Sprachlosigkeit vorherrscht.

Es gibt keine moderne Onkologie ohne Psychoonkologie

In die medizinischen Terminologie hat der Begriff Psychoonkologie erst vor etwa 20 Jahren Eingang gefunden. Inzwischen ist das so bezeichnete interdisziplinäre Arbeitsgebiet mit seinen praxisrelevanten Impulsen aus der modernen Onkologie nicht mehr wegzudenken. Es waren nicht primär neue Erkenntnisse der Psychologie, Psychiatrie, Psychotherapie, Psychosomatik und Sozialmedizin, sondern Erfolge der Onkologie selbst, die eine vermehrte Aufmerksamkeit für psychologische, psychosoziale und somatopsychische Aspekte der onkologischen Prävention, Diagnostik, Therapie und Nachsorge entstehen ließen. Paradigmatisch und programmatisch lässt sich somit formulieren: Da es keine Krankheit ohne Patient gibt, wird eine Onkologie mit sensitiver Diagnostik, innovativen Behandlungsstrategien und neuen Medikamenten erst durch die Integration von Psychoonkologie zur modernen patientenorientierten Onkologie.

2.2 Die psychosoziale Situation krebskranker Menschen unter besonderer Berücksichtigung des im Forschungsprojekt fokussierten Standorts zwischen kurativer und palliativer Behandlung

Brigitte Schumann

Patienten mit einer fortgeschrittenen, irreversiblen und progredienten Krebserkrankung befinden sich in einem besonders belastenden Spannungsfeld zwischen einer noch möglichen Heilung, einer verlängerten Lebenserwartung und einer subjektiven und objektiven Todesbedrohung. Ihre schwierige und von Angst besetzte Lebenslage in kurativer klinischer Behandlung ist geprägt von täglich neuen Unsicherheiten und Gefahren. Eine Krebserkrankung im fortschreitenden Stadium spielt sich daher nicht nur auf der somatischen Ebene ab, sondern hat eine besonders hohe psychosoziale Dimension.

Der erkrankte Mensch und sein Körper werden in medizinischer Therapie Objekt der Behandlung, und das hat Rückwirkungen auf die Selbstbeziehung zum eigenen Körper und bedeutet den Verlust der körperlichen Unversehrtheit. Durch das oft sehr schnelle Fortschreiten der Erkrankung ist die Behandlung ein Wettlauf mit der Zeit. Die von allen Seiten erwartete Effizienz der Medizin und der tägliche Handlungsdruck der hoch technisierten medizinischen Behandlung erfordert von den betroffenen Patienten höchste Flexibilität unter permanentem Entscheidungsdruck und unter akuter Lebensbedrohung.

Die Lebensbedrohung und Hoffnung auf Gesundung, aber auch die Angst vor aggressiven, ihren Körper schädigenden Therapien mit entsprechend schmerzenden Nebenwirkungen, Spätfolgen und körperlichen Stigmata bringt die Patienten in ein ständiges Schwanken zwischen Optimismus und Pessimismus. Ihre psychische Verfassung ist daher in den meisten Fällen schon vor und verstärkt während der Behandlung entsprechend instabil.

Eine klinische Behandlung im fortgeschrittenen Stadium einer Krebserkrankung bedeutet für die Patienten weitgehende Isolation und Trennung von familiären, beruflichen und gesellschaftlichen Bezügen. Die psychosoziale Bewältigung der Isolation und die Trennung von vertrauter familiärer Umgebung, aber auch das Betrauern von Verlusten wichtiger Bindungen und gesellschaftlicher Zusammenhänge erfordert von Patienten Selbstvertrauen und Kraft.

Häufige Klinikaufenthalte bringen den Patienten höchste Einschränkungen: sie erfahren massive Einschränkung ihrer Mobilität und mangelnden Schutz ihres Intimbereichs. Sie haben kaum Rückzugsmöglichkeiten und erleben ungefiltert Krankheit, medizinische Behandlung und Pflege, psychische Belastung, Todesbedrohung oder Tod ihrer Mitpatienten. Dies erfordert von ihnen selbst psychische Stabilität, die sie in ihrer eigenen Betroffenheit selten haben. Abgrenzungsvermögen, ohne sich selbst zu stark mit dem Leid anderer Menschen zu identifizieren, benötigt Kraftreserven, über die nicht alle Patienten verfügen.

Diese Art Abhängigkeit und Ausgeliefertsein in klinischer Behandlung ist für die meisten Patienten belastend und bedroht ihre Autonomie. Quälende Wartezeiten

auf histologische Befunde und Ergebnisse von Untersuchungen verstärken den psychischen Druck, unter dem die Patienten stehen. Die medizinische Fachsprache und der meist sehr schnelle Wechsel der Medikation oder die Verlegung auf eine Intensivstation überfordern viele Patienten. Informationsdefizite, fehlende oder mangelhafte Aufklärung über ihre Krankheit und die Behandlung führen oft zu Verwirrung und steigern die ohnehin präsenten Ängste der Patienten oder befördern bei ihnen Katastrophenphantasien.
Für viele Patienten ist die Erkrankung in Todesnähe eine nicht aufhörende Traumatisierung.

Im Weiteren werden nun psychosoziale Belastungsfelder beschrieben, die während der Behandlung einer progredienten Krebserkrankung unter spezifischen klinischen Bedingungen auftreten.

Psychosoziale Belastung durch die Knochenmarks- und Stammzelltransplantation

Für Patienten stellt diese hochriskante Behandlung, die mit einer signifikanten Sterblichkeit verbunden ist, eine extreme Belastung dar. Wie in keinem anderen Behandlungskontext befinden sie sich im polaren Spannungsfeld zwischen dauerhafter Heilung und möglicher Lebensverlängerung oder Sterben durch die Behandlung. Da diese hohen medizinischen Risiken für einige Krebs-Diagnosen die einzige Alternative zum „Austherapiert-Sein" bedeuten, müssen mit der Entscheidung für diese Therapie schwere Nebenwirkungen und Therapiefolgen in Kauf genommen werden. Für die Patienten sind dies heftigste Schmerzen und deren Behandlung mit Opiaten, Schleimhautinfektionen im gesamten Mund-, Nasen-, Rachen- und Kehlkopfbereich mit Einschränkungen des Sprachvermögens und der Nahrungsaufnahme. Ein Abbruch der Therapie, für die sich Patienten entschieden haben, wäre für sie tödlich.
Während der Behandlung sind die Patienten hochgradig vor Infektionen gefährdet. Die Akutbehandlung auf der Isolierstation dauert in der Regel zwei Wochen und bedeutet für sie, dass sie vor jeglicher Infektionsgefahr geschützt werden müssen. Wie kaum andere Patienten erleben sie lebensbedrohliche Komplikationen während der Behandlung und müssen bei diesen umgehend auf Intensivstationen verlegt werden. Ihnen bleibt meist wenig Zeit, veränderte Therapiemaßnahmen oder die Verlegung zu verkraften.
Die Patienten können während der Behandlungszeit nur auf wenige soziale Kontakte bauen und müssen sich oftmals innerlich von ihren Familien verabschieden, weil sie nie wissen, ob sie die Therapie überleben. Das ständige Pendeln zwischen Hoffnung und Angst und damit ständige Pendeln zwischen Leben und Tod ist eine ganz spezifische Belastung.
Die Patienten sind angeschlossen an hoch technisierte Apparate, die ihre Körperfunktionen überwachen und Medikation verabreichen. Ihre Intimsphäre ist verstärkt eingeschränkt, da sie oft nur durch einen Vorhang von ihren Mitpatienten abgeschirmt sind. Die sie umgebenden Intubationsschläuche und Verkabelungen

verunmöglichen ihnen bisweilen das Tragen von Kleidung, sodass sie nackt und ungeschützt im Bett liegen müssen. Das existenzielle Funktionieren ihres Körpers steht in der Behandlung an erster Stelle.
Die Bewältigung der lange dauernden Hospitalisierung, zunächst im Vorbereitungsbereich, auf der Isolierstation und dann im Nachsorgebereich, ist für Patienten schwer zu verkraften. Aufgrund der hohen Infektionsgefahr und ihrer geschwächter Immunabwehr müssen sie auf wichtige soziale Bindungen verzichten, die ihnen Stabilität vermitteln könnten. Für erkrankte Eltern, die sich zur Knochenmarkstransplantation oder Stammzelltransplantation in der Klinik befinden, ist der Verzicht auf die Anwesenheit ihrer Kinder und die Ungewissheit ihres eigenen Überlebens besonders schmerzhaft und nicht selten mit Schuldgefühlen besetzt. Im späteren wird diese besondere Belastung noch ausführlicher beschrieben.
Im klinischen Kontext der Isolierstation sind die Patienten fast ausschließlich umgeben von medizinischem und therapeutischem Personal, das ihnen ausschließlich mit Mundschutz und grünem Schutzkittel begegnet. Es ist ein einsames Warten auf Heilung zwischen Sterilisierungsmaßnahmen und geräuschvollen Geräten für die Beatmung, zwischen aufdringlich piepsenden Monitoren und Signalen von Schmerzmittelpumpen.

Der gekränkte Körper

Die Tumorfortschreitung, Metastasenbildung und die Folgen der operativen, medikamentösen chemischen und der radiologischen Behandlung sowie die Belastungen der Knochenmarks- und Stammzelltransplantation bringen auf der Körperebene vielerlei Nebenwirkungen. Besonders belastend ist dabei einerseits das Spüren heftigen Schmerzes, den Körper aber andererseits durch die Verabreichung vieler Medikamente nicht mehr spüren zu können.
Die Patienten verlieren ihre körperliche Identität und müssen nach den schweren Eingriffen in ihren Körper einen neuen veränderten Zugang zu ihrem gekränkten Körper finden.
Die toxischen Nebenwirkungen der Medikamente führen zu Müdigkeit und Schwäche, zu gestörten Funktionen im Magen-Darmbereich, zu Entzündungen und Trockenheit der Schleimhäute, zu allergischen Reaktionen der Haut und einer geschwächten Immunabwehr.
Die extremen körperlichen Strapazen durch die medizinischen Eingriffe verursachen funktionelle Störungen und damit auch Kontrollverlust über Ausscheidungen im Körper, Beeinträchtigungen des Schlafes, tiefste Erschöpfungszustände und Stresssymptomatiken wie Schwitzen, Schmerzen und Essprobleme. Kachexien, Lymphödeme und eine eingeschränkte Mobilität und körperliche Belastbarkeit sind Folgen, die die Patienten auch innerlich verarbeiten müssen. Der Körper wird für sie dann eine Last und ein Ort des Dauerstresses.
Die neurologischen Folgen und kognitiven Störungen durch Fortschreitung der Tumorerkrankung oder durch Hirnmetastasen bringen sowohl Patienten als auch

ihre Umgebung in besonders schwierige Situationen. Die Patienten verlieren den Zeitbegriff und können sich nicht mehr konzentrieren. Sie spüren die Ausfälle im Gedächtnis und in ihrer Wahrnehmung. Die Schädigung ihres Nervensystems erleben sie als unwiderrufliche Zeichen, an der Endstation ihrer Krankheitsgeschichte angekommen zu sein. Ihr Unmut, den Verstand und die Kontrolle über ihr Leben zu verlieren, ist nachvollziehbar.
Körperliche Stigmata wie Amputationen und Schädigungen von Organen, Extremitäten und Geschlechtsmerkmalen werden von Patienten unterschiedlich erlebt. Es gibt Patienten, denen ein veränderter Bezug zu ihrem Körper und die Annahme ihrer körperlichen Stigmata gut gelingt. Andere Patienten aber brauchen viel Kraft, ihren Verlust zu betrauern, oder sie fühlen sich nur zur Verleugnung des Verlustes in der Lage. Die Rückwirkungen der Schädigungen, Verstümmelungen und Verluste auf Ästhetik, Libido und Sexualität liegen auf der Hand.
„Meine Libido ist tot. Das meiste Schamhaar ist durch die Chemotherapie ausgefallen. Ich sehe aus wie ein Alien. Doppelwürg," schreibt eine von Krebs betroffene Frau (Picardie 1999, 75).
Viele Patienten fühlen sich körperlich vergiftet, und es ist in vielen Fällen schwierig für sie, sich in diesem Körper noch beheimatet zu erleben. Der schwierige Umgang mit akuten Schmerzen und die Angst vor neuen drohenden Schmerzattacken führt häufig zu Entspannungsproblemen und körperlicher Erstarrung, die eine körperliche Empfindungsfähigkeit und den Bewegungsspielraum der Patienten stark einschränken.

Psychische Instabilität

Die psychische Belastung der Patienten im fortgeschrittenen Stadium ihrer Krebserkrankung ist extrem hoch und führt Patienten in tiefe psychische Krisen. Sie erleben die Fortschreitung der Erkrankung als Einbruch ihres gesamten Lebens, und ihr Selbstbild ist in der Regel dadurch tief erschüttert. Wie in kaum einer anderen Erkrankung werden sie mit Zeit und Endlichkeit konfrontiert. Das kann einerseits zur Zentrierung und Bündelung ihrer Kräfte führen, aber auch zur Krise und psychosozialen Konflikten mit tiefer Werterschütterung. So sind auch hier die Bedrohlichkeit der Erkrankung, die Behandlungsfolgen und die Tumorfortschreitungsprozesse der Hintergrund für psychische Instabilität und Störung der Affektivität. Patienten befinden sich immer wieder in Hoch-Tief-Abstürzen und permanenter Todesfurcht, begleitet von Angst- und Panikattacken.
Die psychosomatischen Reaktionen und reaktiven emotionalen Zustände zeigen sich bei Patienten in Kraftlosigkeit, Überforderung, Müdigkeit oder antizipatorischer Übelkeit mit Erbrechen. Depressionen, Traumatisierungen und häufige Reaktivierung alter Traumata durch die Lebensbedrohung sind besonders belastend. In dieser Lebensbedrohung aber die Wut- und Hassgefühle, Ressentiments und Angstgefühle nicht adäquat ausdrücken zu dürfen oder zu können, erhöht den Stress der Patienten und führt zur Unterdrückung der Funktion ihres Immunsystems.

Die Regression als reaktiver Zustand bei einer schweren Erkrankung hilft Patienten zunächst, mit Aussichtslosigkeit und Verunsicherung in einer für sie nicht zu bewältigenden Situation umzugehen. Aber die Regression verhindert auch die Mobilisierung ihrer Ressourcen und Selbstheilungskräfte, wenn die Patienten darin verharren.

Misstrauen gegenüber der Medizin und den Methoden der Behandlung bei gleichzeitiger Hoffnung und Heilungserwartung bringen die Patienten in schwierige emotionale Krisen. Die schwere Erkrankung und deren unvorhersehbarer Verlauf mit vielfältigsten Behandlungsversuchen führen Patienten immer wieder in Enttäuschungen, die sie verkraften müssen, ohne den Mut zu erneuter weiterführenden Behandlung zu verlieren. Resignation und Hoffnung stehen immer dicht beieinander. Gefühle der Verzweiflung, Wut und Trauer bleiben in der Hektik des Behandlungswettlaufes mit der Zeit oft auf der Strecke. Patienten fühlen sich daher ständig überlastet und sind im Positiv-Denken-Stress vielfach nervlich überreizt.

Da die Patienten ohne Hilfestellung selten über geeignete Strategien der Krankheitsbewältigung verfügen, projizieren sie nicht ausgedrückte Gefühle oft auf ihre Umgebung. Dies äußert sich häufig in Unzufriedenheit gegenüber medizinischen, pflegerischen und therapeutischen Angeboten oder aggressiven Impulsen gegenüber Ärzten, Therapeuten und Pflegern. Die neurologischen Prozesse und deren manchmal psychoseähnlichen halluzinativen Zustände in der Tumorfortschreitung bringen Patienten, Klinikpersonal, aber auch das familiäre Umfeld in große Nöte, Hilflosigkeit und Ohnmachtsgefühle. Die Patienten selbst erleben die Angst, verrückt zu werden oder verrückt zu sein. Sie leiden darunter, wenn ihre Empfindungen und ihr Erleben für andere Menschen schwierig nachvollziehbar sind.

Die Patienten verfügen in der Regel aber über Abwehrstrategien, die sie vor Überflutung in der bedrohlichen Lebenssituation schützen. Die Verleugnung der Bedrohlichkeit und die Hoffnung trotz aussichtsloser Prognose dienen der Angstabwehr. Hoffnung bedeutet, der eigenen Lage das Beste abzugewinnen. „Hoffnung lindert den psychischen Schmerz und schafft Zeit für die Verarbeitung der Realität“ (Schlömer-Doll 1998, 169).

Kein Mensch kann ständig in Bedrohung leben. Selbst aber nicht mehr aktiv der Lebensbedrohung entkommen zu können, schafft nach Lamszus und Verres eine Umbewertung der Lage. „Soziale Abwärtsvergleiche (downwards comparisons) mit Patienten, denen es schlechter ging als einem selbst, stellen also eine wichtige Form der Krankheitsverarbeitung dar. Die möglichst positive Interpretation der eigenen Situation tröstet und ermutigt Patienten“ (Lamszus/Verres 1998, 61).

Patienten zwischen Rückzug und Mobilisierung

Viele Patienten erleben sich selbst in ihrer Erkrankung und Fortschreitung des Tumorwachstums als Zumutung für ihre Umwelt. Sie spüren sehr deutlich Siechtum und Reaktionen der Umgebung auf Wundausscheidungen und körperliche Entstellungen. Die Angst vor Dauerschmerz, Siechtum, Immobilität und Abhängigkeit führt zu sozialem Rückzug und nicht selten zu suizidalen Impulsen und ambivalenten Wünschen dem Leben gegenüber. Die Lebenswünsche und gleichzeitigen Todeswünsche zeigen die Aussichtslosigkeit, in der sich die Patienten dann befinden. Suizidgedanken ermöglicht ihnen zumindest gedanklich einen Notausstieg aus der nicht mehr zu kontrollierenden Situation. Damit behalten sie innerlich die Kontrolle und Autonomie.

Das häufige Grübeln und Hadern vieler Patienten „Warum muss gerade ich leiden?“ drückt die Angst aus, die Erkrankung mit ihren Folgen nicht ertragen zu können. Ihre Fragen nach einem Sinn ihres Lebens unter diesen Bedingungen beantwortet Viktor Frankl in einem vergleichbar aussichtslosen Kontext mit seiner Lebenserfahrung. Er schildert, dass für ihn Leben unter allen Bedingungen einen Sinn habe, auch wenn das Leben noch so kurz dauere. Wenn für ihn das Leben keinen Sinn habe, könnte es auch nicht sinnvoll werden, wenn es noch so lange dauern würde.

Mit Leiden und Unglück fertig zu werden, braucht innere Ausgeglichenheit, aber auch Sinnerfüllung und positive Haltung zum Leben an sich. In einer Krise, wie sie die schwere Krebserkrankung darstellt, wird deutlich, ob ein Patient in der Lage ist, seine Ressourcen zu mobilisieren oder im Rückzug und Isolation verharrt. Um Ressourcen zu mobilisieren, sind therapeutische Hilfestellungen wichtig und eine offene kommunikative Haltung der Umgebung notwendig, die den Patienten ermöglichen, ihr Gefühlschaos zu ordnen. Die Umgebung sollte bereit sein, das Hadern der Patienten mit Gott und der Welt zu ertragen, bereit sein, den Patienten Hilfestellung zu geben und sie in ihrer Lebensbilanzierung und Sinnfindungssuche zu unterstützen.

Die ungewisse Lebensperspektive und die Sehnsucht nach Gesundwerden und Leben sind ein Spannungsfeld, das Stabilisierung und Ichstärkung der Patienten braucht. Ihre Lebenskräfte anzuregen und sie, wenn dies nicht mehr möglich ist, beim Loslassen ihres Lebens zu begleiten, ist eine der wichtigsten Aufgaben in der Therapie der Krebserkrankung.

Für ihre Lebensbilanzierung ist es notwendig, dass Patienten Raum erhalten, Unerledigtes, nicht gelebte Lebensqualitäten und Bedürfnisse, Schuldgefühle und Versäumtes zu sortieren. Schlömer-Doll schreibt dazu: „In diesem Zusammenhang können psychosoziale Probleme, Kränkungen und Sehnsüchte durch den Katalysator Krebs an die Oberfläche kommen. Obwohl diese in einigen Fällen jahrelang bemäntelt und verdrängt worden waren, können sie nun eine große Rolle in der psychischen Befindlichkeit der Patienten während der Krebstherapie spielen. In einigen Fällen tun sich wahre Abgründe und Katastrophenszenarien hinter einer äußerlich stabil wirkenden Fassade auf“ (Schlömer-Doll 1998, 184).

Leider gelingt es nicht allen Patienten, ihr Leben rückwirkend zu ordnen und der fortschreitenden Erkrankung ins Auge sehen zu können. Gefühle der Ohnmacht, Selbstaufgabe und selbstaggressive Tendenzen, Rückzug und Resignation sind eben doch massive zusätzliche Belastungen zur klinischen Behandlung der Erkrankung.

An der Schnittstelle zwischen kurativer und palliativer Behandlung

Der offizielle Übergang von der kurativen zur palliativen Behandlung kommt für die meisten Patienten und ihre Angehörigen unerwartet und plötzlich. Für die Patienten bedeutet das „Austherapiert-Sein“ in der Regel ein Todesurteil, was sie zunächst tief erschüttert und Zeit zur Verarbeitung braucht. Noch schwieriger zeigen sich verdeckte und tabuisierte Übergänge, wo Patienten sich noch in kurativer Behandlung befinden, aber innerlich bereits spüren, dass sie die Behandlung nicht überleben werden.

Nicht über den Tod sprechen zu können, verurteilt die Patienten zu einer inneren Isolation und schafft für sie eine belastende Doppelbödigkeit in der Kommunikation. Über den nahenden Tod hingegen sprechen zu können, nimmt ihnen einen Großteil ihrer Furcht und scheint erfahrungsgemäß Schmerzen während des Sterbens zu lindern. „Wenn es aus medizinischer Seite klar ist, dass keine Hoffnung mehr besteht und der Patient voraussichtlich sterben wird, ist dies … äußerst hart und entsetzlich, aber es ist dadurch auch eine Grenze gesetzt, an der sie sich orientieren können. Verzweiflung, Zorn und Trauer können dann leichter Ausdruck finden und müssen nicht mehr mühsam unterdrückt werden“ (Hennings 1999, 373).

Nach der innerseelischen Verarbeitung des Diagnoseschocks „Palliativbehandlung“ ist es Patienten eher möglich, ihre verbleibende Lebenszeit ohne allzu belastende Therapienebenwirkungen zu verbringen. Die Forderung Carl Simontons, „Patienten ausdrücklich darauf hinzuweisen, dass sie nicht nur das Recht haben, sich für das Leben zu entscheiden, sondern ebenso für den Tod“, scheint bei allen Fortschritten medizinischer Behandlung wichtig zu sein und verbessert nach Simonton sowohl die Qualität des verbleibenden Lebens der Patienten als auch die Qualität ihres Sterbens (Simonton 1998, 292).

Die Paradoxie, dass Vorbereitung auf den Tod den Sinn des Lebens fördert, wird immer noch zu wenig gesehen und in die kurative Behandlung integriert. Die Angst vor Krankheit und Tod zuzugeben, gilt immer noch als Zeichen der Schwäche. Mit der Verbannung des Themas Tod in den Tabubereich wächst die Angst davor, und das bedeutet vermehrten Stress im Krankheits- und Genesungsprozess.

Das soziale Umfeld

Der Einbruch einer Krebserkrankung verändert auch das Leben des familiären Umfeldes. Zwischen den Patienten und ihren Familien entsteht häufig atmosphärischer Druck. Die Bedrohung des Unaussprechbaren, das Schweigen und das sich gegenseitige Schonen bereitet beiden Seiten vielerlei Konflikte. Eine Krebserkrankung ist für viele Menschen im Umfeld des Erkrankten mit Angst und drohendem Tod verbunden. Distanz zum Patienten und Kommunikationsprobleme zwischen ihnen haben viel damit zu tun. Die häufige Entstellung der Patienten im fortgeschrittenen Stadium ihrer Tumorerkrankung kann von der Umgebung schwer ausgehalten werden und verhindert im Umgang miteinander Spontaneität. Mitleid schafft für Patienten ein schwieriges atmosphärisches Klima, während ihnen ehrliche Anteilnahme in der Regel gut tut und sie stärkt.

Angehörige geraten oft an die Grenzen ihrer Verantwortung, und die Abgrenzung vom Patienten ist für sie ein schmerzhafter Prozess. Sie fühlen sich durch Pflege oder regelmäßige Besuche in der Klinik, aber auch durch Trennung vom Patienten vielfach überfordert und erschöpft. Nichts für diesen tun zu können, wenn das Warten auf die positive Wirkung der klinischen Behandlung an seinen Kräften zehrt oder die erwartete Wirkung der Therapie ausbleibt, bringt Angehörige in Gefühle der Hilflosigkeit und Ohnmacht. Diese Gefühle sind für sie fast nicht zu ertragen, und es führt bei ihnen deshalb häufig zu Aktivismus und Appelle zum Durchhalten an den Patienten. Ein Angehöriger beschreibt es mit den folgenden Worten:

„Bei einer fortschreitenden Krankheit wie Krebs ist das Sterben ein erbarmungslos zermürbender Prozess der Entfremdung. Man möchte so gern das Richtige tun und sagen, aber man ist verdammt zur Frustration, zum Versagen und zur Trauer. Das einzig wirklich Richtige wäre, die Person, die man liebt, wieder gesund zu machen, und das ist die eine große göttliche Aufgabe, die man nicht erfüllen kann" (Picardie 1999, 155–156).

Es wird immer noch zu wenig berücksichtigt, dass die nicht direkt betroffenen Familienmitglieder schwersten Belastungen ausgesetzt sind, die wiederum somatische und psychische Folgen haben. Die Kluft zwischen medizinischer Behandlung und psychosozialer Betreuung der Patienten und ihrer Angehöriger ist trotz psychoonkologischer Bemühungen immer noch groß. Die Patienten selbst haben große Not mit der Verarbeitung ihrer Isolation und dem Verlust ihrer sozialen Bezüge durch die Erkrankung. Sie fühlen sich selten von sich aus in der Lage, alles zu verkraften und reagieren ohne entscheidende Hilfestellung verdrängend oder resignierend. Beide, sowohl Patienten als auch Angehörige benötigen dringen Unterstützung und Anleitung im Erlernen neuer veränderter Kommunikationswege.

Die eigene Integrität als Angehöriger zu behalten, dennoch offen mit dem betroffenen Familienmitglied zu sprechen, ist nicht einfach, denn die Angehörigen müssen die Instabilität und Gereiztheit des Patienten, der seinen Zerfall spürt, ertragen. Für die Patienten hingegen ist es eine große Unterstützung, sich vor ihren Angehörigen nicht zurückhalten zu müssen, aber auch deren Grenzen zu erfahren und im Gespräch offen miteinander zu klären.

Bei langen Klinikaufenthalten leiden viele Patienten unter dem Verlust von partnerschaftlicher Nähe, Zärtlichkeit und Sexualität. Die gegenseitige Entfremdung in der Körperlichkeit schafft sowohl Patienten als auch ihren Partnern oder Partnerinnen leidvolle Entbehrungen. „Wundervoll (…) das war, bevor wir von ihrem Krebs wussten. Nachdem wir es erfahren hatten, empfand ich es als unerträglich, sie dort (an der Brust, Anmerkung B. S.) zu berühren. (…) Rückblickend gesehen, wuchs der Knoten nicht nur in ihr, sondern auch zwischen uns, breitete sich so unerbittlich aus wie der Krebs selbst" (Picardie 1999, 155).

Der gegenseitige Entfremdungsprozess verstärkt sich, wenn der Patient die Verbindung zur Welt kappt und sich zurückzieht, was für das Loslassen ein wichtiger Teil, aber für seine Angehörigen schwer zu ertragen ist.
Besonders belastend ist für Patienten die Trennung von ihren Kindern. Diese sind durch die Erkrankung eines Elternteils oft traumatisiert und überfordert. Schuldgefühle den Kindern gegenüber und Unvermögen, sie ins Leben zu begleiten, bringt erkrankte Eltern in tiefe Trauerprozesse. Der drohende Tod und das Abschied-nehmen-müssen mitten im Leben erfordert von ihnen die Mobilisierung höchster innerer Kraftreserven, aber auch liebevolle Zuwendung und Offenheit zwischen ihnen und ihrer Familie.
Wenn Patienten die Überforderung ihrer Angehörigen spüren, aber nicht offen darüber sprechen können, geraten sie nicht selten in eine einsame Position, die ihnen die Verarbeitung und Folgen der Erkrankung erschwert. Sich jedoch in der Krankheit alleingelassen zu fühlen, ist für Patienten unerträglich. Sich ihrer Familie zumuten zu müssen und mehr zu brauchen als geben zu können, weckt in vielen Betroffenen Schuldgefühle.
Die Vorbereitung und Einbeziehung des sozialen Umfelds in die klinische Behandlung und Therapie ist deshalb ein wichtiger Faktor. Sie verhilft sowohl dem erkrankten Patient als auch seinen Angehörigen dazu, einen Neubeginn nach erfolgreicher Behandlung zu schaffen, das Erlebte zu integrieren und die Behandlungsfolgen miteinander zu tragen.
Für die Patienten, die nicht geheilt werden können, bringt die Einbeziehung des sozialen Netzes eine beidseitige Erleichterung des Abschiednehmens und bessere Verarbeitung ihrer Trauer.
Gerade im Bereich der Konflikte des psychosozialen Netzes bietet aktive Musiktherapie neben vielen anderen Wirkfaktoren ungeahnte Möglichkeiten zum Erlernen veränderter Kommunikationsformen

2.3 Musiktherapie in der Onkologie – ein Problemaufriss

Almut Seidel

„Musiktherapie am Krankenbett ist eine Herausforderung" – mit diesem Statement leiteten 1999 Nicola Scheytt und Horst Kächele das Themenheft „Musiktherapie in der Onkologie" des bereits erwähnten musiktherapeutischen Fachorgans „Musiktherapeutische Umschau" ein (Scheytt/Kächele 1999, 315). Von vorher erschienenen vereinzelten Artikeln abgesehen, geriet dieser Praxisbereich damit erstmalig in einer umfassenderen Form in das Interesse der deutschsprachigen musiktherapeutischen Fach-Öffentlichkeit. In Anbetracht der Tatsache, dass die Psychoonkologie als Disziplin zu diesem Zeitpunkt bereits auf ein halbes Jahrhundert Fachentwicklung zurückblicken konnte, kann man von der Musiktherapie in der Psychoonkologie also mit Fug und Recht als von einem noch sehr jungen Praxisfeld sprechen. So sind denn auch die einzelnen Fachbeiträgen dieses Heftes denkbar gut geeignet, exemplarisch und ersatzweise für eine Synopse weiterer maßgeblicher Veröffentlichungen den Entwicklungsstand von Musiktherapie als psychoonkologischer Therapiemaßnahme aufzuzeigen.
Bereits der erste Artikel umfasst brennpunktartig das gesamte Problemspektrum, das dann in den weiteren Beiträgen aufgegriffen und vertieft wird. „Am Rande der High-Tech-Medizin – Existenzbedingungen für Musiktherapeuten" überschreibt Ulrike Haffa-Schmidt ihre Ausführungen, die den Reigen der weiteren Textbeiträge mit einer Schwerpunktsetzung eröffnen, die offensichtlich ins Herz der Schwierigkeiten trifft (Haffa-Schmidt 1999, 317). Es geht um das *Setting* einer Arbeit weitgehend am Krankenbett, also mit schwerstkranken und sterbenden Menschen, deren Mobilität eingegrenzt und deren körperlicher und seelischer Zustand an den Rand der Belastung angelangt ist. Das Spektrum der Probleme, die sich hier auftun, beginnt mit der Auswahl der Instrumente, mit denen Musik gemacht wird, geht zu den spielmotorischen Rest-Fähigkeiten körperlich erschöpfter und an Schmerzen leidender Patienten über und landet bei der Frage, ob überhaupt Musik gemacht, vielleicht aber auch nur gehört oder gar nicht in den Sitzungsablauf einbezogen wird, weil das vorherrschende Medium die Sprache ist oder vermeintlich sein muss.
In den Zusammenhang „Setting" gehört auch die Tatsache, dass onkologische Musiktherapie häufig Arbeit mit dem Umfeld des Patienten ist, seien es nun Angehörige, Zimmernachbarn oder weitere Besucher. Unversehens geht hier eine Settingfrage also in eine *Konzept*frage über. Deutlich wird dies auch an einem Textbeitrag im Themenheft, der sich der musiktherapeutischen Arbeit mit einer Angehörigengruppe widmet („Angehörige in Not – Projekt einer Musiktherapiegruppe", Ursprung 1999, 392 ff).
Was Settingfragen im Einzelnen bedeuten und welche Konsequenzen sie zeitigen, wird in Kapitel 4 dieser Arbeit detailliert ausgeführt und diskutiert; dem soll hier nicht vorgegriffen werden. Welche Bedeutung in diesem Zusammenhang aber allein der Frage nach den zu benutzenden oder benutzten Instrumenten beigemessen

wird, zeigt die Tatsache, dass dem ein ganzer Artikel gewidmet ist mit dem Thema: „... Du kannst ja nicht das Klavier mitnehmen“ (Mangold/Oerter 1999, 349). In enger Verschränkung von Settingvariablen, Krankheitsdimension und Qualifizierung der Instrumente, beginnend bemerkenswerterweise mit dem Parameter Ruhe/Stille und weiter differenzierend nach Singstimme, Saiteninstrumenten und weiteren Metall-, Holz- und Fellinstrumenten, wird ein Phasenmodell entwickelt, das Prioritäten im Einsatz der „Instrumente“ gemäß dem sich entwickelnden Krankheits- bzw. (hier) Sterbeprozess setzt. Dieser Beitrag beeindruckt durch seine Genauigkeit, mit der hier Setting- und Konzeptbestandteile psychoonkologischer Arbeit allgemein in eine genuin musiktherapeutische Fachlichkeit hineingestellt werden bzw. diese aus den ersteren herausgearbeitet wird.
Das gilt in noch viel stärkerem Maße für den Beitrag von Friederike von Hodenberg im Themenheft, das der „Stimme in der Sterbebegleitung“ gewidmet ist (von Hodenberg 1999, 358 f). Dieses Thema berührt über die Settingfrage hinaus – im Sinne dessen, welches Instrument eigentlich mit der Stimme eingesetzt wird – in weit stärkerem Maße die Frage nach den *musiktherapeutischen Verfahren* und eröffnet damit einen weiteren Problemkreis.
Ulrike Haffa-Schmidt stellt in ihrem Beitrag die folgenden angewandten musiktherapeutischen Verfahren vor, die sie als Resultante aus Setting und Krankheits- bzw. Behandlungsstand sieht:

Rezeptive Musiktherapie, worunter subsumiert wird

- das bloße Ausleihen eines CD-Players samt CDs, die der Patient dann allein hört
- Klangreisen und Musikreisen mit monochromen Klängen[4]
- Vorspielen komponierter Musik auf Gitarre und Klavier

Aktive Musiktherapie, worunter zählt

- freie Improvisation
- das Singen von Liedern, auch in Verbindung mit Komponieren und Texten von Liedern
- Kennenlernen und Ausprobieren von Instrumenten

Eine Hierarchisierung, Eingrenzung oder Schwerpunktbildung in den methodischen Verfahren wird nicht erwähnt. Es scheint so, als seien sie alle gleichwertig, gleich wichtig und gleichermaßen im Einsatz.
Der Stimmarbeit gilt nun das besondere Interesse im Textteil von Friederike von Hodenberg, und das hier noch einmal spezifiziert auf Stimme als Instrument in der

4 Monochrome Klänge sind Klänge, die eine einzige Klangfarbe haben und nur aus dieser Klangfarbe heraus wirken; rhythmisches und/oder melodisches Spiel oder differenzierte Gestaltungen sind mit monochromen Klängen kaum möglich und ihnen auch wesensfremd; bewährte und beliebte Instrumente, auf denen monochrome Klänge erzeugt werden können, sind Gongs, das Monochord, die Schamanentrommel, das Didgeridoo, die Klangschale etc.

Sterbebegleitung. „In der Begleitung von sterbenden Patienten kann besonders die Stimme ein entscheidendes therapeutisches Element sein. Gesungene Töne entstehen im Rhythmus des Ein- und Ausatmens. Der Atem des Patienten kann dahingehend beeinflusst werden, dass dieser regelmäßiger, tiefer und entspannter atmet. Wenn auch das Sprechen schwerzufallen beginnt und die Patienten sich geistig entfernen, erreicht sie meistens nur doch der Klang einer (vertrauten) Stimme. Es entsteht der Eindruck, dass Schwingungen von gesungenen Worten oder Tonsilben und der dabei entstehende ruhige Atemfluss sich auf den Sterbenden übertragen und ihm auf diese Weise helfen kann, zur Ruhe zu kommen, auszuatmen und sich vom Leben zu lösen. Voraussetzung dafür ist die Fähigkeit, sich in diesem Vorgang vom Sterbenden führen zu lassen" (von Hodenberg 1999, 358).

In eindrucksvoller Weise skizziert Friederike von Hodenberg anhand einer Fallstudie die Parameter ihrer Arbeit, die sich stichwortartig so zusammenfassen lassen:

- genaue Unterscheidung, wann gesungen und wann aufgrund der größeren emotionalen Nähe, die eine Singstimme bewirkt, ein Instrument gespielt werden sollte, also das Prinzip der Nähe-/Distanz-Regulierung
- die Entscheidung für bzw. Differenzierung zwischen (Volks-)Liedern, Kultgesängen (Choräle, Gregorianik) einerseits und Vokal-Improvisationen in der Arbeit andererseits
- die musikalische Ton-Substanz in den Stimm-Improvisationen, hier das
- Zentrieren um bestimmte Töne, Tonfolgen und das Tongeschlecht sowie um klingende Vokale in direkter Abhängigkeit von den Reaktionen des Patienten als nonverbalem Dialog
- das Zusammengehen einer somatischen und psychischen Beeinflussung des Patienten
- das Ermöglichen einer musikalische Interaktivität, auch wenn der Patient fast nichts mehr kann (instrumental, sprechend); darin aufgehoben ist die Möglichkeit, autonom und aktiv auch dann den Prozess noch mitzugestalten, wenn seine Autonomie fast völlig brachzuliegen scheint
- die Möglichkeit des Körperkontakts zwischen Patient und Musiktherapeut dadurch, dass die Hände nicht durch Instrumentalspiel gebunden sind.

Diese Facetten einer zunächst viel undifferenzierter erscheinenden musiktherapeutischen Methodik („Stimme, Singen") sind ein Beispiel für die Entwicklung einer (patienten-, krankheits- bzw. situations)spezifischen, wirklich originär musiktherapeutischen Methodik, wie sie eindrucksvoller an anderer Stelle nicht geleistet wurde. Auf eine kurze Formel gebracht liest sich das in einer anderen Arbeit von Friederike von Hodenberg, auch hier textlich eingebettet in eine Fallstudie, so: „Ich möchte Frau Mahler die Möglichkeit schaffen, von sich zu erzählen. Die Basis dafür ist die grundsätzliche Bereitschaft zu einer zwischenmenschlichen Begegnung von Patientin und Therapeutin auf nonverbaler und verbaler Ebene. Die Aufgabe der Musiktherapie ist dabei, im aktiven Singen eigene Kraft erlebbar zu machen und zu stärken, um nicht mehr „ohne Macht" über sich der Umwelt ausgeliefert zu sein. Die Musik gibt der Patientin die Möglichkeit, emotionale Erlebnisse zunächst auf nonverbale unbewusste Art zum Ausdruck zu bringen, um sie anschließend im Gespräch bewusst zu machen. Die Methode der Therapeutin liegt darin, zwischen der Welt des musikalischen Spiels und der Sprache Beziehungen zu schaffen“ (von Hodenberg 1998, 269).

Im Zusammenhang mit der Forschungsarbeit, über die im Folgenden berichtet wird, waren die Musiktherapeuten gezwungen, bei den für die Studie ausgewählten Patienten methodisch auf jede Art von Vokalarbeit zu verzichten. Das hat seinen Grund darin, dass es sich um eine Gender-Studie handelt, deren Materialbestandteile im Blindversuch erschlossen werden sollten. Stimmliche Anteile hätten das Geschlecht des Therapeuten bzw. Patienten kenntlich gemacht und somit einen neutralen und nicht-parteilichen Vergleich ausgeschlossen. Angesichts der Spezifik, der Überzeugungskraft und Effizienz des Stimm-Ansatzes von Friederike von Hodenberg wird deutlich, dass das für die Arbeit als solche einen herben Verlust bedeutete, als Zugeständnis an notwendige Forschungsarbeit aber unvermeidlich war.

Ein weiteres bei Haffa-Schmidt eingeführtes Problemfeld betrifft die *musiktherapeutische Vorgehensweise*. „Konfliktzentriertes, unterstützendes, ressourcenorientiertes, kreativitätsförderndes, begleitendes oder übendes Arbeiten: das ist hier abhängig von den Bedürfnissen des Patienten, aber auch von der Prognose, der Lebenserwartung und der Aufenthaltsdauer“ (Haffa-Schmidt 1999, 321). Was sich hier in der schlichten Aufzählung von methodischen Varianten vergleichsweise harmlos und scheinbar plausibel präsentiert, zudem als Bandbreite beeindruckt und ein Hohelied auf die Potentiale von Musiktherapie singt, ist in der täglichen Praxis ein Schauplatz ständiger innerer und äußerer Auseinandersetzung mit konzeptionellen Grundpositionen. Darf der Musiktherapeut beispielsweise konfliktzentriert arbeiten angesichts eines Leidens, das ohnehin genug Kräfte raubt? Welche Konflikte sind überhaupt gemeint? Wie vertragen sie sich mit dem Klinikauftrag der Unterstützung von Krankheitsbewältigung und der Sicherung von Lebensqualität? Und was heißt begleiten: das Leiden begleiten oder die Kräfte, die sich dem entgegenstellen? Welches sind die Ressourcen, die gestärkt werden sollen: die dem Sterben oder dem Leben zugewandten? Oder das Beispiel Kreativitätsförderung, eine, die vielleicht einen für den Patienten ganz neuen Freiraum eröffnet: kann man ihm das in seinem Zustand noch schmackhaft machen? Oder übende Verfahren, worauf auch immer bezogen: mit welchem Ziel und Zweck angesichts oft jäh abbrechendes Lebens?

Die Frage ist natürlich auch: welche Chancen hat die Musiktherapie, dieses Spektrum an methodischen Möglichkeiten wirklich und explizit im Medium Musik selbst zu realisieren, wie es der Fachlichkeit eigen ist und gebürt, wenn man denn sieht, wie viele Einschränkungen allein durch das Setting gegeben sind. Sie schränken auch die noch so ausgeprägte und abgesicherte musikalische Kompetenz des Therapeuten ein.

Aber auch unabhängig von der Kompetenzfrage muss darüber nachgedacht werden, ob denn Musik – dieses Vehikel intensiven emotionalen und assoziativen

Erlebens – immer indiziert ist, wie es im obigen Zitat von Ulrike Haffa-Schmidt bereits anklingt. So fährt die Autorin denn auch fort: „Kommunikation mit den übrigen Behandlern ist unerlässlich, denn deren Einschätzung über die Krankheitsverarbeitung des Patienten und der noch verbleibenden Krankenhaus- oder Lebenszeit müssen einen Einfluss auf die Intensität, die Therapiehäufigkeit und meine Vorgehensweise haben, denn ich muss mich darauf einstellen können, wie viel Zeit mir mit dem Patienten zur Verfügung steht" (Haffa-Schmidt 1999, 321).
Andere Behandler – das ist neben der Medizin und der Pflege und anderen die *Psychoonkologie*, als deren Teil sich Musiktherapie definiert. Hier tut sich ein weiteres nicht unerhebliches Problemfeld auf. Denn der Psychoonkologe führt in der Regel nur Gespräche mit dem Patienten. Sein Medium ist das Wort, ist die verbale Begleitung oder Aufklärung, ist gezielte Beratung und Anregung zu Problemlösungen unmittelbar bezogen auf den Zustand des Patienten und seine diesbezüglichen Bedürfnisse. Der Musiktherapeut hingegen – und das ist das hier vertretene Fachverständnis von Musiktherapie – bietet Musik an, das ist seine Stärke, seine Kompetenz, sein Aktions- und Agierfeld, und das ist ein zunächst freier und eigengesetzlicher Themen- und Inhaltsbereich möglicherweise fernab der klinischen und psychosomatischen Realität des Patienten. Natürlich gibt es auch in der Musiktherapie das begleitende Gespräch, doch ist es nicht die Substanz und Wirkkraft der Methode. Eine konzeptionelle Einbindung in die Psychoonkologie versetzt die Musiktherapie also in einen Grundkonflikt, der – wie die Studie zeigen wird – nicht unerheblich ist. „Der erste Raum meines Zuhauses ist das psychoonkologische Team an der Klinik. Hier treffen wir uns einmal wöchentlich zu Fallbesprechungen, kollegialer Supervision und kollegialem Austausch, interner Fortbildung und inhaltlicher Arbeit am psychoonkologischen Konzept" (Haffa-Schmidt 1999, 323). Diese inhaltliche Arbeit bedeutet immer wieder ein Veröffentlichen und Sich-verpflichten auf die eigenen Belange der Musiktherapie, was – wie zu zeigen sein wird – nicht leicht ist.
Schwierig wird dieser zugleich integrierende und abgrenzende Auftrag an die Musiktherapie als Bestandteil der Psychoonkologie, wenn in Personalunion psychoonkologisch und musiktherapeutisch gearbeitet wird, also der Musiktherapeut gleichzeitig Bezugstherapeut ist. Darauf verweist der Beitrag von Ute Hennings im Themenheft (Hennings 1999, 368 ff). Eine fachlich bestimmte Verpflichtung, Musik mit oder für den Patienten zu machen, besteht hier nicht, eine Identifizierung der angebotenen Therapie als Musiktherapie wird für den Patienten erschwert.
Es fragt sich aber auch grundsätzlich, was denn der musiktherapeutischen Fachlichkeit an Gewinn, aber auch an Problemen entsteht, wenn Fachfremde sich konzeptionell in die Diskussion um die Wertigkeit der Musiktherapie einklinken bzw. umgekehrt Konzepte anderer Disziplinen wie z. B. der Psychoonkologie übernommen werden. So fragt sich Hans Peter Bilek in oben genannten Themenheft: „Musik bei Krebs? – Gedanken zu psychoonkologischen Modellen" und konstatiert ziemlich rasch: „Musik kann ermutigend sein, das ist so!" (Bilek 1999, 325 und 328). Es wird nicht gesagt, um welche Art von Musik es sich handelt, auch nicht, wie sie eingesetzt wird, ob als aktives oder rezeptives Verfahren oder ledig-

lich als Hörobjekt. Schwierig wird es aber dann, wenn – in Anlehnung an LeShan (1986), einem exponierten Vertreter der Psychoonkologie – der Begriff „Lebensmelodie" ersatzweise für Musik eingeführt wird, um die „enge Verbindung" der Musiktherapie zu dem eigenen psychoonkologischen Konzept („Autonomie-Konzept") darzustellen: „Der Einmaligkeit der Melodie steht die Einmaligkeit des Individuums gegenüber", oder später: „Die Klangwelt, die ich erzeuge, sind der Spiegel meines inneren Seins und das Messinstrument meiner Wandlungen" (Bilek 1999, 338 und 339). Dass es hier einer gezielten Übersetzungsarbeit bedarf, dass der im Bilek'schen Konzept zentrale Begriff „Autonomie" in der Praxis der Musiktherapie seine ganz besonderen Facetten, auch Einschränkungen, erhält, ist wohl auch Bilek klar, wenn er schlussfolgert: „Musiktherapie in der Onkologie ist nichts Neues, aber ich möchte mit diesem Aufsatz die Musiktherapie aufrufen, einen speziell ausgerichteten Ansatz zu erstellen, mit dem man über die Welt des Klanges dem Patienten zu einer Autonomieförderung verhelfen kann (...) Im Kontext musiktherapeutischer Fragen möchte ich nochmals herausstreichen, dass eine Zunahme an Autonomie ganz allgemein als heilsam gilt und gerade mit Musik Selbstfindungsprozesse angestoßen werden können. Musik ist im allgemeinen positiv besetzt, und Musik zu erzeugen ist weniger ängstigend als zum Beispiel Zeichnen, führt aber ebenso dazu, dass ich mit mir selbst konfrontiert bin" (Bilek 1999, 339 und 340).
Es mag deutlich geworden sein, dass mit solchen eher allgemeinen und plakativen Aussagen vorsichtig umgegangen werden muss, dass ihr Aussagewert am konkreten Krankheitsbild, Krankenstand und Klientel sorgfältig bewiesen und an der Praxis verifiziert werden muss. Es besteht gewiss ein Unterschied darin, fremde therapeutische Modellbildungen („Schulen"), Konzepte und Verfahren zur Kenntnis zu nehmen und/oder sie in das eigene Fachverständnis zu integrieren. Das Eine darf nicht mit dem Anderen gleichgesetzt werden.
Eine reine Fallstudie, überschrieben „Der Schmerz der Krankheit und des Abschieds – Ein Protokoll" rundet die Darstellungen und Auseinandersetzungen im Themenheft der „Musiktherapeutischen Rundschau" ab (Rodi 1999, 376 ff). Fallstudien haben das Anliegen, ausgehend von einem konkreten Praxisbeispiel einen Behandlungskontext so darzustellen, dass das Spezifische des methodischen Ansatzes in seiner ganzen konzeptionellen Komplexität aufscheint. Denn es ist ihr Ziel, über einen Fachaustausch, also den engeren Kreis von Fachkollegen hinaus fach- und berufspolitisch zu informieren, zu vermitteln und zu überzeugen. Mit einem gewissen Anspruch könnte man formulieren: Fallstudien stehen – pars pro toto – exemplarisch für die Erscheinung und Qualität einer Arbeit (Musiktherapie) als ganzer. So soll die Studie von Barbara Rodi – ohne dass auf sie inhaltlich weiter eingegangen wird, und das heißt auch: ohne dass sie als Fallstudie gewürdigt wird – *zusätzlich* zu dem Gesamtspektrum an Aufsätzen in dem Themenheft der Musiktherapeutischen Umschau benutzt werden, um übergreifend auf den Problem- und Sachstand musiktherapeutisch-psychoonkologischer Literatur aufmerksam zu machen.

Es lässt sich feststellen:

- Es fehlen systematische Darstellungen, aber auch das systematische Ausarbeiten dessen, was musiktherapeutische Fachlichkeit im Bereich Onkologie heißt. Das Wenige, was es an Forschung gibt, wird nicht berichtet, allenfalls beiläufig erwähnt (vgl. Hennings 1999, 368, Verres 1999, 396). Forschungsdefizite werden nicht benannt.
- Es wird ein Hauptakzent auf Settingfragen gelegt, weil sich hier offensichtlich die größte Schwierigkeit, aber auch der größte Klärungs- und Forschungsbedarf zeigt.
- Es gibt textimmanent und als Einzeldarstellungen viele, z. T. sehr ergreifende Falldarstellungen; damit wird der Akzent einseitig auf die Praxis und den Einzelfall gelegt, was einer Systematisierung der Problemzonen eher abhold ist.
- Regelhaft ist der Rekurs auf allgemeine, also unspezifische psychotherapeutische Zielsetzungen (Beispiel „Mobilisierung von Ressourcen"); spezifische Wirkfaktoren der Musiktherapie bleiben weitgehend ungenannt oder werden plakativ in den Raum gestellt.
- Es wird wenig Wert darauf gelegt, das Spezifische des Musikbeitrags, also der erklingenden Musik in der Musiktherapie herauszuarbeiten. Häufig wird über die mit dem Patienten gemeinsam hergestellte Musik gar nicht berichtet. Viele Kontakte bzw. Sitzungen mit den Patienten scheinen aber auch ohne Musik abzulaufen. Es fragt sich, wo dann die spezifisch musiktherapeutische Fachlichkeit bleibt. Die Frage könnte aber auch so lauten: Ist Musiktherapie ein Adnex an die Psychoonkologie, deren Anliegen sie transportiert, oder bringt sie etwas Eigenständiges in den Therapieverbund hinein, und wenn ja, was genau ist das dann?
- Man findet einen relativ sorglosen Umgang mit den unterschiedlichen Zielebenen
    - psychophysische Entlastung
    - Konfliktbearbeitung über die Musik
    - Annäherung an Grenzerfahrungen

  ohne dass hier angesichts der Welten, die sich auftun, genauer differenziert wird.
- Es gibt häufig keine Begründung für die Methoden- und Materialwahl. Das suggeriert nach außen hin ein „anything goes" und eröffnet den Eindruck einer großen methodischen Vielfalt und damit einer gewissen Potenz oder Effizienz.
- Es gibt keine Geschlechterdifferenzierung, sowohl was die Patienten- wie die Therapeutenseite anbelangt.

Kapitel 3 Forschungsfrage und Forschungsdesign

3.1 Qualitative und quantitative Forschung in der Musiktherapie / Das Forschungsdesign

Susanne Landsiedel-Anders, Almut Seidel

Die Rohdaten zu dem im Folgenden vorgestellten Forschungsprojekt sehen so aus:

- Krebspatienten
- unterschiedlichste Krebsarten
- in 3 Kliniken
- Patienten aller Alterstufen
- Krankheitsstand im Übergang von kurativer zu palliativer Arbeit
- dezidiert zu gleichen Teilen Männer und Frauen
- Arbeit weiblicher und männlicher Therapeuten
- Schwerpunkt auf aktiver Musiktherapie unter Ausschaltung von vokaler Arbeit
- Forschungsinteresse sowohl an den musikalischen wie verbalen Interaktionen
- Verbindung qualitativer und quantitativer Forschungsansätze

„Bei Krebs muss auch die Seele behandelt werden", so lautete die Überschrift zu einem Artikel über Psychoonkologie in einer Tageszeitung (vgl. Eusemann 2003). Dass Musik dabei im Spiel sein kann – vielleicht sein muss, würden Musiktherapeuten sagen – leuchtet vielen Menschen ein.

Was Musik dabei aber genau heißt und wie sie dargeboten, wie mit ihr gearbeitet wird und warum gerade so, das scheint erst in zweiter Linie zu interessieren – das wurde bereits dargestellt. Es kann passieren, dass der Begriff überhaupt nicht differenziert wird, also zwischen dem aktiven Musikmachen oder der rezeptiven Arbeit mit einem Therapeuten zusammen auf der einen Seite und dem CD-Hören allein im Krankenbett auf der andere Seite nicht unterschieden wird und dennoch über die wunderbare Wirksamkeit *der Musiktherapie* z. B. als anregend für die Produktion weißer Blutzellen nach Knochenmarkstransplantationen berichtet wird (vgl. www.eurekalert.org, Hinweis in Musiktherapeutische Umschau Band 24 Heft 4 2003).

Noch weniger scheint zu interessieren, wer denn eigentlich genau die Nutznießer und Verwerter eines Musik(therapie)angebots sind. Partizipieren und profitieren denn junge und alte Menschen, musikalisch Vorgebildete und Laien, sozial mehr oder weniger hochstehende Menschen und vor allem und schließlich beide Geschlechter, Männer und Frauen, gleichermaßen von dem Angebot? Kann man denn wirklich von ***der*** Musiktherapie sprechen? Muß man nicht – gerade angesichts einer so schweren Erkrankung wie Krebs – differenzieren, um professionell verständlich und glaubwürdig zu bleiben?

Wie verändert sich wiederum die Zugangsweise zur Musiktherapie, wenn – wie das der für das Forschungsprojekt gewählte klinische Bereich darstellt – sich die Patienten in einem ganz bestimmten Stadium der Krankheit und ihrer Behandlung befinden, nämlich im Übergang von kurativer zu palliativer Behandlung, wenn also im Rahmen der medizinischen Behandlung noch voll auf Lebensverlängerung gesetzt wird und die entsprechenden Maßnahmen wie Chemotherapie oder Knochenmarkstransplantation greifen, die Patienten aber de facto nur noch geringe Überlebenschancen haben, ihnen allenfalls einige Monate an Lebensverlängerung bevorstehen und sie allzu deutlich um ihr nahendes Ende wissen.

Was die Genderfrage anbelangt, so legen die bereits diskutierten Vorannahmen nahe, zunächst einmal von einer geschlechterdifferenten Zugangsweise und Handhabung auszugehen. Die Schwere und Endgültigkeit einer Diagnose Krebs auf der einen Seite und die Tatsache auf der anderen Seite, dass Musik als therapeutisches Agens ganz unmittelbar an die Emotionalität, Expressivität und Dialogfähigkeit des Menschen appelliert sowie Musiktherapie als Methode eine aktive und kreative Form der Krankheitsbewältigung stimuliert, legte die Vermutung nahe, dass es patientenseits einen unterschiedlichen Zugriff auf das Angebot geben muss; inwieweit dieser vom einem Genderkonzept bestimmt sein könnte bzw. Einfluss auf geschlechtsspezifische Verhaltens- und (Krankheits-)Verarbeitungsweisen nehmen könnte, erscheint eine wichtige Fragestellung. Ein systematischer Vergleich erschien also mehr als angebracht.

Ehe das Forschungsprojekt von seiner Anlage her vorgestellt wird, soll zunächst der Blick auf den verwendeten Forschungsansatz geworfen werden. Als Einführung dazu soll der folgende kleine wissenschaftstheoretische Exkurs dienen.

Wie bereits anhand der Rohdaten angedeutet, zeichnet sich der für das Projekt gewählte Weg durch die Suche nach einer Verbindung zwischen den beiden gängigen Wissenschaftsparadigmen der quantitativen und qualitativen Forschung aus. Ihre jeweils unterschiedlichen Modelle der Erkenntnisgewinnung lassen sich mittels charakteristischer Kennzeichen schlagwortartig gegenüberstellen (vgl. Smeijsters, 1996).

Tab. 4: Charakteristische Kennzeichen der beiden Wissenschaftsparadigmen

Quantitative Forschung:	**Qualitative Forschung:**
Theorie	Praxis
Deduktiv, hypothesenüberprüfend	Induktiv, hypothesengenerierend
Quantifizierung	Qualitative Beschreibung
Stichprobe	Einzelfall
Statistisch-mathematische Auswertung	Verdichtende Auswertung
Forschungsgegenstand-Forscher-Trennung	Subjekt-Objekt-Interaktion
Kontextunabhängigkeit	Kontextabhängigkeit
Reproduzierbarkeit	Nachvollziehbarkeit, Vergleichbarkeit
Objektivität	Kontrollierte Subjektivität, Triangulierung
Reliabilität	Dependibility
Validität: interne und externe	Credibility, Transferabilty

Quantitativer Forschung liegt ein nomothetisches (‚gesetzgebendes') Wissenschaftsverständnis zugrunde. Ihr Ausgangspunkt ist die Theorie. Sie geht von der Annahme aus, dass der Wirklichkeit eine Regelhaftigkeit unterliegt, die es zu erforschen gilt. Quantitative Forschung hat damit das Ziel, allgemeine Aussagen zu treffen, Gesetze zu formulieren bzw. kausale oder korrelative Modelle der Wirklichkeit zu entwickeln. Dabei ist ihr allgemeines Vorgehen als deduktiv zu bezeichnen, d. h. Hypothesen werden als Erwartungen über den Ergebnisausgang aus der Theorie und/oder bisherigen Befunden abgeleitet. Diese werden im Idealfall empirisch anhand von unabhängigen und abhängigen Variablen (Einflussgrößen) in Experimenten untersucht. Die quantitative Forschungsrichtung ist in diesem Zusammenhang auch als hypothesenüberprüfend zu charakterisieren. Die beobachtbaren Erfahrungen werden nach diesem Modell in Zahlen erfasst, d. h. es wird eine Quantifizierung der Phänomene durch Messen angestrebt. Dieser Vorgang erlaubt u. a. dann auch die Zusammenfassung der Erfahrungen vieler Personen, hierfür werden z. B. Durchschnittswerte gebildet. Die untersuchten Personen bilden eine Stichprobe aus einer Population. Die Auswertung der Forschungsergebnisse kann mit Hilfe dieser Quantifizierung statistisch-mathematisch erfolgen.

Quantitative Forschung geht grundlegend von der Möglichkeit einer Trennung zwischen dem Forschungsgegenstand und dem Forscher aus. Erfahrungen werden generell als kontextunabhängig betrachtet. Dies impliziert auch, dass zu erforschende Situationen beliebig häufig reproduzierbar sind. Gütekriterien von

quantitativer Forschung sind bekanntermaßen Objektivität (jeder Beobachter soll zu übereinstimmenden Ergebnissen kommen), Reliabilität (die angestrebte Messgenauigkeit der Instrumente führt möglichst zu Ergebnissen, die nicht fehlerbehaftet sind) und Validität (sie betrifft die Gültigkeit des Messvorgangs). Demnach sollen die beobachteten Ergebnisse nur auf die Manipulation der unabhängigen Variablen und nicht auf störende Einflussgrößen zurückzuführen (interne V.) und generalisierbar auf andere Situationen sein (externe V.).
Qualitative Forschung ist demgegenüber gekennzeichnet durch ein idiographisches Wissenschaftsverständnis: das „Eigentümlich-Einmalige" wird beschrieben. Ihr Ausgangspunkt ist die Praxis. Die Wirklichkeit wird als vielschichtig, ganzheitlich und beweglich sowie als geprägt von der jeweils besonderen Konstellation der Situation angesehen. Typisch ist ein induktives Vorgehen, d. h. die Hypothesen werden aus der Analyse der Praxis selber gewonnen und nicht im vorhinein theoretisch bestimmt. Von daher ist das Verfahren auch als hypothesengenerierend zu charakterisieren.
Methodisch wählt diese Forschungsrichtung den Weg der qualitativen Beschreibung der Phänomene. Das heißt, die sich unmittelbar zeigenden Sachverhalte werden sprachlich Schritt für Schritt bis ins Detail analysiert und offengelegt. Die Auswertung des dadurch entstehenden, vielfältigen Materials erfolgt anschließend wieder über eine Verdichtung desselben. Bei der qualitativen Inhaltsanalyse werden aus dem Material die ihm selbst innewohnenden Strukturen möglichst theoriegeleitet in Form von Kategorien oder Oberbegriffen entwickelt. Von daher eignet sie sich zur systematischen Bearbeitung von großen Mengen an Textmaterial (vgl. Mayring 1996). Es besteht auch die Möglichkeit, die Verdichtung durch eine Bildung von Typologien herzustellen, indem solche Bestandteile aus dem Material herausgefiltert werden, die das Material in besonderer Weise repräsentieren. Solche typologischen Analysen eignen sich von daher vorzugsweise, um deskriptiv Ordnung in die Fülle eines explorativen Materials bringen.
Allgemein steht bei der qualitativen Forschung der Einzelfall im Zentrum der Betrachtung. Es interessiert also vor allem der praxisnahe und gleichwohl exemplarische Fall. Er stellt geradezu das Mittel zur Untersuchung der konkreten Erfahrungen mit dem Forschungsgegenstand dar. Grundsätzlich wird dabei eine nicht aufzuhebende Interaktion zwischen Subjekt und Objekt angenommen. Diese Wechselbeziehung steht darüber hinaus immer in einem Kontext, ist also kontextabhängig. Von daher ist auch generell von einer Nicht-Reproduzierbarkeit der spezifischen Konstellationen einer Situation auszugehen. Dennoch wird über eine genaue Nachvollziehbarkeit des systematischen Vorgehens der Untersuchung versucht, eine Vergleichbarkeit von Situationen zu erzeugen. Einer als nicht gegeben angesehen Objektivität von Beobachtungsergebnissen wird in der qualitativen Forschung als Gütekriterium explizit eine kontrollierte Subjektivität entgegengesetzt. Das heißt: im intersubjektiven Vergleich wird eine gemeinsame Übereinstimmung von allen Beurteilern gesucht. Dabei können aber ferner durch die Einnahme von verschiedenen Perspektiven durch eine Triangulierung bzw. Triangulation gleichzeitig die widersprüchlichen Ergebnisse gezielt erforscht werden

(vgl. Mayring 1996). Die Triangulierung als Perspektivenwechsel kann sich auch über die Verbindung von verschiedenen Erhebungsmethoden (eben z. B. quantitaiven und qualitativen Methoden) vollziehen. Allgemein wird also immer planmäßig die Möglichkeit der Falsifikation der Ergebnisse miteinbezogen. Lincoln und Guba (1985) entwickelten darüber hinaus den klassischen Gütekriterien der quantitativen Forschung entsprechende Konzepte für die qualitativ-interpretative Forschung, die hier aus Zeitgründen nur kurz erwähnt werden können: dependability = bewusstes Eingestehen der Abhängigkeit vom Kontext, credibility = Glaubwürdigkeit, transferability = Übertragbarkeit.

Grob klassifizierend lässt sich festhalten, dass quantitative Forschung sich besonders zur Effektmessung, also z. B. zur Messung von Wirkungen von Psychotherapie, qualitative Forschung hingegen zur Prozessforschung, also z. B. zur Untersuchung von therapeutischem Geschehen eignet.

Bei aller aufgezeigten Gegensätzlichkeit beider Forschungszugänge sollte aber nicht übersehen werden, dass es sich bei beiden in Wirklichkeit eher um Polaritäten handelt, die sich genauer betrachtet als eng miteinander verbunden darstellen. Denn in beiden Modellen sind – wenn auch z.T. verdeckt – qualitative und quantitative Elemente vorhanden, genauso lassen sich auf beiden Seiten interpretatorische Momente finden. Beiden ist darüber hinaus als Absicht gemeinsam, Theorie und Empirie bzw. Praxis aufeinander zu beziehen, auch wenn in diesem Exkurs die Theorie eher auf Seiten der quantitativen und Praxis eher auf der Seite der qualitativen Forschung angesiedelt zu sein scheint. Im Sinne Lewins sollte Theorie aber immer praktisch und Praxis auch immer theoretisch sein, um fruchtbar sein zu können. Man kann beide Zugänge auch als verschiedene Phasen einer gemeinsamen Forschungslogik auffassen, wenn man qualitative Forschung als hypothesengenerierend und quantitative Forschung als hypothesenüberprüfend einstuft. Maßgeblich sollte der Leitgedanke sein, dass der zu wählende Forschungsansatz dem Gegenstand bzw. der Fragestellung angemessen sein muss.

Wie bereits oben angeführt, impliziert qualitative Forschung aber keineswegs eine grenzenlose Beliebigkeit in der Auswahl und Durchführung der Verfahren, sondern sie werden in Form von selbst auferlegten Regularien und einer im Vorhinein festgelegten Systematik gegenstandsbezogen und pragmatisch benutzt. Dabei wird das Prinzip der Explikation und der argumentativen Begründung der vorgenommenen Interpretationen gewahrt sowie der Forderung nach Flexibilität und ständigen Überprüfung der vorgefundenen Ergebnisse und Hypothesen im Sinne einer immer mit ins Kalkül gezogenen Falsifikationsmöglichkeit durchgängig Rechnung getragen.

Vor dem Hintergrund dieses – hier nur knapp dargelegten – wissenschafts- und forschungstheoretischen Verständnisses wurde das Forschungsprojekt in folgender Weise konkretisiert:

Tab. 5: Forschungsdesign

	Praktiker „vor Ort“	Externe Beschreiber	Forscherteam
Personalebene	• Klinik 1 Musiktherapeut 1 w -> 6 Patienten w -> 6 Patienten m • Klinik 2 Musiktherapeut 2 w -> 6 Patienten w -> 6 Patienten m • Klinik 3 Musiktherapeut 3 m -> 6 Patienten w -> 6 Patienten m	• Beschreiber 1 w • Beschreiber 2 w • Beschreiber 3 m • Beschreiber 4 m • Koordinator w	• Projektleitung FH w • Musiktherapeut 1 w • Musiktherapeut 2 m • Psychologe/Psychoanalytiker w • Psychologe / Statistik m
Daten-/ Material- Ebene	• Patientenstatistiken (230 Patienten) • Patientendaten (36 Patienten) • Kurz-Protokolle von Therapieverläufen (36 Patienten) • Audiomitschnitt von einer ausgewählten Sitzung je Patient • Musikbeschreibungen durch Patient und Therapeut von einer ausgewählten Improvisation je Sitzung • Quantitativer Prä- und Post-Test	• Musikbeschreibungen von 18 ausgewählten Patienten nach morphologischer Methodik	• (zusätzlich) 13 transkribierte Sitzungen
Evaluations-/ Interpreta- tionsebene	• Äußere Datenlage:	Settingvariablen, Kontextbedingungen ->	Konzeptbestandteile klinischer Arbeit
	• Innere Datenlage:	emotionale Verarbeitungsstrategien, vermutete Wirksamkeit ->	5 Bewusstseinsebenen: Körper / Emotionen / Imaginationen / Kognitionen / Kontakterleben ⇒ Emotionsmodell
	• Verhältnis von verbaler und musikalischer Interaktion		
	• Prä- und Post-Test		
	• Gendervergleich		

Die Tabelle macht ersichtlich, dass es 3 Gruppen von Projektbeteiligten bzw. Mitarbeitern gab: die Praktiker vor Ort, die Gruppe der externen Beschreiber und das eigentliche Forscherteam. Es wurde also versucht, hier beide Geschlechter gleichermaßen vertreten zu haben.
Die Musiktherapeuten vor Ort hatten die Aufgabe, ein ganzes Bündel von Materialien zur Verfügung zu stellen. Das ist ersichtlich in der Ebene 2, der Daten- und Materialebene. Jeder Musiktherapeut legte eine Patientenstatistik bzw. -übersicht von einem Jahr Arbeit vor. Sie enthielt Angaben zum Geschlecht, zum Alter, zur Anzahl und zeitlichen Dauer der Sitzungen sowie zur realisierten Methode der Arbeit. An dieser Stelle wurde nur grob gefragt, ob es sich um aktive Musiktherapie, um rezeptive Musiktherapie oder um ein Gespräch ohne Einsatz von Musik handelte.
In die engere Auswahl kamen dann aus der Arbeit von etwa 18 Monaten von jedem Therapeuten 12 Patienten, 6 weibliche und 6 männliche. Die Auswahl haben die Therapeuten selbst getroffen. Von jedem Patienten wurde eine Kurz-Anamnese erstellt, und es erfolgten Hinweise zu seiner Behandlung in der Klinik. Der Therapieverlauf bei diesen Patienten wurde dokumentiert über die sog. Kurzprotokolle (vgl. Tab. 6).

Aus dem jeweiligen Musiktherapieprozess wurde dann eine Sitzung ausgewählt, die den Therapeuten in Bezug auf den Therapieprozess oder die Situation des Patienten subjektiv bedeutungsvoll erschien. Von dieser Sitzung wurde ein Audiomitschnitt hergestellt. Eine der improvisierten Musiken dieser Sitzung – wenn es nicht überhaupt nur eine Musik gab – wurde vom Patienten in der Sitzung beschrieben, soweit es ihm möglich war, d. h. die Therapeuten legten besonderen Wert darauf, dem Patienten ausreichend Zeit und Anlass zu geben, ihre Eindrücke aus dem Musizieren zu schildern. Die Therapeuten fertigten ihrerseits eine Beschreibung der Musiken an.
Flankierend wurden die Patienten vor und nach jeder Sitzung um das Ausfüllen eines Befindlichkeits-Tests gebeten (Hobi 1985). Er besteht aus 12 Items in polarer Anordnung, die skaliert werden sollten. Auch hierzu ein Muster (vgl. Tab. 7).

Für die Auswertung der improvisierten Musiken wurde die Methode der morphologischen Beschreibungsarbeit gewählt, die dem Forschungs-Anliegen gemäß in Bezug auf die Durchführung und die Auswertung modifiziert wurde. Zur näheren Erläuterung dient der folgende Exkurs, der im nachfolgenden Beitrag von Frank Grootaers seine Erweiterung erfährt.

Allgemein ist unter Beschreibung die systematische, geordnete Darstellung von Sachverhalten (Objekte, Ereignisse, Prozesse) mit Hilfe sprachlicher Mittel zu verstehen. Sie wird als grundlegend für die Theoriebildung in allen empirischen Wissenschaften gesehen. Sie formuliert das Ergebnis von Wahrnehmung, Beobachtung und Experiment und ist zu unterscheiden von der Erklärung, die bestimmte Sachverhalte begründen soll. In der quantitativen Forschung wird heute eher der

Tab. 6: Kurzprotokoll

<table>
<tr><td colspan="4">Kurzprotokoll</td></tr>
<tr><td>PatientIn:</td><td>Sitzung Nr.</td><td>am</td><td>Gesamtdauer:</td></tr>
<tr><td colspan="4">Raum:</td></tr>
<tr><td colspan="4">ggf. weitere anwesende Personen (Angehörige, Klinikpersonal etc.)</td></tr>
<tr><td colspan="4">Befindlichkeit des Patienten zu Beginn der Sitzung(körperlich, seelisch, motivational):</td></tr>
<tr><td colspan="4">Methodik :</td></tr>
<tr><td>aktiv</td><td>rezeptiv</td><td>Klangmeditation</td><td>Klangmeditation und Tönen</td></tr>
<tr><td>fürspielend</td><td>Lieder</td><td>reproduktiv</td><td>körperorientierte Übungen</td></tr>
<tr><td>ausschließlich Gespräch</td><td>Anderes</td><td></td><td></td></tr>
<tr><td colspan="4">falls aktiv:
Instrumentenwahl bzw. Einsatz der Stimme je Improvisation</td></tr>
<tr><td colspan="2">Impro 1 Patient</td><td colspan="2">Therapeut</td></tr>
<tr><td colspan="2">Impro 2 Patient</td><td colspan="2">Therapeut</td></tr>
<tr><td colspan="2">Impro 3 Patient</td><td colspan="2">Therapeut</td></tr>
<tr><td colspan="4">Stichworte zu den Reaktionen des Patienten auf die Improvisationen (verbal, körperlich, szenisch-gestisch etc.)</td></tr>
<tr><td colspan="4">zentrale Themen der Sitzung</td></tr>
<tr><td colspan="4">zeitliches Verhältnis Dauer der Musik(en) insgesamt zu Gespräch</td></tr>
<tr><td colspan="4">Tagesbesonderheiten</td></tr>
<tr><td colspan="4">Befindlichkeit des Patienten am Ende der Sitzung</td></tr>
</table>

Tab. 7: Basler Befindlichkeits-Skala

Liebe Patientin, lieber Patient,

in diesem Fragebogen geht es darum, wie Sie sich **jetzt** fühlen.
Machen Sie möglichst spontan zwischen den gegensätzlichen Wörtern in dasjenige Kästchen ein Kreuz, das Ihrer gegenwärtigen Befindlichkeit am nächsten steht.
Es gibt keine richtigen oder falschen Antworten !

Vielen Dank für Ihre Mitarbeit.

Ich fühle mich jetzt...

	stark	mittel	leicht	weder/ noch	leicht	mittel	stark	
ruhig								nervös
müde								frisch
redselig								verschwiegen
unaufmerksam								aufmerksam
unausgeglichen								ausgeglichen
gestärkt								geschwächt
verschlossen								mitteilsam
wachsam								zerstreut
sicher								unsicher
kraftlos								tatkräftig
kontaktfreudig								scheu
unkonzentriert								konzentriert
ängstlich								nicht ängstlich
gesund								krank
zurückgezogen								gesellig
zielstrebig								ablenkbar

Begriff der Deskription verwendet, vermutlich auch um letzteres zu verdeutlichen. Der Begriff Beschreibung hat eher eine geisteswissenschaftliche Konnotation, denn sie wurde als maßgebliche Methode der Geisteswissenschaften u. a. bereits von Dilthey (beschreibende Psychologie) entwickelt (vgl. Dilthey 1894 bzw. 1924). Goethe allerdings versuchte bereits in seinen naturwissenschaftlich ausgerichteten Studien, sich über die anschauliche Erfahrung der Pflanzenwelt gezielt dem Wesen der Erscheinungen, also ihren grundlegenden Bedingungen oder auch Erklärungen, zu nähern. Er entwickelte das Konzept der Morphologie (Gestaltlehre, Formenlehre), nachdem sich Seiendes immer in Gestalten zeigt. Diese unterliegen dabei ständig Umbildungsprozessen und treten nur in Übergängen in Erscheinung und sind von daher nur über eine mitvollziehende Darstellung erfassbar. Diese Vorgehensweise bezeichnete er als Beschreibung. Dieses Beschreibungskonzept übertrug W. Salber (1965) in seiner morphologischen Psychologie auf eine Erlebensbeschreibung des seelischen Geschehens. Danach ermöglicht allein die unvoreingenommene seelische Mitbewegung mit den sich zeigenden seelischen Verhältnissen einen Zugang zu denen ihnen innewohnenden grundlegenden Bedingungen. Dem vergleichbar, stellt die eigentliche morphologische Beschreibungsarbeit das Hören von musiktherapeutischen Improvisationen durch Experten selber dar. Diese legen – ohne weitere Informationen zum Fall zu haben – im Anschluss an das Gehörte ihr Erleben mit Hilfe von Eindrücken, Bildern, Einfällen, Geschichten, Erinnerungen und Reaktionen schriftlich nieder.

Es wurden nun 4 Musiktherapeuten um genau diese Beschreibungsarbeit gebeten. Sie haben unabhängig voneinander und im Blindversuch gearbeitet, d. h. sie bekamen keinerlei Informationen darüber, wo die musiktherapeutische Behandlung stattfindet, wer die Therapeuten und wer die Patienten sind, um welche Krankheitsbilder und klinischen Zusammenhänge es sich handelt und welches die Forschungsfrage ist. Das „Geheimnis" wurde erst gelüftet, als die Dokumentationsarbeit längst abgeschlossen war.

Die Beschreiber hatten die Aufgabe, eine Musik jeweils an 5 aufeinanderfolgenden Tagen zu hören und zu beschreiben. Damit sollte festgestellt werden, ob und wie sich Erlebensweisen verändern bzw. verdichten, wenn eine Musik derart intensiv gehört wird. Genutzt werden sollte natürlich auch der Vergleich von 4 unterschiedlich hörenden und erlebenden Personen. In diesem Zusammenhang kann man von einem Intra- und Intervergleich sprechen.

Die Auswahl der Patienten, deren Musiken an die Beschreiber gingen, erfolgte nach dem Gesichtspunkt einerseits der Vollständigkeit der Materialien sowie andererseits einer gewissen Typisierung sowohl des Patienten – wie auch des Therapeutenverhaltens, das sich zunehmend über die sog. „Memos" abzeichnete, also jenen Verbindungsstücken zwischen Datensammlung und Analyse, die für die qualitative Forschung so entscheiden sind.

Alle methodischen Schritte wurden stets im Kernteam entschieden, wo dreierlei subjektive Wahrnehmungen aufeinanderstießen. Was die Gesamtheit des Datenauswertung anbelangt, so hat man es also mit der Triangulierung

- Musiktherapeuten als Praktiker vor Ort
- Externe Beschreiber als Experten im Blindversuch
- Kern-Expertenteam

zutun, mit deren Hilfe die Forderung nach kontrollierter Subjektivität erfüllt werden sollte.

Um den Zusammenhang zwischen den verbalen und musikalischen Interaktionen in einer Sitzung herausarbeiten zu können, wurden aus der Zahl von 18 nun 13 ausgewählte Patienten-Sitzungen transkribiert, also wörtlich übertragen, damit hier eine Feinarbeit möglich wurde. Die Auswahl erfolgte wiederum nach dem Gesichtspunkt der gleichen Anzahl Frauen und Männer sowie einer gleichmäßigen Vertretung der 3 Therapeuten.

Der Einbezug dieser Forschungsebene war nicht von vornherein geplant; er war eine inhaltliche Konsequenz aus einer Entwicklung, die mehr und mehr die Spannung zwischen der externen und der in den Musik-Beschreibungen auftauchenden inneren Datenlage zeigte.

Wozu diese umfangreiche und sorgfältig angelegte Datenansammlung dienen sollte, entnimmt man der 3. Ebene: der Evaluations- und Interpretationsebene.

Die hier so genannte äußere Datenlage, also die Raum- und Zeitfrage, die gewählten Instrumente, die Anwesenheit weiterer Personen etc. interessierte, um daraus ein Muster abzuleiten, nach dem sich der Kontext der Therapie gestaltet. Dieses Muster wurde hinterfragt – mit dem Ziel, darüber zur Konzeptdiskussion in diesem Bereich musiktherapeutisch-klinischer Arbeit beitragen zu können.

Sodann interessierte die Frage, wie die Patienten in ihrem Erleben und Verhalten mit dem Musiktherapieangebot umgehen und wie die Wirkung der aktiven musiktherapeutischen Arbeit einzuschätzen ist. In Bezug auf eine nun notwendig werdende Datenreduktion im Sinne einer Verdichtung und Systematisierung der Materialfülle wurden dazu die gesamten Daten, die von einen Patienten vorlagen, also seine Anamnese, der Therapieverlauf, der Sitzungsablauf der ausgewählten Sitzung und schließlich die Beschreibungen zu seiner Musik einer gewissen Fokussierung auf krankheits-strategisch wichtige Themen unterzogen. Dazu wurden zwei theoretische Modelle („Bewusstseinsebenen“ – „Emotionskonzept“) benutzt, die in dem Beitrag von Thomas Schröter näher erläutert werden.

Um das Verhältnis der verbalen zu den musikalischen Interaktionen auszuloten, wurde auf der Basis der transkribierte Audio-Mitschnitte die Methode der sequentiellen Textanalyse angewandt. – Als letzter Schritt in der Materialanalyse wurde der Prä- und Posttest statistisch ausgewertet.

Der Gendervergleich schließlich wurde Bestandteil der abschließenden Bewertung und Interpretation der Forschungsergebnisse.

Es muß wohl kaum erwähnt werden, dass bei einer derartig intensiven Beschäftigung mit einer Fülle unterschiedlicher Materialien weit mehr Erkenntnisse abfallen, als sie jetzt in den Auswertungen erscheinen. Einige Beispiele seinen kurz benannt, ohne dass sie behandelt werden:

- Die Wertigkeiten im Einsatz spezifischer Instrumente, hier insbesondere der Saiteninstrumente Monochord, Leier, Gitarre, aber auch des Zungeninstruments Kalimba. Ansatzweise wird darauf im Kapitel „externer Datenlage“ eingegangen.
- Eine genaue Erkenntnis, was es heißen kann, palliativ zu arbeiten
- Den Vergleich „männlicher“ mit „weiblicher“ Musik auf ein und demselben Instrument
- Eine Charakterisierung, ggf. Modellbildung der Musiken, auch anhand von deren Transkriptionen

Es wären dies aber eigentlich neue Forschungsansätze.

Im Rückbezug auf die einführenden Gedanken zur quantitativen und qualitativen Forschung soll nun der wissenschaftstheoretische Standort des Forschungsdesigns noch einmal zusammengefasst und kritisch gewürdigt werden.
Da sich der qualitative Forschungsansatz insbesondere durch ein Prinzip der Offenheit, durch den Verzicht auf eine im Vorhinein vorgenommene Hypothesenbildung, einen Prozesscharakter der Forschung und die Verwendung der Sicht der betroffenen und handelnden Subjekte auszeichnet, wurde für das vorliegende Projekt schwerpunktmäßig ein solches Forschungsdesign gewählt.
Es handelt es sich dabei deutlich um ein sehr vielfältiges, kreatives Design, das schon innerhalb des qualitativen Ansatzes unterschiedliche Untersuchungspläne integriert, in dem es Elemente aus der Einzel- und Dokumentenanalyse sowie der Feldforschung miteinander verbindet und diverse Erhebungs- und Auswertungstechniken kombiniert. Zu nennen sind hier z. B. Kurz-Protokolle, Audiomitschnitte, Beschreibungen und qualitative Inhaltsanalyse, Topologische Analyse und Sequentielle Textanalyse. – Die letztere lässt sich der qualitativen Forschungskonzeption der Objektiven Hermeneutik Oevermann et al. (1980) zuordnen. Diese hat zum Ziel, die hinter den subjektiven Bedeutungen stehenden objektiven Sinnstrukturen zu entschlüsseln. Dafür wird das Textmaterial schrittweise hinsichtlich seines tatsächlichen und seines möglichen Bedeutungsgehalts nach einem bestimmten Ablaufmodell untersucht (vgl. Mayring, 1996).
Die Vielfalt der verwendeten Techniken diente zweifellos dem Zweck der Exploration des musiktherapeutisch-onkologischen Praxisfeldes und ist insofern als gegenstandsangemessen und gewinnbringend zu bezeichnen.
Darüber hinaus wurde im vorliegenden Forschungsprojekt gleichwohl eine Integration von Vorgehensweisen des quantitativen Ansatzes vorgenommen. Hierzu nun detaillierter: Zum einen wurde die Einzelfallanalyse auf eine größere Gruppe von Patienten ausgedehnt. Außerdem konnten unter Zuhilfenahme eines theoretischen Modells aus der Emotionspsycholgie die inhaltsanalytisch aus dem Material (siehe ‚innere Datenlage‘) extrahierten Kategorien mit einer bewährten Typologie

in Verbindung gebracht werden. Dies ermöglichte wiederum eine Quantifizierung und sogar deskriptiv eine Häufigkeitsverteilung in der vorgefundenen Patientengruppe und damit Aussagen zum Gendervergleich. Weitere Angaben zum Praxisfeld konnten den ‚Patientenstatistiken' in Form von deskriptiven Daten (siehe ‚äußere Datenlage') entnommen werden, die erste Aussagen über seine strukturellen Bedingungen erlauben. Ferner wurde eine eindeutig dem quantitativen Ansatz zuzuordnende subjektive Befindlichkeitsmessung der Patienten im direkten Vorher-Nachher-Vergleich und im Therapieverlauf mit Hilfe eines Fragebogens durchgeführt. Diese Daten konnten im Sinne einer Effektmessung deskriptiv- und sogar inferenzstatistisch ausgewertet werden. Sie sind aber schon allein aufgrund einer fehlenden zufallskritischen Absicherung bspw. durch eine Kontrollgruppe nur eingeschränkt aussagefähig.
Letzteres verbot sich jedoch bereits aus ethischen Gründen, denn ein Vorenthalten einer förderlichen Behandlung ist bei Krebskranken per se nicht vertretbar. D. h. es wurde versucht, soweit für das untersuchte Praxisfeld akzeptabel, auch quantitative Vorgehensweisen mit hinein zu nehmen.
Im Zusammenhang mit der Erhöhung der Aussagekraft der Forschungsergebnisse ist noch hervorzuheben, dass in zweierlei Hinsicht versucht wurde, den unvoreingenommen ‚Blick von außen' einzubeziehen: Zum einen wurden anhand von Audiomitschnitten ausgewählter Sitzungen Improvisationen zwischen Patienten und Therapeuten von externen Musiktherapiekollegen beschrieben, die weder Vorinformationen zu den Einzelfällen und dem klinischen Kontext, noch zu der Fragestellung inklusive des Genderaspektes hatten. Diese wurden in der Zusammenschau mit den jeweiligen Beschreibungen der Improvisationen durch den Patienten bzw. den Therapeuten inhaltanalytisch ausgewertet.
Zum anderen wurden von einem großen Teil der Sitzungen Patient-Therapeut-Gespräche, die sich an die Musik anschlossen, transkribiert und mit Hilfe der sequentiellen Textanalyse analysiert. Dabei erhielt der Auswerter keinerlei Hinweise über das Geschlecht sowohl des Patienten als auch des Therapeuten.

3.2 Hörerfahrung und Beschreibung

Frank Grootaers

Die vorliegende Untersuchung bezieht ihre Erklärungen und Erklärungsansätze auf sehr unterschiedliche Wirklichkeitsauffassungen. Überhaupt ist es wohl modern, die Verschiedenheit und die Vielfalt von Methoden und Verfahren in Wissenschaft, Theoriebildung und Forschung auch und gerade innerhalb der Erfahrungswissenschaften als gewünschte Darstellungsform zu bevorzugen. Das Warum dieser Präferenz für jene derzeitige Vielfaltdarstellung wäre es wert, kulturpsychologisch untersucht zu werden.
Eine der Zugangsweisen zu den musiktherapeutischen Phänomenen, die in vorliegender Arbeit angewandt wurden, ist die Beschreibung. Ob und inwiefern es sich hierbei um eine in der Fachliteratur als morphologische Beschreibung ausgewiesene handelt, wird zu zeigen sein.
In fünf Gedankenzüge soll die Eigenart, der Wert und der Nutzen dieser hier angewandter Beschreibung herausgerückt werden.

Erster Gedanke: Beschreiben als Sprechen von der Lebenswelt

Der alltagssprachliche Begriff Beschreibung verdeckt und enthält zwei Züge: Einmal soll mit der Wahl dieses Begriffes die Nähe zur *Alltäglichkeit*[5] erhalten bleiben. Man könnte sonst szientifizierend auch von Deskription reden. Die Nähe zum Alltag besteht darin, dass wir immer schon unsere Wirklichkeit beschreiben. Der alltägliche „Verzell“ (niederrheinisch), unser Erzählen hebt unser Erleben an der Wirklichkeit auf und transfiguriert es darin. Wirklichkeitserfahrung und Erkenntnis derselben sind in unseren Alltagserzählungen ineins, beide werden darin transformiert. Dies bedeutet eine Aufwertung des Alltagspalavers. In der Philosophie findet diese Aufwertung seinen folgenreichen Durchbruch in Husserls „Krisis“. Husserl wehrt sich in diesen seinen späten Stellungnahmen gegen einen erstarrten Objektivismus des Wissenschaftsbetriebes, in dem der Boden der Erfahrung ein für allemal in Formeln eingefangen wird.
Im Zuge dieser Husserl'schen und späterfolgenden Bemühungen findet eine Rückgewinnung der *Lebenswelt* statt. In unserem Erzählen wird ein Alltagswissen *zur Sprache gebracht*, welches von einer vorprädikativen Alltagserfahrung ausgeht, ohne diese selbst begreifen zu können. Genau dieses Alltagswissen, von Husserl *Doxa* genannt, findet in der phänomenologischen Philosophie seine Neuwürdigung. „Als konkret-anschauliche, subjektiv-relative und situative Erkenntnis ist sie mehr als eine „bloße“ Doxa. Sie kann ein *Eigenrecht* für sich beanspruchen. Ihr Maßstab liegt in der alltäglichen Lebenspraxis und ihren konkreten Vorhaben; von daher gelangt sie zu eigenen Formen der Bewährung und eigenen Standards der Genauigkeit.“ Und weiter: „Die Doxa gewinnt ferner ein

---

5 Alle kursiv geschriebenen Hervorhebungen vom Autor.

Vorrecht gegenüber wissenschaftlichen Einsichten, da sie Boden und Fundament abgibt für alle theoretischen Konstruktionen; als Quelle der Sinnbildung ist sie kein bloßer „Durchgang“, den man je hinter sich lassen kann“ (Waldenfels 1994, 39). Die Doxa, unser Alltagswissen, wie es in unserem Erzählen transformiert aufgehoben ist, erfährt in der *wissenschaftlichen Beschreibung* seine erste Weiterführung und eine weitere Metamorphose. Dazu gleich mehr.
Der zweite Zug des Begriffes und der Anwendung der Beschreibung besteht in ihrer Abgrenzung von nominalistisch anmutenden Definitionen und apodiktischen Erklärungen.
Dadurch wird das genannte Eigenrecht der Alltagserfahrung mit seinem innewohnenden Alltagswissen (wieder) geltend gemacht. Dies zeigt sich in den *Erlebensqualitäten* der Beschreibung. Beschreibung will keine Gesetzmäßigkeit bestätigen, sie will keine Kausalität aufzeigen, sie will keinen Beweis führen. Sie weist sich aus als Zugang zu den Phänomenen und zwar, indem sie ausdrücklich unser Leben zur Sprache bringt.

Zweiter Gedanke: Beschreibung von Hörerfahrungen

In der vorliegenden Arbeit geht es konkret um die Beschreibung von *musikalischen Produktionen* zwischen Therapeuten und Patienten, im Weiteren gemeinsame Improvisation-zu-Zweit genannt. Die Beschreibung wurde durchgeführt von Kolleginnen und Kollegen, die nicht an der Behandlung beteiligt waren und denen eine Tonbandkassette zugeschickt wurde mit dem Auftrag, die dort zu hörenden gemeinsamen Improvisationen- zu- Zweit zu beschreiben. Dies führt nun zu dem zweiten Gedanken, der das Eigenrecht der wissenschaftlichen Beschreibung betrifft.
Beschreiben heißt ganz allgemein: eine Wahrnehmungserfahrung zur Sprache zu bringen. Merleau-Ponty räumt der Wahrnehmung eine eigene Erfahrungssphäre ein. Schon in seinem 1942 veröffentlichten frühen größeren Werk „La structure du comportement“ heißt es: „Nun ist es aber so, dass ich die Gegenstände als existent bezeichne, wenn sie mir den ursprünglichen Eindruck des „Empfundenen“ (du „senti“) vermitteln, wenn sie diese direkte Art haben, mich zu überfallen (...) Diese sinnliche Masse, in der ich lebe, wenn ich einen Ausschnitt des Feldes unverwandt ins Auge fasse, ohne dass ich es genauer auszumachen versuche, das „Dies – da“, das mein Bewusstsein wortlos meint, ist nicht eine Bedeutung oder eine Idee, obwohl es in der Folge als Ansatzpunkt dienen kann für Aspekte der logischen Explikation und des sprachlichen Ausdruck. Schon wenn ich das Wahrgenommene benenne, wenn ich es *als* Stuhl oder Baum wiedererkenne, ersetze ich die schlichte Erfahrung einer flüchtigen Realität durch die Subsumption unter einen Begriff, schon wenn ich das Wort „Dies da“ ausspreche, beziehe ich eine singuläre, erlebte Existenz auf das Wesen der erlebten Existenz. Doch diese Ausdrucks- und Reflexionsakte zielen auf einen originären Text, der nicht ohne Sinn sein kann. Die Bedeutung, die ich in einem sinnlichen Ganzen finde, haftet diesem bereits an. In der *Wahrnehmungserfahrung* (expérience perceptive) ist ein sinnliches Ganzes wirk-

sam. Indem wir diese Wahrnehmungserfahrung beschreibend zur Sprache bringen, wird dieses sinnliche Ganze mit erster „Vagheit“ beschaubar gemacht (Merleau-Ponty 1942, 228 in der deutschen Übersetzung von Waldenfels 1976, 245–246).
In den vorliegenden Beschreibungen handelt es sich nun um *Hörerfahrungen*. Die anonymen Beschreiber bringen in wiederholtem Maße ihre Hörerfahrung – das, was auf der Tonbandkassette zu hören ist – zur Sprache. Die „sinnliche Masse“, um die es hier geht und die einen beim Hören „überfällt“, ist eine musikalische Masse. Das bedeutet unter anderem, dass in diesen Fällen die Hörerfahrung von musikalischen *Spielerfahrungen* ausgeht, welche die Beschreibung aufzugreifen sucht. Auch diese Ausdrucksakte zielen auf ein originäres Handlungsgefüge, dass nicht ohne Sinn sein kann. Damit liegt hier eine komplexe Hör- und Spielwelt vor, die in weiteren Explikationen zu bedenken ist (vgl. Waldenfels 1999, 190 ff).

Dritter Gedanke: Beschreibung von lebendigen Zusammenhängen

Bevor wir diese spezifische Hör- und Spielerfahrungen weitergehend bedenken, möchten wir zur wissenschaftlichen Standortbestimmung einen Schritt zurück gehen und auf die Vorleistungen von W. Dilthey hinweisen. Im Jahre 1894 erscheinen von ihm die *Ideen über eine beschreibende und zergliedernde Psychologie* (Dilthey 1894/1924). Seine Bemühungen zielen auf die Restitution einer geisteswissenschaftlichen Psychologie, die einen eigenen Zusammenhang und eine eigene Logik aufweisen, in Abgrenzung von den erklärenden (Natur-) Wissenschaften. Zugang zu diesem *lebendigen Zusammenhang* sieht er in der Beschreibung der seelischen „Sachen“ selbst. „Der seelische Zusammenhang bildet den Untergrund des Erkenntnisprozesses, und der Erkenntnisprozess kann so nach nur in diesem seelischen Zusammenhang studiert und nach seinem Vermögen bestimmt werden“ (a.a.O.,151). Weiter bezugnehmend zum „Erleben“ des Beschreibenden: „Ich verstehe unter beschreibender Psychologie die Darstellung in jedem entwickelten menschlichen Seelenleben gleichförmig auftretenden Bestandteile und Zusammenhänge, wie sie in einem einzigen Zusammenhang verbunden sind, der nicht hinzugedacht oder erschlossen, sondern erlebt ist. Diese Psychologie ist also Beschreibung und Analysis eines Zusammenhangs, welcher ursprünglich und immer als das Leben selbst gegeben ist“ (a.a.O., 152).
Mit diesem Konzept eines lebenden Zusammenhangs ergeht an die psychologische Beschreibung ein ganz bestimmter *Anspruch*: Sie muss auf die Erfassung eines seelischen Zusammenhangs abzielen. Dies ist mehr und anders als ein Aufzählen einzelner Elemente, als die voreilige Konstruktion von Deutungen, als die Herstellung von Kausalerklärungen. Der gewünschte lebende Zusammenhang ist auch hier zunächst implizit im Erleben des Beschreibenden gegeben. „Im Gegensatz zur äußeren Wahrnehmung beruht die innere Wahrnehmung auf einem Innewerden, einem Erleben, sie ist unmittelbar gegeben“ (a.a.O., 170). Und: „In dem Erlebnis wirken die Vorgänge des ganzen Gemütes zusammen. In ihm ist Zusammenhang gegeben, während die Sinne nur ein mannigfaltiges von Einzelheiten darbieten“ (a.a.O., 172). Die Aufhebung der Trennung zwischen innerer und äußerer Wahr-

nehmung wird später die Aufgabe der Gestaltpsychologie, der philosophischen Phänomenologie und der morphologischen Psychologie werden. Die Ambiguität des Erlebens wird von Freud (Psychologie des Unbewußten,1915) und Merleau-Ponty (Das Sichtbare und das Unsichtbare, 1964, dt. 1986) auf besondere Weise gewürdigt und weiterentwickelt.
In einer weiteren forschen Deklaration heißt es bei Dilthey: „So ist hier *(mit der Methode einer beschreibenden Psychologie)* eine feste Struktur unmittelbar und objektiv gegeben, daher hat die Beschreibung auf diesem Gebiet eine zweifellose, allgemein gültige Grundlage“ (a.a.O., 173). Dilthey fasste diese feste Struktur auf als Struktur- in- Entwicklung. Die psychologische Beschreibung befasst sich daher mit dem zur Sprache bringen eben jener Entwicklungsstrukturen, die den lebenden Zusammenhang der seelischen „Sachen“ feststellen. Denn: „Diese Entwicklung hat in dem Menschen die Tendenz, einen festen Zusammenhang des Seelenlebens herbeizuführen“ (a.a.O., 176). Er betonte des weiteren, dass es sich bei diesen Entwicklungsstrukturen um wirksame Gestalten handele, die „zu einem großen und wichtigen Teile außerhalb des hellen Bewusstseins“ lägen (a.a.O., 178). Also unbewusst wirksame Gestalten. Die Beschreibung richtet sich somit auf das *Entstehen*, das *Formen* und das *Wirken* des seelischen Zusammenhangs.

Als zusammenfassenden Gedanken stellt sich nunmehr heraus, dass mit der Entscheidung für einen beschreibenden Zugang und einer beschreibenden Teilnahme an den seelischen Phänomenen auch eine entscheidende Weichenstellung für eine bestimmte Wirklichkeitsauffassung eingenommen wird. So stellt sich diese auf Entwicklung, auf Formzusammenhang und auf Wirkungsstruktur gerichtete Beschreibung heraus als eine den seelischen Phänomenen adäquate Auffassungsweise. Sie wendet sich entschieden ab von Anleihen bei physikalischen, biologischen, neurophysiologischen oder chemischen Modellen der Wirklichkeitserfassung.

Vierter Gedanke: Beschreibung ist nicht beliebig, sie arbeitet auf etwas zu

Wie bei Dilthey schon mehrfach betont, ist eine psychologische Beschreibung nicht beliebig, sie ergeht sich nicht in wilden Assoziationen, uferlosen Phantasien oder privaten Lebensschilderungen. Die Beschreibung bevorzug *bestimmte Operationen* (Salber 1975, 54 ff). Salber betont: „Daß die Beschreibung (...) nicht als ein „Abklatsch“ bestimmter Wirklichkeiten anzusehen ist, sondern dass sie mithilfe spezifischer Operationen auf die „Gegenstandsbildung“ im Ganzen zuarbeitet (...) Sinnvolle Beschreibung ist immer „gemacht“ und ist immer Auswahl (...) So sind die Ordnungen und die Einheiten, die in der Beschreibung erfasst werden, nicht allein „gesehen“, sondern auch herausgestellt (...) Und eine solche Berichterstattung „muß“ mit „subjektivem“ Ton geschrieben sein“ (Salber a.a.O., 55).
Eine psychologische Beschreibung, die ihrem „Gegenstand“ angemessen und in seiner Vermittlung *nachvollziehbar* (Tüpker 1996, 17) sein will, steht unter der Forderung einer ganzen Reihe von Operationen: „Bei aller Beachtung der sachlichen Einzelheiten muss man sich immer wieder dar-

über erheben können und den Mut haben, Zusammenhänge, Gestalten, Strukturen, die man gesehen hat, auch als das festzustellen, was gliedert, Überordnungen schafft, schließlich auch den Mut dazu, das überschaute Ganze in einer klaren Formulierung auszusagen“ (Salber 1975, 55).

Fünfter Gedanke: Beschreibung musikalischer Prozesse im Anlauf

In der vorliegenden Arbeit geht es nun um die Beschreibung von speziellen seelischen Produktionen, von musikalischen Produktionen. Wir verfolgen bei der Beschreibung dieser Produktionen in diesem musiktherapeutischen Rahmen die Arbeitshypothese: „Musikalische Prozesse sind als seelische Prozesse zu erfassen“ (Tüpker 1996, 18). Die Erfassung von musikalischen Zusammenhängen, Gestalten und Strukturen werden in der Beschreibung *festgestellt* innerhalb der Hörerfahrung der beschreibenden Forschern. Die Hörerfahrung versteht sich als „Erlebnisfolge“ (Salber 1975, 56).
Die wissenschaftliche „Forderung der Mitbewegung“ stellt sich selbstredend auch an die Hörerfahrung der externen Beschreiber: „In den qualitativen Methoden werden Bewegtheit und das Sich-Bewegen-Lassen des Untersuchers ausdrücklich in die Untersuchung einbezogen“ (Tüpker 1996,19). Da es sich bei den konkreten Klangproduktionen bei dieser Arbeit um „gemeinsame Improvisationen-zu-Zweit“ (Grootaers 2001, 30ff) handelt, ist die Beschreibung derselben auf eine bestimmte „Suche nach Sinn und Bedeutung“ (Tüpker 1996, 17) ausgerichtet. Die musikalischen Spielerfahrungen, deren leibliches Eingebundensein zeugen von einer seelischen „Konstruktionserfahrung“, die sinnvollerweise aus der Lebensführung des Patienten zu eruieren ist (Grootaers 2001, 355; vgl. Salber 1980, 102, 118 und Tüpker 1996, 86 ff).
Die Herstellung des Sinnzusammenhangs zwischen der Beschreibung der musikalischen gemeinsamen Improvisation-zu-Zweit und der Lebensführung des Patienten bedeutet die letztendliche Weiterführung der psychologischen Veranstaltung und führt zu dem Herausstellen der Konstruktions*probleme* des Patienten. Die vorliegenden Beschreibungen wurden in dieser Arbeit nicht bis dahin weitergeführt. Das hätte die Aufgabe dieser Beschreibungen weit überschritten. Die vorliegenden Beschreibungen sind somit auch keine morphologischen Beschreibungen im Sinne der Morphologischen Psychologie W. Salbers (vgl. Tüpker, 70 ff); dazu fehlen die für dieser Operation geforderten weiteren Schritte (Vier- Versionen-Modell). Wohl aber handelt es sich hier um phänomennahe, erlebnisgestützte Beschreibungen, welche die Morphologie – im allgemeinen Sinne – der Hör-und Spielerfahrungen der gemeinsamen Improvisationen-zu-Zweit adäquat aufgreifen. Die Beschreibungen, wie sie hier vorliegen, erfüllen daher eine *heuristische* Aufgabe: Sie helfen, die wissenschaftlichen und therapeutischen Problemstellungen auf eine angemessene Weise zu erhellen. Sie sind auch in dieser *Anlaufform* ein perspektiven-öffnender Beitrag zur Gegenstandsbildung von Musiktherapie als psychologischem Verfahren in der Onkologie.

Kapitel 4 Zur Situation der Patienten Teil 1: Behandlungskonzept und Behandlungskontext („äußere Datenlage“)

Brigitte Schumann

Überblick über die Kliniken

Für das Forschungsvorhaben wurden drei onkologisch-hämatologische Fachkliniken im Süden und Norden Deutschlands ausgewählt, in denen zwei weibliche und ein männlicher Musiktherapeut Musiktherapie mit krebserkrankten Frauen und Männern durchführten.

Zwischen den einzelnen Kliniken gab es Unterschiede im medizinischen Behandlungsangebot:
Eine Klinik bot Patienten das gesamte Spektrum kurativer und palliativer Behandlung, sowohl operative, medikamentöse und radiologische Behandlung als auch Knochenmarkstransplantation an. Diese Klinik verfügte über 5 Stationen und 2 Stationen für autologe und allogene Stammzelltransplantation mit insgesamt 130 Betten. Musiktherapie wurde auf allen Stationen angeboten.
Die Beforschung der zweiten Klinik beschränkte sich auf deren Abteilung für Knochenmarkstransplantation und entsprechend auf die Isolierstation mit 13 Betten. Patienten, die auf dieser Station Aufnahme fanden, wurden in einem Vorbereitungsbereich psychoonkologisch und mit Hochdosischemotherapie auf die Behandlung vorbereitet und nach der Behandlung auf der Isolierstation im Nachsorgebereich klinisch versorgt. Das musiktherapeutische Behandlungsangebot bezog sich auf diese Bereiche.
Die dritte Klinik schließlich bot Patienten sowohl medikamentöse als auch radiologische Behandlung von Tumoren nach abgeschlossener Primärtherapie an. Es war die einzige Klinik, die auch eine Anschlussheilbehandlung für Patienten ermöglichte. Sie verfügte über sieben Stationen und 101 Betten. Musiktherapie als Behandlungsangebot wurde auf allen Stationen eingesetzt.
Bis auf eine Klinik, in der auch Kinder behandelt wurden, richtete sich das Behandlungsangebot an erwachsene Patienten. Für das Forschungsvorhaben war die musiktherapeutische Behandlung von Kindern jedoch nicht vorgesehen.

Medizinische Behandlung der Patienten

Für die Forschung behandelte jeder Musiktherapeut sechs Frauen und sechs Männer, alles Patienten mit komplexer Leidenssituation und intensivmedizinischer Behandlung und Pflege. Es waren Patienten mit verschiedenen Tumorerkrankungen im fortgeschrittenen und fortschreitenden Stadium. Die Mehrzahl der Patienten war an Leukämie erkrankt.

Häufiges Vorkommen waren Non-Hodgkin-Lymphome, Mamma-Karzinome und Karzinome im Atemwegsbereich.
In der medizinischen Behandlung waren keine auffallenden Unterschiede bei Frauen und Männern erkennbar. Soweit die Art der Behandlung aus dem vorgegebenen Material zu entnehmen war, handelte es sich bei fast allen Patienten um eine intensivmedizinische kurative Behandlung mit sehr hohem Risiko. Die Mehrzahl der Patienten erhielt eine autologe oder allogene Stammzelltransplantation mit entsprechender Hochdosischemotherapie oder eine Knochenmarkstransplantation. Viele Patienten wurden radiologisch behandelt oder operiert, um Metastasen zu entfernen. Fast alle Patienten erhielten intensive Schmerzbehandlung. Nur ein Patient wurde palliativ chemotherapeutisch behandelt.

Aufenthaltsdauer in der Klinik

Die meisten Patienten waren bis zu drei Wochen in der Klinik. Ein Drittel der Patienten waren zwischen einem und vier Monaten in klinischer Behandlung. Unterbrechungen der Klinikaufenthalte waren im Einzelnen nicht zu ermitteln, so dass man davon ausgehen kann, dass die Patienten über einen so langen Behandlungszeitraum eine große psychische Nähe zum Krankenhaus hatten. Die wenigsten Patienten waren nur eine Woche in der Klinik.
Die Mehrzahl der untersuchten Patienten hatte eine schlechte Prognose. Nur knapp ein Viertel der Patienten hatte eine gute Prognose.
Die Hälfte der Patienten wurde nach abgeschlossener Therapie aus der Klinik entlassen. Für die anderen Patienten lief die Behandlung ambulant oder in einer anderen Klinik weiter.
Innerhalb des Behandlungszeitraumes verstarben zwei Patienten. Bereits wenige Monate nach Abschluss des Forschungsvorhabens wurde bekannt, dass von 36 behandelten Patienten inzwischen 15 Patienten verstorben waren.

Musiktherapie: Akquise und Ziele

Musiktherapie war in zwei Kliniken für Patienten ein freiwilliges und eigenständiges Angebot. Die Musiktherapeuten bekamen ihren Behandlungsauftrag entweder von Ärzten oder der Pflege zugewiesen, oder der Auftrag ging von Patienten selbst aus. Die Musiktherapeuten nahmen in diesen Fällen von sich aus Kontakt zu den Patienten auf. Nur in einer Klinik war Musiktherapie ein Teil des psychosozialen Bezugstherapeuten-Systems. Da hier der Musiktherapeut gleichzeitig Bezugstherapeut war, konnten nur diese Patienten Musiktherapie erhalten, die diesem Bezugstherapeuten zugeordnet waren.
In allen Kliniken waren die Musiktherapeuten interdisziplinär mit Ärzten, dem psychoonkologischen Team und der Pflege vernetzt. Das deckt sich mit Forderungen, die in der Literatur von Musiktherapeuten gewünscht und eingefordert wird (vgl. Haffa-Schmidt 1999 und Rittner 1998).

Wie mitgeteilt wurde, sollte sich die Musiktherapie in allen Kliniken nach dem Zustand der Patienten und den intensivmedizinischen Rahmenbedingungen richten. Musiktherapie sollte für die Patienten Hilfestellung bei ihrer Krankheitsverarbeitung, ein entlastendes Beziehungsangebot und eine ihre Autonomie stärkende Unterstützung sein. Für die Bereiche der Knochenmarkstransplantation war ausschließlich stützende, ressourcen- und copingorientierte Musiktherapie vorgesehen. Ein Musiktherapeut formulierte den Auftrag so: „Die Patienten stützen, dass sie durchkommen".

Ort der Musiktherapie

Alle Kliniken verfügten über einen gut ausgestatteten großen Musiktherapieraum. Es gab jedoch Unterschiede in der Nutzbarkeit für die Patienten. So war nur in einer Klinik der Musiktherapieraum für mobile Patienten erreichbar. In den beiden anderen Kliniken lag er im Nebengebäude oder im Nachsorgebereich und daher auch bei eingeschränkter Mobilität der Patienten oder aus hygienischen Gründen kaum nutzbar.
Für Patienten, die zur Behandlung auf Isolierstationen lagen, war das Verlassen ihres Patientenzimmers nicht vorgesehen. Nur mehr als ein Viertel der musiktherapeutischen Behandlungen konnte daher in einem vorgesehenen Musiktherapieraum stattfinden. Insgesamt wurden deshalb weit über die Hälfte aller Behandlungen im Patientenzimmer durchgeführt.
Patientenkontakte im Mehrbettzimmer entbehren den therapeutisch notwendigen Schutz der Intimsphäre. So waren gehäuft Mitpatienten, Angehörige, Klinikpersonal und Praktikanten während der Musiktherapie im Patientenzimmer anwesend. Die Anwesenheit von Angehörigen im musiktherapeutischen Setting ist für den Rahmen einer Musiktherapie ungewöhnlich und deshalb eine ganz besondere Konstellation, die nicht ohne Rückwirkung auf den therapeutischen Prozess bleiben kann. Einerseits bringt diese in die Beziehung der Patienten zu ihren Angehörigen oft eine neue und veränderte Kommunikations- und Verständigungsebene. Für die Patienten jedoch kann die Anwesenheit Angehöriger auch eine Störung und Hemmung des offenen Kommunikationsflusses in der therapeutischen Beziehung bedeuten. Besonders trifft das zu, wenn das Kommunikationsmuster zwischen Patienten und Angehörigen von gegenseitiger Schonung geprägt ist.
Der Ort der Musiktherapie hatte auch Auswirkung auf den Bereich der Musikinstrumente. Während im Musiktherapieraum ein nahezu vollständiges Instrumentarium zur Verfügung stand, mussten sich die Musiktherapeuten im Patientenzimmer auf ausgewählte, tragbare, leicht handhabbare und desinfizierbare Instrumente beschränken. Die Isolierstationen der Kliniken erforderten von den Musiktherapeuten zudem das Tragen eines Hygiene- Kittels und eines Mundschutzes.
In vielen Fällen nahmen Patienten liegend an der Musiktherapie teil. Das förderte die Regression und Behandlungswünsche an die Musiktherapie in Form von Verabreichung von Musik. Im Musiktherapieraum hingegen konnten Patienten aufrecht sitzen. Ihre Mobilität förderte die Aktivität und unterstützte die Selbst-

behandlung. Nähe-Distanz-Probleme ließen sich im Musiktherapieraum besser regulieren, während der Kontakt im Patientenzimmer von vornherein weniger distanziert sein konnte.
Deutlich wurde, dass die Medizin, die optische und auditive Anwesenheit der medizinischen und technischen Apparate und der gesamte Klinikbetrieb im Patientenzimmer eine vorherrschende Rolle spielte. Musiktherapie im Musiktherapieraum dagegen ermöglichte den Patienten, aus dem Behandlungsbett auszusteigen und erleichterte ihnen, neue innere Räume für sich im Spiel zu entdecken.

Frequenz der musiktherapeutischen Sitzungen

Die Frequenz der musiktherapeutischen Sitzungen konnte nicht genau ermittelt werden, da die Aufenthaltsdauer der Patienten in den Kliniken von 5 bis 270 Tagen eine extreme Spannweite zeigte. Die Anzahl der Kontakte zwischen Musiktherapeut und Patient schwankte zwischen 2 und 34 Kontakten. Die großen Unterschiede sind konzeptionell nicht einzuordnen. Sie können bedingt sein durch die Doppelfunktion eines Musiktherapeuten, der gleichzeitig Bezugstherapeut seiner Patienten war, oder durch größere Bedürftigkeit einzelner Patienten. Klar zu ermitteln war, dass die Häufigkeit des Kontaktes von der fachlichen Entscheidung der Musiktherapeuten abhing und keine genaue Regelung oder Begründung für die Behandlungsfrequenz vorlag, so dass der Moment der Zufälligkeit nicht ganz auszuschließen war.
Deutlich wurde, dass Frauen beim männlichen Musiktherapeuten bei weniger Aufenthaltstagen mehr Musiktherapie bekamen. Bei den weiblichen Musiktherapeuten konnten keine bedeutsamen Unterschiede gefunden werden. Eine klare Bewertung der unterschiedlichen Frequentierung ist daher nicht möglich.
Die Dauer einer musiktherapeutischen Sitzung wurde in der Regel mit 30 Minuten ermittelt, jedoch je nach Belastungsfähigkeit der Patienten in der Zeit unter- oder überschritten.

Methoden der Musiktherapie

Aus dem statistischen Gesamtmaterial der musiktherapeutischen Behandlungen außerhalb des Forschungsvorhabens konnte ermittelt werden, dass die Musiktherapeuten in den genannten Kliniken bevorzugt rezeptiv mit den Patienten arbeiteten.
Durch den Forschungsauftrag wurde die aktive Musiktherapie stärker in den Blick genommen. Dennoch wurde deutlich, dass die weiblichen Musiktherapeuten mit Frauen mehr aktiv und mit Männern mehr rezeptiv arbeiteten. Der männliche Musiktherapeut bevorzugte mit Männern die aktive und mit Frauen die rezeptive Methode der Musiktherapie.
Im Vergleich des Musik- und Gesprächsanteils innerhalb einer musiktherapeutischen Behandlung war der Musikanteil bei allen weiblichen Patienten höher; bei männlichen Patienten dominierte der Gesprächsanteil.

Bemerkenswert ist allerdings, dass bei einem Musiktherapeut der Gesprächsanteil über zwei Drittel der Gesamtzeit der Behandlung einnahm, woraus zu schließen ist, dass der Musiktherapieauftrag dem Auftrag der Bezugstherapie untergeordnet war. Man kann daraus folgern, dass es unter den drei Musiktherapeuten auch eine unterschiedliche Bewertung des professionellen Anteils der Musik im musiktherapeutischen Setting gab.

Vorhandenes Instrumentarium

Das gesamte Instrumentarium umfasste Musikinstrumente unterschiedlicher Typisierung.
Soweit aus dem vorhandenen Material zu ermitteln ist, handelte es sich um Saiteninstrumente zum Zupfen, Streichen und Schlagen, um Tasteninstrumente, Fellinstrumente, Schlaginstrumente, Stabspiele, Schüttelidiophone, Zupfidiophone und Rhythmusinstrumente aus unterschiedlichen Kulturen. Aerophone wie Blasinstrumente und Pfeifen waren nicht angegeben.
Im Einzelnen handelte es sich um

Saiteninstrumente:
- Leier
- Gitarre
- Monochord in unterschiedlichen Längen
- Sopran-Kantele
- Alt-Kantele
- Flügel-Kantele
- Veeh-Harfe
- Streichpsalter

Tasteninstrumente:
- Klavier

Fellinstrumente:
- Acryl-Pauke
- Darabuka
- Djembe
- Bongos
- Rahmentrommel
- Indianertrommel

Schlaginstrumente:
- Schlitztrommel
- Steeldrum
- Tempelblocks
- Gong

- Klangschalen
- Röhrenglocken
- Zimbeln
- Claves
- Guiro / Kürbisraspel

Stabspiele:
- Sopran- und Altxylophon
- Bassxylophon
- Bass-Klangstäbe
- Senplates
- Metallophon
- Glockenspiel

Zupfidiophone:
- Kalimba
- Sansula

Schüttelidiophone:
- Rainmaker
- Oceandrum

Rhythmusinstrumente:
- Rasseln
- Eggshaker
- Schellenring
- Stabschelle
- Kastagnette
- Caxixi
- Gopichang.

Die Instrumententypisierung der Aerophone wurde laut Aussagen der Musiktherapeuten aus hygienischen Gründen ausgeschlossen, auch nie als Therapeuteninstrumente genutzt.
Da auch keine desinfizierbaren und waschbaren Kunststoffblasinstrumente vorhanden waren, ist daraus zu schließen, dass dieser Instrumentengruppe keine Bedeutung zuerkannt wurde und die Musiktherapeuten des Forschungsprojekts zu diesen Instrumenten wenig Bezug hatten.

Wahl der Musikinstrumente im Patientenzimmer und Musiktherapieraum

Die Wahl der Instrumente am Bett der Patienten unterschied sich deutlich von der Wahl der Instrumente im Musiktherapieraum. Das vorhandene Instrumentarium konnte im Patientenzimmer nicht gesamt genutzt werden. Dort standen aus-

schließlich Instrumente zur Verfügung, die die Therapeuten selbst tragen konnten, die für die Patienten im Bett handhabbar und vor und nach dem Spiel zu desinfizieren waren.
So nutzten die Musiktherapeuten im Patientenzimmer aktiv und rezeptiv an erster Stelle Saiteninstrumente wie Leier, Gitarre und Monochord. Gleich viel wurden Kalimba und Sansula genutzt, danach folgten Senplates und Altxylophon.
Die Patienten nutzten im Patientenzimmer an erster Stelle die Kalimba und Sansula, danach Veeh-Harfe, Leier, Kantele, Monochord und Senplates. Nur einmal wurde im Patientenzimmer die Indianertrommel gespielt.
Sehr viel differenzierter wurden die Instrumente im Musiktherapieraum ausgewählt. Bei den Musiktherapeuten stand auch da die Wahl der Gitarre an erster Stelle, danach Fellinstrumente wie Pauke und Djembe, das Klavier, Bass-Klangstäbe und Altxylophon. Die Leier stand in der Nutzung hier an letzter Stelle.
Auch bei den Patienten zeigte sich ein veränderter Gebrauch des Instrumentariums. So standen hier die Stabspiele Xylophone, Bass-Klangstäbe und die Schlaginstrumente Tempelblocks und Steel drum an erster Stelle. Es folgten Fellinstrumente wie Pauke und Djembe und nur je einmal Flügelkantele, Kalimba, caxixi und Gesang.
Daraus ist zu schließen, dass bei größerem Instrumentenangebot und einem geschützten Therapierahmen, wie sie der Musiktherapieraum bietet, Instrumente gespielt werden, die auch aggressiven Impulsen Ausdruck ermöglichen.
Instrumente, die im Musiktherapieraum gespielt werden, bringen auch die aktive und mobile Seite der Patienten ins Spiel, während am Krankenbett die Musikinstrumente vordergründig eher eine harmonisierende und entspannende Wirkung hervorrufen. Nicht auszuschließen ist auch, dass Instrumente von vornherein vermieden wurden, die Patienten in Disharmonie bringen könnten.
Bei Frauen hatte der Typ Saiteninstrument vordringliche Bedeutung, aber auch Kalimba und Pauke waren bevorzugte Instrumente. Ausschließlich Frauen nutzten ihre Stimme. Stimmliche Improvisation schafft ein hohes Maß an Intimität, was von Frauen mit einer weiblichen Therapeutin eher möglich war. Aus Forschungs-Design-Gründen war das Singen mit Patienten allerdings ausgeschlossen. Daher konnte der wichtige Bereich der Stimme nicht untersucht werden.
Bei Männern stand der Typ Fell- und Schlaginstrument an erster Stelle. Sie nutzten Saiteninstrumente wesentlich seltener als Frauen.
Auffallend waren Musterbildungen in der Wahl vollständig gleicher Instrumente und Instrumentenverbindungen gleichen Typs zwischen Patienten und Musiktherapeuten. So fanden sehr häufig Saiteninstrumente zusammen: die Verbindung Veeh-Harfe und Gitarre, Sopran- und Altkantele und immer wieder die Verschmelzung Kalimba und Kalimba.
Vom Gestalten und Spieltechnischen gibt es zwischen Kalimba und Kalimba keine Differenzierung. Man kann daraus schließen, dass sich Musiktherapeut und Patient in einem extremen Spannungsfeld befanden, welches mit einem starken Bedürfnis nach harmonischem Klang ohne Reibung beantwortet wurde.

Die Wahl des völlig gleichen Instruments fanden in großer Häufigkeit zwischen weiblichem Musiktherapeut und weiblichem Patient statt. Dies zeigt ein hohes Maß an Verschmelzung und Gleichklang ohne kontrastierende Spielmöglichkeit. Die Festlegung auf wenig Spielraum zeigt deutlich Abwehr und Vermeidung des Konflikts.
Stärker kontrastierende Instrumentenverbindungen waren beim männlichen Therapeuten mit männlichen Patienten zu finden.
Die Bevorzugung der Saiteninstrumente in der Musiktherapie mit onkologischen Patienten wird in einschlägiger Fachliteratur immer wieder beschrieben. Friederike von Hodenberg beschreibt und kommentiert in ihrem Artikel „Dona nobis pacem“ die musiktherapeutische Interaktion mit der Leier, deren geringe Anforderung an die Spieltechnik und harmonisierenden Klängen, die den Wünschen der Patienten nach Harmonie entsprechen (Hodenberg 1998, 247–248). Monica Bissegger beschreibt den Klang der Alt-Leier „weich verklingend und sehr freilassend“ (Bissegger 1999, 72). Isabel Mangold und Ulrike Oerter benennen die besondere Wärme des Klanges vom Saiteninstrument, und sie distanzieren sich von Klavierklängen im Krankenzimmer. Sie beschreiben auch die reduzierten Schutzmöglichkeiten der Patienten, die im Liegen Klangangeboten stärker ausgesetzt sind als im Musiktherapieraum: „Die Saiteninstrumente sind mit ihrem nachklingenden Ton dafür prädestiniert, Raum und Weite zu schaffen, lösend zu wirken. Patienten mit akuten und chronischen Schmerzen können darin aus der Beengtheit der schmerzenden Körperteile herausfinden ... Der gekränkten Seele bieten harmonische, auch pentatonisch eingestimmte Instrumente Halt im Wohlklang. Leier, Kantele, Harfe, Bordunleier, Monochord, Gitarre sind deshalb unsere wichtigsten Instrumente neben der Stimme“ (Mangold/Oerter 1999, 352).

Bei allen positiven Zuschreibungen und Zurückhaltung bestimmter Instrumententypen im Krankenzimmer scheint der Aspekt des Spieltechnischen, der Klangproduktion und deren Wirkung auf den menschlichen Körper, auf sensorische Empfindungen und Gefühl noch nicht ausreichend erforscht und berücksichtigt zu sein. Ob ein Patient den Klang eines Musikinstrumentes als druckfrei, freilassend, warm und wohltuend erleben kann, hängt auch davon ab, inwieweit ein Musiktherapeut in der Lage ist, den erlebten Druck im Krankenzimmer im rezeptiven Spiel nicht auf das Instrument zu verlagern. Die Einfachheit und Wärme eines Klanges, wie die Natur diesen im Summen von Bienen, im Gezwitscher eines Vogels und dem Fließen des Wassers schenkt, ist für das Ohr eines schwerkranken Menschen besonders heilsam und entspannend. Das Prinzip der Einfachheit und des druckfreien Klanges, was auf nahezu fast allen Instrumententypen möglich ist, wird noch viel zu wenig thematisiert und diskutiert. So kann auch das Spiel auf so genannten „harmonischen Instrumenten“ wie der Leier, Veeh-Harfe oder Monochord mit Affekten besetzt sein, die dem Bedürfnis kranker Menschen nach Harmonie nicht entsprechen, aber im aktiven Spiel nicht gelebte und in den Schatten verbannte Gefühle offenbaren.

Bei Instrumentenverbindungen wie Kalimba und Kalimba wirkt das Zusammenspiel wie ein Tongemisch aus Zufälligkeiten. Intervalle können selten bewusst gewählt werden. Diese Art des Zusammenspiels scheint eher das Nichtfassbare, Verleugnende zu stützen. Für die Patienten selbst schien jedoch die taktile Empfindung über die Vibration des Instruments in der Hand sehr wichtig zu sein.
Die Häufigkeit pentatonischer Tonverbindungen ohne Reibung zeigt ebenfalls die starke Tendenz zu einem dissonanz-vermeidenden Spiel.

Themenbereiche im musiktherapeutischen Setting

Die Themenbereiche, die von den Musiktherapeuten als wesentliche Themen der Patienten in den Musiktherapiesitzungen benannt wurden, umfassten die Bereiche Krankheit und Tod, Krankheitsbewältigung, medizinische Behandlung und Körperbefindlichkeit, Psychodynamik und Affekte, soziales Netz und funktionale Themen, die um die Methode der Musiktherapie und der Musikinstrumente kreisten.
Eine genaue Analyse zeigt, dass die Themen in den Bereichen Krankheit und Tod wie Grenzen, Abschied vom Leben, Auflösung und Sterben wenig Raum einnahmen. Vergleichbar wenig Raum nahmen auch die Bereiche Psychodynamik und Affekte wie Angst, Panik, Bedrohung, Verzweiflung, Wut, Aggression und Trauer ein. Insofern spiegeln die genannten Themen eine subjektive Bedeutungszuweisung der Musiktherapeuten, nicht aber die objektive Realität.
Da an diesen Themen nicht verbal gearbeitet wurde, könnte man Abwehr als Bewältigungsstrategie vermuten.
Mehr wurde über die Themen des sozialen Netzes und das Zurechtkommen im veränderten Alltag gesprochen. Die funktionalen Themen wie Bedeutung der Musik, Improvisationstechniken, Bau und Funktion der Instrumente nahmen viel Raum in den Gesprächen ein.

Kapitel 5 Zur Situation der Patienten Teil 2: Strategien der Krankheitsbewältigung („innere Datenlage“)

Die Konfrontation mit der Diagnose Krebs ist für den unmittelbar Betroffenen ein traumatisches Ereignis. Es ist der Beginn einer persönlichen Auseinandersetzung, die geprägt ist vom Hin- und Hergerissensein zwischen Hoffnung und Verzweiflung mit all den dazugehörigen Emotionen. Das gesamte soziale Umfeld und allgemeine gesellschaftliche Vorstellungen über den Krebs tragen ihren Teil dazu bei. Dazu kommt, das die Dauer der ausgelösten Krise in der Regel nicht absehbar ist und durch jede Folgeuntersuchung immer wieder reaktiviert werden kann, selbst dann, wenn die sichtbaren Wunden längst verheilt sind.
Wann und auf welche Weise ein Mensch sich mit seiner Erkrankung auseinandersetzt, ist abhängig von seiner Persönlichkeit und davon, welche Bewältigungsstrategien er für sinnvoll erachtet. Aus der Sicht des Mediziners zielt erfolgreiche Krankheitsbewältigung – zumindest implizit – auf den unbedingten Weitererhalt des Lebens ab, dessen Qualität es zu sichern bzw. möglichst zu verbessern gilt. Eine Fokussierung auf das individuelle Sterben und den eigenen Tod hingegen findet in der Regel nicht statt. Vor allem im klinischen Bereich bildet Krankheitsbewältigung und Sterbeprozess einen scheinbar unauflösbaren Widerspruch. Dabei ist der Patient dazu aufgerufen, sich mit Krankheit, Sterben und Tod auseinander zu setzen und mit der Realität ein neues Lebensgleichgewicht zu finden. Im Sinne eines ganzheitlichen Verständnisses gehört eben die Erfahrung, dass Werden und Vergehen zum natürlichen Rhythmus des Lebens gehören und dass wir gerade in Grenzsituationen damit konfrontiert werden. Christine Longaker (1997) hat aus ihrer Erfahrung bei der Begleitung ihres krebskranken Mannes und der intensiven Beschäftigung mit der tibetisch-buddhistischen Lehre in eindrücklicher Weise die vier Aufgaben des Lebens und Sterbens beschrieben:
Bei der ersten Aufgabe handelt es sich darum, Leid zu verstehen, damit umzugehen und zu verwandeln.
Die zweite Aufgabe handelt vom Heilen und Loslassen von Beziehungen, vom Zu-Ende-Bringen unerledigter Angelegenheiten.
Die dritte ist die sinnvolle, spirituelle Vorbereitung auf den Tod, die Chance, den Tod als Gefahr und Möglichkeit zu begreifen und die innere Haltung dem Leben und Sterben gegenüber von Grund auf zu ändern.
Die vierte Aufgabe lautet, einen Sinn im Leben zu finden.

Übertragen auf den an Krebs erkrankten Menschen bedeutet dies, die Realität der Krankheit und des Sterbens nicht zu verleugnen, um den Bezug zum „Leben(digen)“ nicht zu verlieren. „Wer das Sterben nicht gelernt hat, kann das Leben nicht lernen“, lautet einer der wichtigsten Botschaften des Tibetischen Totenbuchs (vgl. Rinpoche 1995). Es geht also um Integration statt Verleugnung.

Auf diesem Weg sind starke Emotionen wie Orientierungslosigkeit, Ambivalenzen und Ängste „normale“ Reaktionen auf die Erkrankung. Das Erleben von Traurigkeit, Hoffnungslosigkeit und Verzweiflung ist deshalb auch nicht das Gegenteil von Bewältigung, sondern ein wesentlicher Bestandteil derselben. Ängste gehören zum (Über-) Leben, die „Fähigkeit zur Angst“ motiviert den Menschen zur (Bewusstseins-) Veränderung. Wenn allerdings das, was ist, nicht sein darf, und die dazu gehörigen Gefühle nicht gefühlt und ausgedrückt werden dürfen, findet stattdessen eine Erstarrung statt. Vermutlich ist das bei Krebspatienten so häufig auftretende Fatigue-Syndrom ein Ausdruck der durch die Krankheit ausgelösten, jedoch ungelebten und unterdrückten Emotionen.
Während die Medizin im allgemeinen die äußeren körperlichen Phänomene im Blick hat und hier die Verbesserung anstrebt, geht es in der Musiktherapie vor allem um eine Bewegung nach innen, um einen tieferen Bezug zu sich selbst herzustellen. Für den Patienten bedeutet das, dass in der musiktherapeutischen Behandlung seine Angst, Trauer und Einsamkeit genauso Platz finden können wie Spielfreude und Gefühle von Gemeinsamkeit und Verbundenheit.
Im Sinne einer ganzheitlichen Betrachtung wurde ein Auswertungsmodell entwickelt, mit dem Beides, die äußeren Phänomene, genauso wie die inneren Bewegungen erfasst werden können.

5.1 Bewusstseinsebenen / Kategorienbildung

Thomas Schröter

Die immense Fülle des Datenmaterials machte schon zu Beginn des Projektes deutlich, dass es notwendig sein würde, eine sinnvolle Reduktion vorzunehmen, bei dem sich die wesentlichen patientenspezifischen Merkmale des Umgangs mit dem Angebot Musiktherapie herauskristallisieren und miteinander vergleichen lassen. Dabei war es von besonderem Interesse, auf welche Weise an Krebs erkrankte Frauen und Männer Musiktherapie nutzen bzw. was sich beim „Musikmachen“ auf der intrapsychischen Ebene ereignet.
Es gilt als unumstritten, dass Menschen, die sich im Umgang mit der Krankheit als aktiv Teilnehmende begreifen, ihre Chancen auf Gesundung erhöhen. Das setzt jedoch die Fähigkeit voraus, sich im Kontext zu seiner Umwelt zu erleben und das Bewusstsein zu haben diese auch beeinflussen zu können. Das heilsame Potential der Musiktherapie liegt darin, Bewusstwerdungsprozesse in diese Richtung anzuregen und zumindest eine Flexibilisierung zu erreichen.
Die Bewusstwerdungsprozesse vollziehen sich in den Bereichen des Körperlichen, des Psychischen und des Seelischen und haben immer mit Verhalten, Erleben und Selbstwahrnehmung zu tun. In Anlehnung an C.G. Jung (1977) wurden deshalb Kategorien gebildet, die diesen Bereichen Rechnung tragen. Da Bewusstwerdungsprozesse immer ein Gegenüber oder ein Getrennt-Sein voraussetzen, wurde eine offene tabellarische Form gewählt, die Gegensätze zulässt. Sie wurde in fünf „Bewusstseinsebenen“ unterteilt, die für krebserkrankte Menschen in besonde-

rem Maße bestimmend sind und die sich als inhaltliche Kategorien überzeugend aus dem Material ergaben. Ein ausgewogenes Erleben aller Bewusstseinsebenen scheint bei schwerkranken Menschen ganz wesentlich die Selbstheilungskräfte anzuregen und zu einer Verbesserung der Lebensqualität beizutragen.

Tab. 8: Bewusstseinsebenen

Patient: Sitzung Nr. Instrument Patient: Instrument Therapeut:

Bewusstseins-ebenen	**Körpererleben**	**Emotion**	**Imagination**	**Gedanken / Erkenntnisse**	**Kontakterleben**
vor der Sitzung					
Sitzung bis Musik					
Musikerleben der externen Beschreiber					
Musikerleben des Therapeuten					
Musikerleben des Patienten					
nach der Musik					

Körperempfinden

Die Bühne des Lebens ist unser Körper. Die Empfindungen nehmen wir als einzelne Eindrücke über die Sinnesorgane (Riechen, Hören, Sehen, Tasten und Schmecken) wahr. Hier finden sich auch das Schmerz- und das Lustempfinden als gegensätzliche Pole, die maßgeblich für unser Empfinden von Gesundheit und Krankheit sind. Die Identifikation mit unserem Körper bestimmt ganz wesentlich den Grad des Gefühls vom „In dieser Welt-Sein".
Musikerleben ist immer auch Körpererleben, insofern jede Musik nachweisbar einen Einfluss auf körperliche Parameter wie Herzfrequenz, Atmung, Blutdruck, Hirnwellen usw. hat. Viele in der Musiktherapie verwendete Musikinstrumente erzeugen körperlich spürbare Schwingungen, die im Körper Resonanzphänomene auslösen.

Emotionalität

Das zentrale Mittel, um uns lebendig zu fühlen und Beziehungen zu gestalten, sind unsere Emotionen. Dazu zählen insbesondere Freude, Trauer und Ärger. Der sinnvolle Umgang damit ist Voraussetzung für ein gesundes Selbstbewusstsein, Wohlfühlen und Beziehungsfähigkeit. Wir leben in einer Zeit, in der die meisten Menschen, Männer wie Frauen, verlernt haben ihre Emotionen wahrzunehmen und einzuordnen. Nach dem Motto „Ich denke also bin ich" identifizieren wir uns einseitig mit unserem Verstand. Doch bei nahezu jeder spürbaren Erkrankung werden Emotionen freigesetzt. Eine Krebserkrankung belastet die Seele mit Gefühlen wie Angst, Ungewissheit, Wut und Zorn oder tiefer Verzweiflung. Häufig sind es gesellschaftlich nicht akzeptierte Emotionen. Ebenso werden durch die Krankheit bei Patienten Emotionen ausgelöst, die auf nicht erfüllte Erwartungen aus der frühen Kindheit zurückgehen, die über Jahre und Jahrzehnte verdrängt waren. So können beispielsweise alte Sehnsüchte nach „Umsorgt-werden" geweckt werden. Insofern ist Krankheit auch ein Versuch, Defizite aus früherer Zeit zu kompensieren. Man spricht dabei vom „sekundären Krankheitsgewinn".
Da die durch die Krankheit ausgelösten Gefühle und Sehnsüchte vom Patienten in der Klinik, oft auch gegenüber den Angehörigen kontrolliert, nicht offen geäußert und noch weniger gezeigt werden können, entsteht bei den Patienten ein extremes Spannungsfeld. Wenn Musik der „Königsweg zu den Emotionen" ist, dann müsste dieses Spannungsfeld in der vom Patienten und Musiktherapeuten gestalteten Musik hörbar sein. „Musik beginnt da, wo Worte aufhören"(E.T.A. Hoffmann).

Imaginationstätigkeit

Nicht nur des Nachts in unseren Träumen, sondern auch in unseren Tagträumen spiegelt sich die gesamte Bandbreite unserer bewussten und unbewussten seelischen Vorgänge, die sich im „Durcharbeiten" immer wieder neu ordnen. Diese Fähigkeit zur Imagination wird von Luise Reddemann als sehr wesentlich für das Erleben von Gesundheit und Krankheit und den Heilungsprozess beschrieben. Die Patienten „hatten sich innere und manchmal äußere Räume geschaffen, in denen sie sich wohl und geborgen fühlen konnten. Sie hatten innere Begleiter erfunden, Feen, Schutzengel, Tiergestalten und anderes, um sich nicht mehr alleine zu fühlen und Trost zu erhalten" (Reddemann 2002, 10). Auch wenn es zwischen Menschen offensichtlich Unterschiede in der Fähigkeit und Art zu Imaginieren gibt, kann man davon ausgehen, dass die Fähigkeit selbst trainiert werden kann und dass dabei ungeahnte Ressourcen zur Krankheits- und Krisenbewältigung freisetzt werden. Die „Simonton-Methode", die mittlerweile von vielen Krebspatienten angewandt wird, geht von dieser Annahme aus. Musik fördert in besonderem Maße die Imaginationstätigkeit. Rezeptive musiktherapeutische Verfahren wie Guided Imagery and Music (nach Helen Bonny) machen sich dies zunutze.

Gedanken und Kognitionen

Das Großhirn ist die „Schaltzentrale" unseres Bewusstseins, über die wir unsere Wahrnehmungen ordnen, bewerten und schließlich auch Entscheidungen treffen. Es ist auch der Ort, an dem Fragestellungen entstehen und Antworten gebildet werden. Fast alle Patienten beschäftigen sich, ausgelöst durch die Krankheit, mit den Fragen: Warum trifft es gerade mich? Warum gerade jetzt? Was habe ich möglicherweise falsch gemacht? Wie werde ich, wie wird meine Familie damit fertig? Abstrahiert ergibt sich daraus die Frage nach dem Sinn des Leidens überhaupt. Bei Menschen, deren Leiden (vorübergehend) gemildert oder beseitigt werden kann, folgen gewöhnlich Fragen nach der Lebensqualität z. B. Was bedeutet diese Krankheit für mein weiteres Leben? Wie möchte ich mein weiteres Leben gestalten? Was ist mir wichtig? Bei Menschen mit geringen Erfolgsaussichten tauchen Fragen auf, wie „Was muss noch erledigt werden?" „Wie gehen die Angehörigen mit dieser Realität um?" „Was geschieht beim Sterben?" und „Gibt es ein Leben nach dem Tod? Oft wird auch die spirituelle Dimension angesprochen. „Wenn es denn einen Gott gibt, warum lässt er Leiden zu?"
„Wenn es auf Leben und Tod geht, stellen die Entwicklung und Entfaltung der inhärenten Potenziale, die Suche nach der Wahrheit unseres Lebens, nach Sinn oder Unsinn des Ganzen eine besondere Herausforderung dar" (Wirtz 2000, 21). Auch wenn viele Fragen hintergründig eine Klage beinhalten, so verlangen sie doch zumindest nach einer unmittelbaren Stellungnahme. „Heilung" im umfassenden Sinn ist ganz wesentlich von dieser Stellungnahme abhängig.
Schwerkranke Menschen haben ein tiefes Bedürfnis nach Deutung der Erkrankung in ihrem individuellen und gemeinsamen Lebenszusammenhang. Idealerweise bietet Musiktherapie einen Raum, in dem solche Fragen zugelassen sind und (spirituelle) Erkenntnisse sich einstellen können.

Kontaktverhalten

Ein zentraler Faktor für das Empfinden von Lebensqualität ist unsere Kontaktfähigkeit zu anderen Menschen. Hier erleben wir Zuwendung und Zugehörigkeit. Voraussetzung für eine gute Beziehung ist eine flexible Regulierung von Nähe und Distanz. In Krankenhaus fehlt in der Regel ein Raum für Intimität und Abgrenzung, folglich kann sich dort Beziehung nur schwerlich entwickeln. An die Stelle der familiären Bezugspersonen treten Ärzte, Pflegepersonal, Therapeuten mit ihren professionalisierten Beziehungsangeboten. Diese funktionalisierten Kontakte beinhalten ein Machtgefälle und sind ganz wesentlich vom Leitbild der Klinik bestimmt.
Der/die Musiktherapeut/In stellt mit seiner Person und seinem Kontaktangebot eine Alternative dar. Die Frage des Kontaktes ist ganz wesentlich für die Annahme und das Gelingen einer Therapie. Musiktherapie beinhaltet ein erhebliches Potential dafür, Beziehung zu fördern.

Vorgehensweise

Alle Daten, d. h. das Protokoll, das Sitzungsprotokoll, die Beschreibung des Musikerlebens durch den Patienten, die Musikbeschreibung des Therapeuten wurde von jedem Teilnehmer der Auswertungsgruppe nach subjektivem Empfinden in Tabelle 1 eingeordnet und nach Wichtigkeit akzentuiert. Diesem wurden auch die Musikbeschreibungen der externen Musikbeschreiber zugeordnet. Die ausgearbeitete Tabelle war Gegenstand der darauf folgenden gemeinsamen Verständigung. Auch hier wurde noch einmal das „Wichtigste" herausgehoben und eine neue gemeinsame Tabelle zur „Inneren Datenlage" erstellt (s. Tab. 9: Innere Datenlage).

Es wurde dabei zwischen einer objektiven Datenlage, die den Protokollen entnommen wurde, und einer subjektiven, nämlich der Beschreibungsebene unterschieden. Beide Ebenen, die objektive und die subjektive, wurden einem Vergleich unterzogenen und daraus eine Interpretation abgeleitet.

Tab. 9: Innere Datenlage

Patient (Instrument): Therapeut (Instrument):					
Bewusstseins-ebenen	**Körpererleben**	**Emotion**	**Imagination**	**Gedanken / Erkenntnisse**	**Kontakterleben**
Tonband-/ Sitzungsprotokoll					
Externe Beschreiber					
Vergleich					
Interpretation:					

5.2 Emotionskonzept

Thomas Schröter

Emotionen sind die wichtigsten Phänomene unseres Bewusstseins. Sie bestimmen unser Leben mehr, als wir wahrhaben wollen. Sie steuern die Art und Weise, wie wir denken und handeln. Sie haben bei der Informationsverarbeitung eine „Schaltfunktion", die eine wesentlich schnellere Handlungsbereitschaft herstellt, als dies zum Beispiel gedankliche Überlegungen könnten. Sie sind eine Erkenntnisform, in der sich unsere Beziehung zu uns, zu anderen und zur Umwelt ausdrückt.
Emotionen haben auch eine steuernde Funktion für die Suche nach Problemlösungen. Ohne Zweifel sind sie damit bei allen Erkrankungs- und Heilungsprozessen beteiligt. Um so erstaunlicher, dass ihnen im medizinischen Bereich so wenig Beachtung geschenkt wird. Im Klinikbetrieb scheinen sie eher unerwünscht zu sein, weil sie wie Sand im Getriebe den reibungslosen Ablauf stören.
Da es zweifellos eine enge, äußerst komplexe Verbindung von Emotionen und Musikerleben gibt, scheint Musik in der Klinik genau in das emotionale Vakuum hinein zu brechen. Musiktherapie wird interessanterweise häufig dann angefragt, wenn Ärzte und Pfleger bei „schwierigen Patienten" an Grenzen kommen, das heißt wenn sich bereits „emotionale Blockaden" eingestellt haben. Der Musiktherapie traut man hier offenbar ein gewisses emotionales Konfliktlösepotential zu.
Die Frage, in welcher Weise Musiktherapie von Männern und Frauen genutzt wird, und ob es hier möglicherweise unterschiedliche „emotionale Verarbeitungsstrategien" gibt, wirft zunächst einmal die grundsätzliche Frage auf, wie sich Emotionen quantifizieren und vergleichen lassen. Um hierauf Antworten zu finden, ist eine klare Begriffsdefinition erforderlich. Umgangssprachlich wird der Begriff „Emotion" in der Regel als Synonym für den Begriff „Gefühl" oder „Stimmung" gebraucht. Diese Vermischung erschwert die Untersuchung, bedarf also einer Klärung.
Stimmungen sind relativ lang andauernde diffuse Befindlichkeiten des Menschen. Sie stellen eine Art Dauertönung eines Erlebnisfeldes dar, die von sensiblen Menschen auch atmosphärisch wahrgenommen werden kann. Sie beziehen sich nicht auf spezielle Personen, Dinge und Ereignisse. Ihnen fehlt die „Gerichtetheit". Beispiel dafür sind die Zufriedenheit, die Ausgelassenheit oder die Langeweile.
Gefühle dagegen sind eher flüchtig und haben ihren Ausgangspunkt in einem Ereignis oder einer Handlung. Beispiele dafür sind die Furcht vor..., die Freude über... oder die Trauer wegen... Im Gegensatz zu Stimmungen haben Gefühle immer ein Bezugsobjekt der ihnen auch einen räumlichen Aspekt verleiht. Darüber hinaus findet sich bei den Gefühlen auch eine zeitliche Dimension. Es gibt einen Beginn, eine Phase der Steigerung oder des Überwältigtwerdens und des Abklingens.
Auch wenn Gefühle häufig mit körperlichen Reaktionen, wie Gänsehaut, Erregung oder Tränen einhergehen, gelten sie in unserem Sprachgebrauch in erster Linie als psychische Phänomene. Es besteht eine kollektive Einigkeit darüber, was, wann und wie gefühlt werden darf. Das die gleichen Phänomene bei verschiedenen

Menschen, insbesondere in unterschiedlichen Kulturkreisen, auch völlig verschieden wahrgenommen werden können, macht deutlich, das beim „Fühlen" zusätzlich Lern- und Bewertungsvorgänge beteiligt sind. Ob ein Ereignis bei einer Person überhaupt eine Emotion hervorruft, wenn ja, welche und in welcher Intensität sie auftaucht, hängt davon ab, wie die Person das Ereignis in Hinblick auf ihre Ziele und Wünsche interpretiert und bewertet.
Eine semantische Analyse von ca. 500 affekthaltigen Wörtern kommt zu folgendem Ergebnis:
Emotionen sind „organismusinterne mentale Reaktionen, die valenzgeladen in dem Sinne sind, dass sie die positive oder negative Einschätzung von Etwas bzw. die Zu- oder Abwendung von etwas implizieren" (Tischer 1993, 12)

Demnach sind Emotionen im Gegensatz zur ungerichteten Stimmung und dem flüchtigen Gefühl immer gerichtet und haben eine Handlungskomponente. Gleichermaßen verweist auch der Ursprung des Wortes Emotion von lat. movere = bewegen, wobei das vorangestellte „e" hinweg bedeutet, auf die Bewegung. Krebspatienten befinden sich in besonderer Weise in einer sehr „bewegenden" Lebenssituation, nämlich an der Schwelle zwischen Leben und Tod.
Dass uns die Natur so großzügig mit Emotionen ausgestattet hat, hat einen Sinn. Emotionen haben eine (sozial-)regulative Funktion. Ihre Aufgabe besteht darin, den Zustand einer Person sich und anderen unmittelbar widerzuspiegeln und eine Verhaltensdisposition zur Verfügung zu stellen. Emotionen ermöglichen es damit dem Menschen, sich in Beziehung zu setzen, zu sich, seinem Körper und zu seiner Umwelt. Durch das damit geformte Gegenüber entsteht Bewusstsein.

Zusammenfassend lässt sich feststellen:
1. Emotion ist eine innere Bewegung
2. Emotion ist eine Reaktion auf ein Ereignis
3. Sie ist von körperlichen Reaktionen begleitet
4. Es gibt eine Wechselwirkung zwischen Gedanken und Emotion
5. Emotion bereitet uns auf Handeln vor.

Dieser multikomponentielle Ansatz macht deutlich, daß Emotionen komplexe Prozesse sind, die sich aus den Komponenten subjektives Erleben, situative, kognitive, behaviorale und physiologische Vorgänge zusammensetzen. Das „Gefühl" ist nach diesem umfassenden Konzept nur der Teilaspekt, der sich auf das subjektive Erleben bezieht.
Bernd Tischer (1993) hat ein Emotionsmodell vorgelegt, in dem die beschriebenen Vorgänge berücksichtigt werden und das den in Tabelle 8 vorgestellten Komponenten zugeordnet werden kann:
- Das subjektive Erleben, die physiologischen und emotionalen Befindlichkeiten und Reaktionen, die vom Patienten, dem Therapeuten und den Beschreibern beschrieben wurden, findet sich wieder in den Kategorien „Körpererleben" und „Emotionen",

- der kognitive Aspekt findet sich wieder in der Kategorie „Gedanken/ Erkenntnisse",
- der situative Aspekt wurde durch die Hinzunahme eines Tonbandprotokolls und eines Kurzprotokolls abgedeckt,
- die Imaginationstätigkeit und das (Kontakt-)Verhalten stehen für den behavioralen Aspekt im Sinne von Bewältigungsstrategien, die Musiktherapie möglicherweise induzieren kann.

Mit dem folgenden adaptierten Emotionsmodell ist es möglich, die Patienten nach ihrer emotionalen Ausrichtung in sog. Emotionstypen einzuteilen und zu quantifizieren. Es ist ein „Funktionsmodell", d. h. es geht davon aus, dass Emotionen eine besondere Erkenntnisform sind, die der Bereitschaft zum Handeln im Sinne der Auslösung von Handlungstendenzen und Handlungsimpulsen dient.
Die emotionale Ausrichtung lässt sich anschaulich an den beiden Emotionen Angst und Ärger darstellen. Beides sind mögliche Abwehrreaktionen des Patienten auf die Erkrankung, um die eigenen Grenzen intakt zu halten und Wandel oder Verlust zu verhindern. Ärger beinhaltet Angriff, ist eher nach außen gerichtet und entspricht einer Ausdehnung. Man könnte auch sagen: Ärger ist eine Projektion von Verantwortung. Angst hingegen beinhaltet Rückzug, ist eher nach innen gerichtet und entspricht einer Kontraktion. Ähnlich verhält es sich mit den beiden Emotionen Freude und Sehnsucht. Während Freude eine aktive Öffnung und Hinwendung zum Anderen darstellt, ist Sehnsucht eine autonomielose, nach innen gerichtete Bewegung.
Die emotionale Ausrichtung lässt erkennen, wie offen und zugewandt die Krebspatienten sich und der Umwelt gegenüber stehen. Sie lässt möglicherweise aber auch Rückschlüsse zu über deren Zugewandtheit zum Leben bzw. deren Nähe zum Tod.
Tischer hat ein Vierfelderschema entwickelt, das der Ausrichtung Rechnung trägt und das sich zusätzlich auf zwei Konstellationen der Subjekt-Umwelt-Relation bezieht, in denen entweder eine primäre Kontrolle der Umwelt durch das Subjekt oder eine primäre Kontrolle des Subjekts durch die Umwelt vorliegt (Macht / Ohnmacht des Patienten). Dieses Modell wurde zum besseren Verständnis sprachlich angepasst. Die Kontrolle der Umwelt durch den Patienten ist mit den Tendenzen WEG VON SICH SELBST und HIN ZU SICH SELBST abgedeckt. Hier ist der PATIENT der aktive und die Umwelt (z. B. ein Ereignis, eine andere Person, ein Objekt) der leidende Teil der in der Emotion zum Ausdruck gelangenden Einstellung zur Umwelt. Bei WEG VON SICH SELBST ist der Wunsch vorherrschend, etwas zu entfernen, was man als für sich schädlich erachtet. Dies kommt in den Emotionen zum Ausdruck, die etwas mit „Abneigung/Ekel", „Wut" und „Ärger" zu tun haben. Bei HIN ZU SICH SELBST ist der Wunsch vorherrschend, von etwas Besitz zu ergreifen oder in sich aufzunehmen, was man als förderlich für sich erachtet. Dies kommt in den Emotionen zum Ausdruck, die etwas mit „Freude" und „Lust" zu tun haben. Bei WEG VON ANDEREN/M und HIN ZU ANDEREN/M ist der Patient der leidende und die Umwelt (z. B. ein Ereignis, eine ande-

re Person, ein Objekt) der aktive Teil der in der Emotion zum Ausdruck gelangenden Einstellung. Bei WEG VON ANDEREN/M ist der Wunsch vorherrschend, etwas zu verlassen, sich zu entfernen z. B. nach einer – von einer anderen Person verursachten – Enttäuschung. Sie kommt in den Emotionen zum Ausdruck, die etwas mit „Angst" und „Traurigkeit" zu tun haben. Bei der Handlungstendenz HIN ZU ANDEREN/M fühlt sich der Patient zu einer in der Umwelt liegenden Sache hingezogen. Dies kommt in den Emotionen zum Ausdruck, die mit „Sehnsucht" und „Liebe" und „Vertrauen" zu tun haben.

Tab. 10: Funktionsmodell nach Tischer

	weg von	hin zu
Patient	**Typ 1** **WEG VON SICH SELBST** *Handlungstendenz:* Pat. wehrt sich gegen etwas und grenzt sich mit spürbarer Intensität davon ab.	**Typ 2** **HIN ZU SICH** *Handlungstendenz:* Pat. signalisiert, was er möchte, ist darum bemüht es zu erlangen.
Umwelt	**Typ 3** **WEG VON ANDEREN/M** *Handlungstendenz:* Pat. verschließt und entfernt sich vom Leben.	**Typ 4** **HIN ZU ANDEREN/M** *Handlungstendenz:* Pat. gibt sich hin und auf.

Das vorliegende Funktionsschema nach Tischer war Grundlage für die von der Auswertungsgruppe vorgenommene Ausdifferenzierung. Hierzu haben alle Gruppenmitglieder aus den Beschreibungen Begriffe herausgefiltert, die den jeweiligen Typen zugeordnet werden konnten. Aus den dabei entstandenen umfangreichen Listen wurden Doppelungen herausgenommen und Synonyme zusammengefasst. Auf diese Weise entstand eine „Itemerweiterung", die nachfolgend Grundlage für das Emotionsmodell war.

Tab. 11: Emotionsmodell

1 **WEG VON SICH SELBST** **Patient kontrolliert Umwelt** Pat. ist der aktive Teil, Umwelt hat keinen Einfluss auf das Verhalten des Pat. Dieser zeigt Autonomie in dem, was er möchte und was nicht. Verhaltensmodus sich wehren, etwas aktiv entfernen, verändern, sich abgrenzen, Bewegung gegen etwas, mit zunehmender bzw. spürbarer Intensität, „Abwehr im Nahfeld". Krafthaltung . *Körpererleben:* Pat. ist extrem angespannt. *Emotionen:* Pat. hat Wut, Ärger, Abneigung, Druck. *Imaginationen:* Bilder von (Überlebens)Kampf. *Gedanken:* Pat. fühlt sich autonom. *Kontakterleben:* Pat. kontrolliert jeglichen Kontakt. *Handlungstendenz:* **Pat. wehrt sich gegen etwas und grenzt sich mit spürbarer Intensität davon ab.**	2 **HIN ZU SICH SELBST – Patient kontrolliert Umwelt** Pat. ist der aktive Teil, signalisiert, was ihm gut tut, macht Anstrengungen, dies zu erlangen. Verhaltensmodus sich öffnen, etwas aufnehmen, aktiv um etwas bemüht sein. Inkorporation von etwas, Öffnen des eigenen Leibes. Sich der eigenen Imagination und der kognitiven Auseinandersetzung öffnen. Aktiv im Kontaktverhalten: „Rufverhalten". Krafthaltung. *Körpererleben:* Pat. ist energetisiert. *Emotionen:* Pat. verspürt Hochgefühle, Lust, Freude. *Imaginationen:* (hilf)reiche Imaginationsfähigkeit. *Gedanken:* Pat. sucht aktiv, was ihm gut tut. *Kontakterleben:* Pat. ist im dialogischen Kontakt. *Handlungstendenz:* **Pat. signalisiert, was er möchte, ist darum bemüht es zu erlangen.**
3 **WEG VON ANDEREN/M – Umwelt kontrolliert Patient** Umwelt ist der aktive, der Pat. der (er)leidende Teil. Der Pat. kann nicht umhin, dass Dinge mit ihm geschehen, sich von ihm entfernen oder erkenntnismässig entziehen, Rückzugstendenzen der „Umwelt", ggf. auch Fluchtbewegungen. Die Geschehnisse passieren, haben nichts mehr mit dem Willen, den Entscheidungen des Pat. zutun. *Körpererleben:* Pat. verspürt Schmerzen, schwindende Lebenskraft. *Emotionen:* Pat. erlebt Angst, Trauer, Depressivität. *Imaginationen:* Bilder von Ohnmacht. *Gedanken:* Pat. fühlt sich unfrei und fremdbestimmt. *Kontakterleben:* Pat. ist nicht in Kontakt. *Handlungstendenz:* **Pat. verschließt und entfernt sich vom Leben.**	4 **HIN ZU ANDEREN/M – Umwelt kontrolliert Patient** Die Umwelt (Ereignisse, Personen, Faktisches) bestimmen den Pat. in seinem Verhalten, aber er fühlt sich zu ihnen hingezogen, möchte sie für sich gewinnen, will sich ihren Einfluss dienlich machen, sich dem nicht verweigern, ohne durch allzu viel Autonomie die „Dinge" in Gefahr zu bringen. Der Pat. bleibt aber den Geschehnissen ausgeliefert („leidend im Sinne einer Unterordnung"), empfindet zwar ein positives Hingezogensein, nicht aber die Kraft, aktiv und autonom zu handeln. *Körpererleben:* Pat. spürt seinen Körper nicht mehr. *Emotionen:* Pat. hat Sehnsucht nach Erlösung. *Imaginationen:* Bilder von sich auflösender Realität. *Gedanken:* Pat. ordnet sich den Geschehnissen unter. *Kontakterleben:* Pat sucht Einheitsempfinden. *Handlungstendenz:* **Pat. gibt sich hin und auf**

Im weiteren Verlauf wurden alle Patienten von jedem Gruppenmitglied unabhängig voneinander in die erarbeitete Emotionstypologie eingeordnet. Bei den meisten Patienten gab es eine eindeutige und übereinstimmende Zuordnung. Dort, wo es Differenzen gab, wurde nach einem Diskussionsprozess mehrheitlich entschieden. Das quantifizierte Ergebnis sieht so aus:

Diagramm 1: Emotionsmodell Quantifizierung

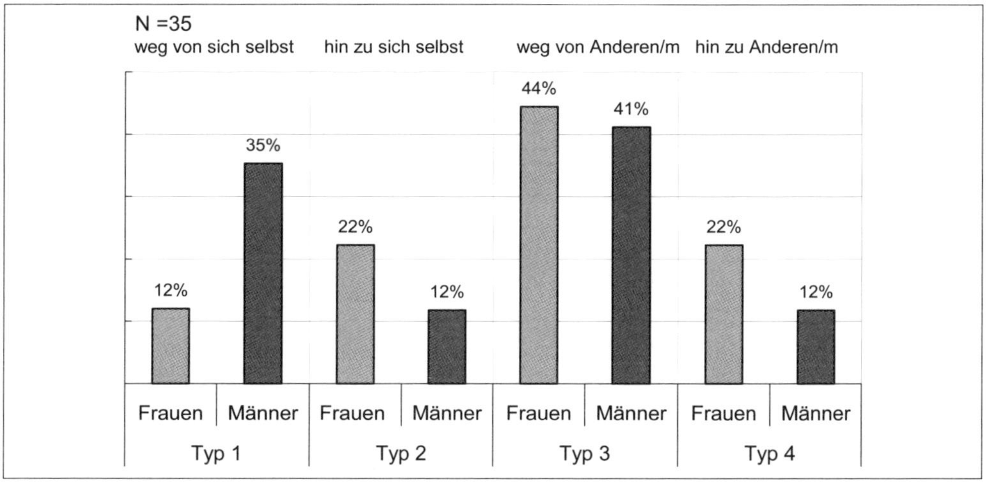

Es zeigt sich ein deutliches Schwergewicht auf Typ 3 „Der Patient verschließt und entfernt sich vom Leben“ mit den vorherrschenden Emotionen Angst, Trauer und Depressivität. Hier gibt es interessanterweise nur einen geringfügigen Unterschied zwischen Männern und Frauen (44% Frauen, 41% Männer). Quantitativ an zweiter Stelle findet sich Typ 1 „Patient wehrt sich gegen etwas und grenzt sich mit spürbarer Intensität davon ab“ mit den Emotionen Wut, Ärger und Abneigung. Dieser Typ findet sich bei Männern (35%) dreimal so oft wie bei Frauen (11%). Die anderen beiden Typen, Typ 2 „Patient signalisiert, was er möchte, ist darum bemüht es zu erlangen“ mit den Emotionen Hochgefühle, Lust und Freude und Typ 4 „Patient gibt sich hin und auf mit der Emotion Sehnsucht nach Erlösung, taucht nur bei 22% der Frauen und 12% der Männer auf.

Es überrascht nicht, dass bei den meisten Patienten (43%) Angst, Trauer und Depressivität im Vordergrund stehen. Diese Emotionen vom Typ 3 sind im Emotionsmodell mit einem Autonomieverlust gekoppelt. Dieses Ergebnis entspricht auch weitgehend dem Eindruck, der bei der Sichtung des Materials gewonnen werden konnte. Interessant ist jedoch, dass es hier kaum ein Unterschied zwischen Männern und Frauen gibt. Daraus kann man schließen, dass von Männern wie Frauen die Krankheit Krebs ähnlich erlebt wird oder dass sich die Unterschiede zwischen Männern und Frauen durch die Erkrankung nivellieren.

Extreme Unterschiede gibt es bei Typ 1. Der Anteil von Männern, die sich nicht unterordnen und sich mit spürbarer Intensität von etwas abgrenzen, ist mit 35% knapp dreimal so hoch wie bei den Frauen mit nur 12%.

5.3 Fallbeispiele

Thomas Schröter, Brigitte Schumann, Almut Seidel

Die folgenden vier Fallbeispiele sollen einen Eindruck davon vermitteln, wie mit dem Datenmaterial ordnend und interpretierend umgegangen wurde. Es handelt sich um die Präsentation von zwei weiblichen und zwei männlichen Patienten, die von sowohl den beiden weiblichen wie dem männlichen Musiktherapeuten behandelt wurden. Als Schreibweise im folgenden Text wird die für die gesamte Arbeit gewählte männliche Form beibehalten, zum einen, um schreibstilistisch nicht von den übrigen Teilen abzuweichen, zum anderen, um dem Leser die Möglichkeit zu geben, seinerseits Mutmaßungen über das jeweilige Geschlecht des Patienten anzustellen und gegebenenfalls eigene Hypothesen aufzustellen bzw. zu überprüfen.

Patient A
Alter zum Zeitpunkt der Behandlung: 51 Jahre
Angehörige: verheiratet, 1 Kind
Erkrankung: Akute myelo-monozytäre Leukämie, Pilzpneumonie
Behandlung: Chemotherapie, autologe Stammzellentransplantation
Anzahl der Musiktherapie-Sitzungen: 6 im Zeitraum von drei Wochen
darunter aktiv: 6
rezeptiv: 0
Raum: 5 Sitzungen im Musiktherapieraum, 1 Sitzung im Patientenzimmer
vom Patienten gewählte Instrumente:
Pauke (5x) = bei allen Sitzungen im Musiktherapie-Raum. Trommel (1x), Gopichand (1x), Kalimba (1x), Schlitztrommel (1x) im Patientenzimmer
Besonderheiten im Musiktherapie-Prozeß:
Patient ist immer wieder begeistert von und stolz auf das aktive Musikmachen. Er erlebt den Tod eines Mitpatienten und nahen Freundes in der Klinik während der Behandlung.

Auszüge aus den Beschreibertexten:
Der Kraftprotz prahlt mit seiner Power. Erwartungen an einen „Pfundskerl" werden geweckt, wo führt das noch hin? Doch dann setzt Enttäuschung ein. Der Kraftprotz entpuppt sich als angepasster Zwerg, in Wirklichkeit ganz lieb und klein. Aus Enttäuschung wendet man sich ab.

Ein Wildpferd stürmt los, will raus aus der Prärie, doch flugs schwingt sich ein Reiter auf seinen Rücken, bestimmt die Richtung, gibt ihm die Sporen oder lässt die Zügel schießen. Das Pferd akzeptiert den Reiter sofort. Es weiß nichts mehr von seiner Freiheit, von der Weite der Prärie, von anderen Pferden. Es gibt nur noch den Reiter, der ihm anmutige Schrittarten beibringt und seine Energie kultiviert. Warum lässt das Pferd das mit sich machen?

Der Beginn – ein Dunkles: wie eine Bedrohung. Das lässt sich auch nicht mehr halten, vielmehr schiebt es sich durch mit einer Wucht, die lange gebremst wurde und jetzt keinen Aufschub mehr gestattet. Aber: hält das bestehende Gefüge dem stand? Oder besteht nicht die Gefahr einer Zerrüttung? Nach und nach versucht das Klavier das wieder in den Griff zu kriegen als Besänftigung und durch stetiges Beharren. Das Ungestüme und die Wildheit des Anfangs bleibt jedoch immer da, als Andeutung und als Erinnerung.

Stiefel – 3 Musketiere – nein 30, 300 sogar – mit Kanonen – aber Mittelalter, nicht wirklich gefährlich. Aber sie marschieren nicht, sondern stehen in Reih und Glied. Diese Steigerung ergreift mich nicht, es passiert nicht wirklich was Neues.

Vgl. auch musikalische Verlaufsanalyse Kapitel 6.2 S. 122

Tab. 1: Patient A; Sitzung Nr. 4; Patient: Pauke; Therapeut: Klavier (Musikalische Verlaufsanalyse vgl. Kap. 6.2)

Bewusst-seinsebenen	Körpererleben	Emotion	Imagination	Gedanken / Erkenntnisse	Kontakterleben
vor der Sitzung	Durchgängig hohe Kribbeligkeit und Nervosität, u.a. wegen bevorstehender Knochenmarkstransplantation.	P. ist stolz auf seine selbstgespielte Musik. Pendelt zwischen Angststimmung und „schöner Blumenwiese". Musikspielen macht ihn zentrierter und lenkt ab.	s. Emotion „schöne Blumenwiese".	Pat. spielt in jeder Sitzung Pauke. Seine Konzentrationsprobleme gehen beim Paukespielen weg. Starker Wille, gesund zu werden (sein). Thema gesund – krank – früher – jetzt.	Gute gegenseitige Einfühlung und Vertrauen (Pat. spielt mit geschlossenen Augen schon in der 1. Sitzung). Telefonischer Anruf: Patient wendet sich direkt an den Therapeuten und möchte Behandlung.
Sitzung bis Musik	Pat. war immer der Gesunde und fühlt sich eigentlich nicht krank und will sich auch nicht so fühlen.	Schuldgefühle? („Hättest du noch mehr für den Freund tun können?"). Enttäuschung (Freunde hatten sich zuwenig um den Verstorbenen gekümmert). Trauer, es ist „nicht tragisch".	Lichtvolle Bilder des malenden (verstorbenen) Freundes. Situation ist wie Ortswechsel (nach Tod des Freundes).	Pat. fragt sich: Warum musste das jetzt so sein? Tod von Freund beschäftigt ihn. Aufkommende Fragen: „Was passiert mit den Toten in der Klinik?" „Was passiert nach dem Tod?" „War der Freund gläubig?" Musikalischer Abschied.	Langer Monolog des Patienten, braucht Therapeuten zum Zuhören.
Musikerleben der externen Beschreiber	Wer hält meine Füße fest – ich will losgehen. Betrunken, torkelnd. Drängen, gebremste Wucht, Aufatmen nach überstandenem Unwetter. Marschähnliches Vorangehen. Schaler Geschmack. Bewegung in unsichtbarem Käfig. Reibung ohne Höhepunkt. Heimwärts stolpern. Ermüdung. Es fällt schwer zu lächeln.	Angespannte Stimmung. Angeheizt. Fernes Grollen. Wildheit des Anfangs. Aufbrausend. Auf den zweiten Blick verzweifelt. Genervt. Macht, gefährlich! Enttäuschung, wie alles endet. Dunkel, Bedrohung. Ratlosigkeit.	große Szenerie, Menschenauflauf, Giganten, Krieger, Reiter, ein Heer, der Großwesir, römische Gladiatoren u. ä. ziehen auf (dramatische Inszenierung). Nach dem großen Ereignis der leere Platz, Reste liegen herum. Eine Fata Morgana oder ein wirkliches Ereignis? Hochzeit ohne Braut. Kraftprotz und angepasster Zwerg. Dem Löwen sind die Zähne gezogen. Geist aus der Flasche. Gorilla, der sich auf die Brust boxt. 3 Musketiere, nein 30, 300 sogar.	Wird hier nicht etwas mitgeschleppt, bestimmt, was selbst noch gar keine eigene Richtung („Sinn") weiß? Feste Architektur für scheinbar gradlinigen Weg. Warum bleibt das Klavier so streng geordnet: droht ein Auseinanderfallen? Man fragt sich: „Wozu dieser ganze Aufwand, war es das wirklich wert oder führte der sogar in die Irre?" Erwartungen an etwas „Großes" (einen Kampf) werden geweckt. Doch der Kampf bleibt aus. Täuschung, falsche Fährte. War nur so als ob, nicht wirklich ...	Die Trommel traut sich nicht aufzuhören, um das (arme) Klavier nicht allein zu lassen, obwohl der Dampf längst raus ist. Unsicherheit in die Zügel genommen. Lustloser Sex. Verschmelzung. Harmoniegesülze nervt. Verständigung über Enttäuschung. Unentschiedenheit in ein Korsett nehmen. Sie finden kein Ende. Boxman alone in his corner. Ein Wildpferd wird gezähmt. Dudelsackspieler, nach dessen Pfeife die Tänzer tanzen.
Musikerleben des Therapeuten	laut, ungestüm, manchmal unrhythmisch, kurzes, leiseres „Luftholen" / Ruhe und Kraft.	wilde, fast verzweifelte, aber auch friedliche, sehr harmonische Musik. Ruhe in der Musik.	Interpretation beim Spielen: Tod und Frieden, aber auch Bilder und Erinnerungen an vergangene Zeiten.	Pat. braucht nach Meinung des Therapeuten „eine gewisse musikalische Ästhetik".	
Musikerleben des Patienten		erst aufgewühlt – am Ende ganz friedlich.	Garten mit schönen zart-bunten Frühlingsblumen und Vögeln.	Nichts Spektakuläres. Am Schluss war alles so frei – Klischee?	
nach der Musik	Sprechen kommt zum Stillstand.	Pat. fühlt sich besser, geordneter.		Pat. weiß, dass er keine Musik mehr machen kann.	Pat. bedankt sich bei dem Therapeuten.

Tab. 2: Patient A

Bewusst-seinsebenen	Körpererleben	Emotion	Imagination	Gedanken / Erkenntnisse	Kontakterleben
Tonband-/ Sitzungsprotokoll	Pat. spürt Nervosität und Kribbeligkeit; fühlt sich dennoch nicht krank, will sich gesund fühlen.	Pat. versteht das Musikmachen zur Zentrierung und Ablenkung zu nutzen. Starke Gefühle für den verstorbenen Freund.	Pat. sucht innerlich klare, lichtvolle, einfache Bilder auf (schöne Blumenwiese).	Pat. beschäftigt sich mit dem Thema Tod.	Pat. sorgt für sich, sucht Kontakt zum Therapeuten, braucht diesen zum Zuhören.
Externe Beschreiber	Bewegung wird gebremst, verläuft sich.	unterschwellige Anspannung, Gefahr, Bedrohung.	außerordentliche Dramatik in den Szenerien: ferne Welten und Zeiten, Kriege und Aufmärsche, große Arena.	Großer Aufwand ohne eigentliches Ergebnis. Täuschung, falsche Fährte.	Verständigung über Enttäuschung, die aber nicht wahrgenommen werden darf.
Vergleich	Der Körper „weiß" die Antwort, setzt deutliche Signale gegen das vermeintliche „Wissen" des Patienten.	leichte Verdrängung der eigentlichen eigenen Bedrohung, der Todesangst.	Zuflucht bei den ungefährlichen Bildern lässt sich in der Musik nicht halten.	Implizites Wissen um die Notwendigkeit einer tiefergehenden Auseinandersetzung mit dem Thema Tod.	Beide, Patient und Therapeut spüren, dass die Autonomie des Patienten aufs Äußerste bedroht ist.
Emotionstyp	1 unüberhörbare Körpersignale gegen „besseres Wissen".	1 sich wehren gegen die Todesangst.	1 starkes Bemühen um ein positives Bild.	1 Entscheidung gegen die Beschäftigung mit der eigenen Morbidität und Mortalität.	1 Therapeut unterstützt die Kontrollaspekte des Patienten.

Interpretation:
Vorsichtiges Ausbalancieren, wie nah man an das bedrohliche Thema Tod herangehen kann. Vieles wird erspürt, einiges musikalisch ausagiert, eine Menge aufgefangen und geglättet. Der Patient will noch nicht sterben, was Teil einer Verleugnung ist. Beide, Therapeut und Patient, sind an dem Thema „dran", wählen sich die entsprechenden musikalischen Potentiale.

Patient B
Alter zum Zeitpunkt der Behandlung:
52 Jahre
Angehörige:
Verheiratet, 1 Kind
Erkrankung: Zungen-Karzinom
Behandlung:
Palliative Chemotherapie, Schmerztherapie bei chronischen Schmerzen
Anzahl der Musiktherapie-Sitzungen:
12 im Zeitraum von 4 Monaten
darunter aktiv: 1. rezeptiv: 11
Raum: Alle Sitzungen im Patientenzimmer
Vom Patienten gewählte Instrumente:
Monochord (1x)
Besonderheiten im Musiktherapie-Prozess:
Patient fühlt sich durchgehend sehr schwach und hat Konzentrationsprobleme. Zur Musik hat er eine große Affinität, da er in seiner Jugend aktiv in einer Band spielte.
Aufgrund des Tumorwachstums im HNO-Bereich ist Kommunikation nur über Zeichensprache und ein Schreibtäfelchen möglich.

Auszüge aus den Beschreibertexten:
Ein Urtier (Ungetüm) wird domestiziert: Dieser Vorgang spielt sich ab zwischen einer eifrigen Gitarre und einem trägen, nur durch ständige Anreize reagierenden Monochord. Es wirkt als Kampf: Beide Seiten sind aufmerksam, die Gitarre in ständiger Offensive, das seltsame, aber kolossal-kräftige Lebewesen in der Verteidigung, aber nicht minder gefährlich. Erinnerungen an den Roman „Der Mann und das Meer" von E. Hemingway.

Das Streichen der Saiten gibt Kraft und Stärke. Im Einklang mit der kräftigen Musik wird Lebensmut und Lebensfreude geweckt. Das Leben kann schön sein, wenn das Denken ausgeschaltet ist und „nur" Erleben ist. Ganz aufgehen im Ausdruck und dabei alles vergessen. Welche Wohltat.

Eine durchgezogene Linie und eine Linie, die zwischendurch unterbrochen ist. Am Anfang feines Aufeinanderabstimmen, dann wird das Geschehen von kräftigen Bewegungen vorwärtsgetrieben. Warum verstummt das Monochord plötzlich und kommt nur noch punktuell zum Vorschein?

Find ich gut, deine Meinung, und dass du dir was ausdenkst. Ich hab immer gar keine eigenen Ideen – ja, feuer' mich noch mal an! Das belebt mich.

Vgl. auch musikalische Verlaufsanalyse Kapitel 6.2 S. 126

Tab. 1: Patient B; Sitzung Nr. 1; Patient: Monochord; Therapeut: Gitarre

Bewusst-seinsebenen	Körpererleben	Emotion	Imagination	Gedanken / Erkenntnisse	Kontakterleben
vor der Sitzung	chronische Schmerzen, Zungenkarzinom. Palliative Chemotherapie.			Pat. hat sich in Sitzung davor Monochordspiel gewünscht.	
Sitzung bis Musik	Pat. zeigt Konzentrations-Probleme, ist müde, schwach und in schlechter Verfassung.	Unausgeglichen. Neutral. „weder noch".		Töne produzieren, einfach „drübergehn".	Zeichensprache, knapp, aufs Wesentliche beschränkt.
Musikerleben der externen Beschreiber	Abhetzen ohne Pause. Er könnte vielleicht krank sein…. Sich lebendig spüren beim Zudröhnen. Tanzen mit Stärke und Kraft. Zerren und Ziehen. Nur ein Stottern.	Kampf. Angst, dem Sog ausgeliefert zu sein. Mürrisches Ablehnen.	Urtier wird domestiziert. Flamencotänzerin und Stierkämpfer. Korsett. Rock-Dröhnen unten im Keller. Fluss, der mit der Zeit wilder und reißender zu werden droht. Wasserfall. Wellen schlagen übereinander. Traum vergangener Zeit.	Hauptsache hier raus ! Krasser Gegensatz: Beharren und Wollen versus eingezwängt sein in ein Korsett. Wie lange hält das noch? Alles vergessen im spielerischen Ausdruck.	Differenziertes ausschweifendes Instrument (Gitarre) neben Eintoninstrument, das man nur noch schlagen kann (Monochord). Gemeinsames, aber gestörtes Spiel: da versteht der eine nicht, dass der andere eine Pause braucht. Offensive – Verteidigung.
Musikerleben des Therapeuten	Kraftvolles Spiel. Körperliche Schwäche.	Seelisch stark. Traurigkeit spürbar.	Tumor frißt sich in das Gesicht des Patienten – er ist nicht mehr aufzuhalten.		Feinfühlig. Gemeinsame Musik.
Musikerleben des Patienten	Lebendig. Kraftvoll. Müde. Schlapp. Anstrengend.	Macht Spaß.			Zeichensprache – Täfelchen ist nicht zu finden…
nach der Musik				Bogen ausfüllen.	Aktivismus?

Tab. 2: Patient B

Bewusst-seinsebenen	Körpererleben	Emotion	Imagination	Gedanken / Erkenntnisse	Kontakterleben
Tonband/ Sitzungs-protokoll	Polarität: müde – kraftvoll schwach – lebendig.	Durcheinander der Emotionen, Unausgeglichen, Traurigkeit, Spaß und neutral „weder noch“.	Tumor frisst sich in das Gesicht des Patienten.		Äußerst knappe, einseitig verbale Kommunikation. Zeichensprache. Täfelchen zum Notieren ist nicht zu finden.
Externe Beschreiber	Abhetzen ohne Pause. An der Schmerzgrenze. Sich spüren beim Zudröhnen.	Wut. Aufbäumen.	Bilder vom Überlebenskampf, Extreme der Natur und Dröhnen aus dem Keller (Untergrund).		differenziertes ausschweifendes Gitarrenspiel neben schlagendem Eintoninstrument. Gemeinsamkeit im Spiel.
Vergleich	Differenz: externe Beschreibung benennt Grenzerfahrung eindeutig.	In der externen Beschreibung kommt die Gefühlslage klar zum Durchbruch.	Übereinstimmung in der Aggressivität, jedoch kommt in den Bildern der externen Beschreibung eine Kraft von innen durch.		In der externen Beschreibung teilt sich der Patient mit. Differenz.
Emotionstyp	1 Patient ist am Ende seiner Kraft. Spürt sich im Zudröhnen.	1 Affekte kommen in der Musik zum Ausdruck.	1 Heavy metal am Abgrund: Überlebenskampf in Todesnähe.	1 Töne produzieren ist Handlung.	1 Gemeinsames im Spiel.

Interpretation:
Zentrum der Kommunikation ist betroffen (Zungenkarzinom).
Nur in der Musik ist ein Ausdruck des Patienten möglich. Dort erfährt die körperliche Eingeschränktheit eine Erweiterung des Selbst im Klangraum.

Patient C
Alter zum Zeitpunkt der Behandlung:
40 Jahre
Angehörige:
Verheiratet, 3 Kinder
Erkrankung:
Hochmalignes B-Zell-Non-Hodgkin-Lymphom
Behandlung:
Hochdosischemotherapie mit allogener Stammzelltransplantation (Familienspender)
Anzahl der Musiktherapiesitzungen:
7 im Zeitraum von 3 Wochen
darunter aktiv: 3
rezeptiv: 1
nur Gespräch: 3
Raum:
Alle Sitzungen im Patientenzimmer

Vom Patienten gewählte Instrumente:
Kalimba (2x), Soprankantele (1x)

Besonderheiten im Musiktherapie-Prozess:
Musiktherapeut ist gleichzeitig Bezugstherapeut des Patienten. Daher nimmt der Gesprächsanteil zu Beginn der Therapie viel Raum ein. Patient kann auf die Ressource der Musik in ihrer Biographie zurückgreifen und nutzt diese, um ihre Stimmung zu finden und sich Mut zuzuspielen. Besonderheit der Isolierung, unter der der Patient leidet.

Auszüge aus den Beschreibertexten:
Töne werden auf eine Schnur gereiht, manchmal zittert die Schnur und die Töne wackeln. Es ist wie Weben: immer die gleiche Bewegung. Mehr ist es nicht. Was durcheinander gerät, wird wieder zurechtgeschüttelt. Kein Spannungsbogen, keine Entwicklung von Motiven, keine Veränderung im Verlauf. Es bleibt so, wie es ist.

Allein auf der Welt. Allein raus aus der Welt. Ich bin da und bin nicht da – woran könnte ich das erkennen? Ich habe kein Fleisch und Blut, ich bin nur da. Seit wann? Wie lange noch?

Das Leben spielt sich öffentlich, hinter einer dicken Glasscheibe ab. Die Zuschauer bzw. Besucher betrachten das Leben dahinter wie bei einem Zoobesuch. Die Figuren bewegen sich wie Marionetten. Sie werden gespielt, bewegen sich wie Puppen, sämtliches Leben fehlt. Es ist ein Funktionieren nach den Handgriffen der Anderen.

Ein Bild: Ein Mensch im Koma. Er hängt irgendwie zwischen Leben und Tod. Eine einförmige, leblose wiederkehrende Bewegung wird immer wieder durch Stolpereien, Verrutschen, Abrutschbewegungen beunruhigt. Einerseits sind das Lebenszeichen, andererseits wird da auch ein wackeliger Zustand beschworen – wie ein auf der Kippe stehen.

Vgl. auch musikalische Verlaufsanalyse Kapitel 6.2 S. 127

Tab. 1: Patient C; Sitzung Nr. 7; Patient: Kalimba; Therapeut: Kalimba (Musikalische Verlaufsanalyse vgl. Kapitel 6.2)

Bewusstseinsebenen	Körpererleben	Emotion	Imagination	Gedanken / Erkenntnisse	Kontakterleben
vor der Sitzung	Somatische Reaktionen, Übelkeit und Anspannung wurden nach Musik weniger.	Patient weint viel.	Nordsee und Ufer erreichen wollen.	P hat Erfahrung mit Musik und Singen. Gibt seinem Leben Kraft und Stärke. Thematisierung der Beziehung zum Ehepartner.	„Wir waren in einer Tonlage".
Sitzung bis Musik	Implantierte Zellen.	Erregung. Freude und Erleichterung über guten Leukozytenwert. Singen eines Liedes („Geh aus mein Herz").	Natur – Garten. Lieblingsblumen. Wälder.	Veränderungswunsch und Vorsatz im Umgang mit Familie. Abgrenzungsthematik.	Gemeinsames Singen und lösungsorientiertes beratendes Gespräch. Vorsatz des gem.n Horchens auf Spielentwicklung.
Musikerleben der externen Beschreiber	Anstrengung. Schwerelos. Atme ich? Leblose wiederkehrende Bewegungen. Kein Fleisch und Blut. Stolpernd und alt am Stock gehen.	Ohne Leben und Lebendigkeit. Nicht ohne Sehnsucht. Kleine Bemühungen, aber Gefühle sind nicht gefragt.	Leben auf Eis gelegt. Künstliche Welt: Plastikblumen auf neuer Kunststoffwiese. Aquarium. Ein Mensch im Koma: hängt zwischen Leben und Tod. Locker werdende Platten drohen abzufallen. Ein letztes Flackern vor dem Aus. Eingerostete Mechanik mit Marionettenbühnenfiguren.	Schein-Stabiles: das Wacklige ist das Lebendige. Kein Spannungsbogen. Kein Anfang und Ende. Treibende Kraft zu spüren, die Stockungen überwindet. Im Unklaren lassen hat Methode. Ausnahmezustand. Glasperlenspiel. Wie lange bin ich noch da?	Als wäre es ein Spieler. Fremd gesteuert. Es kam zu keinem Zusammenstoß. Die Wege kreuzen sich nicht. Allein auf der Welt. Bin da und nicht da. Nebengestalt contra Hauptgestalt. Funktionieren nach den Handgriffen anderer.
Musikerleben des Therapeuten	Dem Patienten ist ein wenig kalt.	Patient ist ein wenig traurig.	Stolpersteine. Fluchttreck der Bäuerinnen, die ihre Heimat verlassen. Sandiger, brauner Boden, Staub.	Fragen bleiben in der Schwebe. Zuversichtlich, auf richtigem Weg zu sein. Suche nach neuem Zuhause.	Jeder ist ein Stück mit sich allein. Sie halten sich am Seil fest, daß keiner verloren geht. Einer zieht den andern mit.
Musikerleben des Patienten	Die eigene Kraft wird in Frage gestellt.	Druck wird verneint. Verleugnung.	Therapeutenspiel waren anstrengende Treppen, Patient versuchte zu folgen.	Wunsch, nach Hause zu gehen.	Patient möchte mithalten. Mitgezogen!
nach der Musik	Für heute reicht es.		Erinnerung an Ehepartner und dessen Langsamkeit.	Musikalische Übung „Schnell – langsam". Gespräch über bevorstehende Entlassung und „wie geht es weiter?".	„An-Stöße" zur Veränderung der Verhaltensmuster durch den Therapeuten.

Tab. 2: Patient C

Bewusstseinsebenen	**Körpererleben**	**Emotion**	**Imagination**	**Gedanken / Erkenntnisse**	**Kontakterleben**
Tonband/Sitzungs protokoll	Die eigene Kraft reicht nicht mehr.	„ein wenig“ oder keine Emotionen. Verleugnung. Im konkreten Bereich der körperlichen medizinischen Behandlung weint Pat. oder zeigt Freude und Erleichterung.	Anstrengung und nachlassende Kräfte kommen zum Ausdruck. Extreme Anforderung: Flucht, immer höher ansteigende Treppen.	Wesentliche Fragen bleiben in der Schwebe. Suche nach „neuem Zuhause“.	„An-Stöße“ zur Veränderung durch Th. Jeder ist für sich allein und in einer Tonlage.
Externe Beschreiber	Leblos und schwerelos. Pat. spürt Atmung nicht mehr. Ohne Fleisch und Blut.	Emotionale Lebendigkeit nicht gefragt. Kleine Bemühungen.	Ein Mensch zwischen Leben und Tod: im Koma. Das Leben ist auf Eis gelegt. Patient befindet sich in einer künstlichen Welt: Plastikblumen auf einer Kunststoffwiese und eingerostete Mechanik der Bühnenfiguren.	Scheinruhe. Scheinstabiles, zusammengehalten von der Balance zwischen Gleichmaß und Stockung.	Funktionieren nach den Handgriffen anderer: fremdgesteuert, ohne dass sich Wege kreuzen können. Allein auf der Welt: da und nicht da. Man hebt sich im anderen auf.
Vergleich	Übereinstimmung: die Kraft reicht nicht. Differenz in der Einschätzung der nachlassenden Kräfte. Externe Beschreiber erleben Patienten schwerelos und körperlos (schon in der Auflösung?).	Übereinstimmung: wenig Emotionen. Differenz in der Einschätzung der Emotionen: in dem Tonband-Protokoll sind Emotionen kein Thema – die externen Beschreiber sehen kleine Beunruhigungen.	Differenz: Tonbandprotokoll ist auf der Anstrengungsebene – reale Bilder vom Leben, das höchste Anforderungen stellt. Befinden sich „noch im Leben“, während die ext. Beschr. das Leben schon auf Eis gelegt sehen und sich zwischen Leben und Tod befinden.	Differenz: Th. interveniert auf der Verhaltensebene, wo Stabilität im neuen Zuhause gesucht wird, während die externen Beschreiber die Scheinstabilität beschreiben.	Übereinstimmung in der Einsamkeit des sich Vermischens zu einer Tonlage. Die externen Beschreiber benennen die Fremdsteuerung deutlicher.
Emotionstyp	4 Grenzen verschwinden. Pat. spürt sich nicht mehr.	4 Ausgeliefertsein und Sehnsucht.	4 Bilder von Geschehnissen zwischen Leben und Tod.	4 Scheinstabil sich den Geschehnissen unterordnen.	4 Fremdgesteuert.

Interpretation:
Der Patient ist am Ende seiner Kräfte zwischen Leben und Tod. Die Suche nach einem neuen Zuhause könnte als Orientierungssuche in Richtung Tod verstanden werden. Der Therapeut interveniert auf der konkreten Verhaltensebene. Der Patient möchte mithalten und kann dadurch Stabilität im Seins-Zustand nicht finden. Die „wenigen Emotionen“ könnten ein Hinweis sein, dass Therapeut und Patient sich gegenseitig am „Seil“ festhalten, um das Thema Tod und Ende zu umgehen. Es besteht Absturzgefahr. In der Musik kommt die Scheinstabilität zum Ausdruck: in der Balance zwischen Gleichmaß und Stockung.

Patient D
Alter zum Zeitpunkt der Behandlung:
39 Jahre
Angehörige:
verheiratet, 2 Kinder
Erkrankung:
lymphoblastisches Non-Hodgkin-Lymphom
Behandlung:
Chemotherapie, Bestrahlung
Anzahl der Musiktherapie-Sitzungen:
11 im Zeitraum von dreieinhalb Monaten
darunter aktiv: 10
rezeptiv: 1
Raum:
alle aktiven Sitzungen im Musiktherapieraum
vom Patienten gewählte Instrumente:
Baß-Stäbe (3x), Pauke (2x), Leier (1x), Veeh-Harfe (1x), Xylophon (1x), Glockenspiel (1x), Steeldrum (1x)
Besonderheiten im Musiktherapie-Prozeß:
Patient ist sehr motiviert zur Musiktherapie, lässt sich von der Chemotherapie abstöpseln, um in den Musiktherapieraum kommen zu können. Durchgängig hohe Depressivität des Patienten in allen Sitzungen. Zeitlich gesehen kaum Gesprächsanteile. Übergang zu musikalisch stark strukturierendem Vorgehen auf Seiten des Musiktherapeuten.

Auszüge aus den Beschreibertexten:
Leben in vorgegebener Ordnung. Durchhalten ist gefragt. Ein Mensch funktioniert fast wie eine Maschine; sie wird angeschaltet und läuft und läuft. Alles Menschliche fehlt – ein Leben ohne Emotionen, vorhersehbar. Vielleicht die beste Strategie, um eine Extremsituation zu meistern.

Am Ende kommt nichts bei raus:
Es rührt mich zunächst zweifach: schwerfällig in die Tiefe gezogen und doch in Bewegung. Ziellos hin und her, nirgends ein Ort des glücklichen: AHA!, auch nicht in der Begegnung mit dem düsteren Begleiter – und manchmal doch ein Richtungswechsel, wohl eher zufällig. Aber mein Mitgefühl und Interesse lässt nach, Neugierde wird enttäuscht, und es beginnt mich zu ärgern, dass es weder zueinander findet noch zu einem Ende kommt.

Die Musik einerseits unbestimmt, da keine melodischen Motive abgrenzbar sind, andererseits gibt es klare rhythmische Motive, die von ihrem Charakter her jedoch auch nicht weiterführen (3 Schritte vorwärts, stehen – 3 Schritte vorwärts, stehen etc.). Die Allianz der beiden Spieler ist schnell gefunden und so fest gefügt, bis dass der Tod sie scheidet. Ich finde die Musik bald langweilig, die Verlangsamung des Tempos konturiert das Ganze noch etwas deutlicher. Warum wagt keiner etwas?

Aus einer klaren, da eindeutigen Richtung (Musterung) wird nach und nach eine schwere Masse, etwas Zähes. Das geschieht durch scheinbar unerhebliche Richtungsschwankungen, die hin zu einer „hängenden" im Sinne einer zurückhängenden Gestalt führen. Dieses Hängenbleiben wird versucht aufzuheben durch zaghafte Beschleunigungen. Doch die Klarheit des Beginns weicht einer schlammigen Schwerfälligkeit.

Vgl. auch musikalische Verlaufsanalyse Kapitel 6.2 S. 129

Tab. 1: Patient D; Sitzung Nr. 5; Patient: Bassstäbe; Therapeut: Acrylpauke (Musikalische Verlaufsanalyse vgl. Kapitel 6.2)

Bewusst-seinsebenen	Körpererleben	Emotion	Imagination	Gedanken / Erkenntnisse	Kontakterleben
vor der Sitzung	Pat. weint sehr viel.	hohe Depression.	in Gedanken und Gefühlen (inneren Bildern?) stets „zuhause“ bei Ehepartner und Kindern.	Sprache kaum möglich. Musik scheint die einzige Brücke zur Emotionalität des Pat. zu sein. Extrem positive Veränderungswerte im Test.	Kontakt/Verbindung geht fast nur über das Musikmachen.
Sitzung bis Musik	Körperbefinden ist kein Thema.	Pat. weiß, dass er in der Musik sowieso nur abtaucht, in Gedanken woanders ist.	Pat. scheint die vorgestellten Instrumente, die er ausprobiert, weder äußerlich noch innerlich zu hören.	extreme Spaltung Krankenhaus – Zuhause, verdeutlicht u.a. über ein Akkordeon im Krankenhaus und eines zuhause.	auf Seiten des Therapeuten Vorschlag zu sorgfältigem Ausprobieren, welches Instrument passen könnte.
Musikerleben der externen Beschreiber	Es muss stolpern, um sich zu verändern. Minischrittchen. Schwerfällig in die Tiefe gezogen. Wichtig ist, nicht stille zu stehen. Kleine Holprigkeiten, Unsicherheiten. Schwere Masse, Zähes. Schlammige Schwerfälligkeit.	Total langweilig. Pseudo-selbstbewusst. Emotionslos leben. Langeweile, Flucht in Tagträume. Ratlosigkeit. Es beginnt zu ärgern. Man fühlt sich ständig an der Nase herumgeführt.	Ritter, dem ein Drache folgt, allerdings nur Schatten ihrer selbst. (Keine) Räuber im Wald. Schatten – angenehm oder bedrohlich? Ein Mensch funktioniert wie eine Maschine: sie wird angeschaltet und läuft und läuft. Kanaldeckel: Abdeckung eines unterirdischen Stroms.	Allianz, bis dass der Tod sie scheidet. Musik scheint eine Leere zu füllen. Bin mit mir zufrieden und will nix und brauch nix. Weil ich nichts brauche, fehlt mir nichts. Vom Zweifel befreit sind Spielen und Spüren. Das Menschliche geht verloren. Funktionieren ist gefragt, das blanke Durchhalten. Trennen – Sterben von Gestalten ist Voraussetzung für die Entfaltung anderer.	Kampf oder Hund-Herrchen-Verhältnis? Allianz der beiden Spieler. Beide halten sich aneinander fest. Finden weder zueinander noch zu einem Ende. Gefährte geht (nur noch) im Windschatten. Auffallende Deckungsgleichheit.
Musikerleben der Therapeutin	Th. empfindet das Spiel des Pat. als laut, kraftvoll, z.T. aggressiv. Fühlt sich selbst zunehmend gelähmter, kraft- und hilflos.	Th. hält es nicht mehr aus, in der depressiven Stimmung zu bleiben.		Th. weiß nicht, was er (Eigenes) spielen soll.	Th. will wenig Impulse geben, dem Pat. Zeit lassen, zu Eigenem zu finden oder selbst zu spüren, dass er etwas ändern will und kann.
Musikerleben des Patienten		Schwere im Spiel empfunden.		Pat. ist in Gedanken ganz woanders gewesen – wo, das wird nicht gesagt.	Pat. gesteht dem Th. zu, dass er im 2. Teil „etwas Leichteres“ spielt, das der Depression die Schwere nimmt.
nach der Musik	keine Veränderungen in der Stimme / Stimmung wahrnehmbar.	keine Veränderungen in der Emotionalität wahrnehmbar.	Imaginationen verbieten sich.	Es gibt kein „nach der Musik“ ebenso wenig wie ein „vor der Musik“, denn eigentlich gibt es nur die Musik.	Th. fragt, ob er im 2. Teil der Musik etwas Anderes spielen „durfte“.

Tab. 2: Patient D

Bewusst-seinsebenen	Körpererleben	Emotion	Imagination	Gedanken / Erkenntnisse	Kontakterleben
Tonband-/ Sitzungsprotokoll	außer dem Weinen des Pat. Eindruck von katatonem Erstarrtsein. Nach Krankheit und Körperempfinden wird nicht gefragt, scheint nicht zu existieren.	hohe Depression, Kreisen der Gedanken um das eigene Zuhause (?), emotionale Starre.	Es gibt keine Imaginationen, innere Bilder kreisen um das Zuhause als einzigem Ort, wo das Leben ist.	Starre Trennung Krankenhaus (=Krankheit, Todesnähe) und Zuhause (gesunde Anteile wie Musikmachen).	einzige Brücke im Kontakt ist das Musikmachen. Sprache reicht noch nicht einmal zur Alltagsbewältigung aus, geschweige denn, um sich einzulassen oder Gefühle zu zeigen.
Externe Beschreiber	Minischritte, Schwerfälligkeit, zähe Masse, nicht stillstehen gefragt.	emotionslos, langweilig leben	latente Dramatiken (Räuber, Drache), die festgehalten werden. Ungewisse Schatten. Entmenschlichte Maschine.	Leere füllen, nichts wollen, nichts brauchen, nichts spüren, nur noch funktionieren.	Allianz. Gefährte im Windschatten. Deckungsgleichheit.
Vergleich	Konturlosigkeit in der Körperlichkeit des Pat. – aufgelöst in der Krankheit?	Pat. emotional nicht erreichbar, das löst Aggressionen aus.	Das Menschliche entschwindet, geht auch dem Th. verloren.	Totstellreflex in bezug auf alles, was Klinik / Krankheit bedeutet. Das bildet sich in der Musik ab.	Nur in extremer „Deckungsgleichheit" scheint der Pat. noch erreichbar, wenn überhaupt. Selbstaufgabe des Th. bis zum Wechsel ans Klavier (= außerhalb der Beschreibungen!)
Emotionstyp	3 nicht stillbare Tränen, sich nicht hören.	3 hohe Depression, Heimweh.	3 von negativen Gedanken verfolgt werden.	3 Gedanken lassen sich nicht halten, wandern stets ab.	3 sprachlos im Kontak.t

Interpretation:
Nur im gemeinsamen Musikmachen – wie auch immer dies gestaltet wird und klingt – scheint eine und die einzige Brücke zur Emotionalität des Patienten zu bestehen, wobei Emotionalität hier heißt: überhaupt zu einem gewissen Gespür zu kommen, dass der Patient noch lebendig ist. Sprache scheint noch nicht einmal mehr für die Alltags-Artikulation zur Verfügung zu stehen, da sie – wie allerlei andere „Klamotten" auch – für das Zuhause reserviert zu sein scheint. Krankheitsbewältigung durch extreme Polarisierung und Abspaltung, wofür die Musik sich als ein Raum anbietet, diese Spaltung legitimiert zu vollziehen.

Kapitel 6
Zur Situation der Patienten Teil 3: Patientenmusiken

6.1 Hypothesenbildung der externen Beschreiber

Manfred Banschbach, Christof Kolb

1. Ausgangslage

Zur Analyse des musikalischen Materials (Ausschnitte aus den Improvisationen zwischen Therapeut und Patient) innerhalb des Forschungsprojektes wurde der erste Schritt der qualitativen Untersuchungsmethode „Beschreibung und Rekonstruktion" der morphologischen Musiktherapie herangezogen (vgl. den Beitrag von F. G. Grootaers in diesem Band sowie Tüpker 1988/1996).
Die vier Beschreiber des Forschungsprojektes hatten 28 Improvisationen jeweils an fünf aufeinander folgenden Tagen wiederholt zu beschreiben, ohne jegliche Information zu den beteiligten Personen zu erhalten. Das methodische Vorgehen bei einer solchen Beschreibung zeichnet sich dadurch aus, dass der Beschreiber die Musik zunächst unvoreingenommen anhört i. S. einer gleichschwebenden Aufmerksamkeit und danach die Gedanken und Gefühle festhält, die das Gehörte in ihm hervorgerufen hat. Dabei verdichten sich die Eindrücke oftmals zu Bildern und Geschichten. Die musikalische Form wird also umgewandelt in eine beschreibende Erzählform und zwar unmittelbar, ohne eine reflektierende oder analytische Phase einzubauen.
Erst nach Abschluss der Untersuchungsphase erhielten die Beschreiber Informationen zum Untersuchungsgegenstand, d. h. mit welchen Patienten die Improvisationen entstanden waren. Gleichzeitig bekamen sie den Auftrag, die Besonderheiten der entstandenen Texte in einer Art Hypothesenbildung zusammenzufassen. Dies entspricht der Methodik des ersten Schrittes der „Beschreibung und Rekonstruktion", in dem der Untersucher nach dem Vorgang des Niederschreibens die im Text hervortretenden zentralen Verhältnisse exploriert und als Dreh- und Angelpunkt der gemeinsamen Improvisation (das Problem und gleichzeitig die Chance des gemeinsamen Werkes) darstellt.

2. Hypothesenbildung

In der überwiegenden Anzahl der Beschreibungstexte ist von zwei nebeneinander existierenden Individuen die Rede. Diese treten als Figuren (Personen, Tiere, Gegenstände) auf, als abstrakte Formen (Linien, „etwas") oder als personalisierte Musikinstrumente („dann legt das Xylophon los").[6]

6 Alle Zitate aus den Musikbeschreibungen.

Das Geschehen ist häufig dadurch gekennzeichnet, dass die beiden trotz ständigen Bemühens nicht den Kontakt zueinander finden, der einen Austausch ermöglichen würde, um eine Veränderung bzw. Entwicklung der Ausgangssituation herbei zu führen.

Eine der beiden Figuren wird in verschiedenen Beschreibungen als „ängstlicher und gebrechlicher", als „hässlich" beschrieben und durch „Unsicherheit" gekennzeichnet. Sie „verschwindet" immer wieder („wohin?"). Daneben übernimmt die andere Figur die „führende Rolle", „versucht die Unsicherheiten aus der Welt zu schaffen", „gibt Halt, zwingt aber auch zum Weitergehen", „läuft nebenher als Stütze ohne zu berühren". Dabei wird der Versuch unternommen, eine Harmonie herzustellen, die sich jedoch jedes Mal als eine Scheinharmonie entpuppt. Eine Beschreibung lautet:

„Von vornherein gilt es Annäherungen zu vermeiden. Deshalb bilden sich 2 Linien, die quasi parallel zueinander verlaufen, 2 Muster, die keine Verbindung zulassen. Bemerkenswert erscheint das Ende, bei dem ein Akzent vom Anderen verstanden wird und fast schon einvernehmlich zum Schluss führt."

Die Hoffnung auf eine Veränderung, die am Ende dieser Beschreibung auftaucht, erscheint in vielen Texten manchmal am Anfang („anfangs ist da eine starke Nähe zu spüren", „zu Beginn ist noch alles offen", „anfangs eine Atmosphäre von Weichheit und Innehalten"), manchmal am Schluss („Hoffnung, dass die Spieler sich umdrehen und ihr Werk betrachten und dass daraus etwas Neues folgt", „und am Ende kommt von irgendwoher ein warmer Sonnenstrahl und löst das Ganze auf"). Doch in der Regel bleibt es bei dieser kurzen Hoffnung, und das minutenlange Festhalten an einem Miteinander, „aus dem keiner der beiden auszubrechen wagt", das „verzerrt" wirkt, „widerständig", „sich verhakt hat", löst bei den Beschreibern z. T. heftige Gefühle aus:

„Am Anfang das Bild einer Kemenate, in der es höfisch gesittet zugeht, doch schnell wird beim genaueren Hinhören deutlich, dass da Einiges schräg verschoben und skurril verzerrt ist. V. a. ein Spieler scheint wie ein Krüppel sich durch den Tonraum zu bewegen. Der andere versucht mit dessen Spiel Verschiedenes anzustellen, übermalt dabei aber auch das Spiel des Krüppels. Es kommt zu keiner Ausformung, es bewegt sich, aber es kommt nicht von der Stelle. Die Töne am Schluss sind schön, aber da spielt der Krüppel nicht mehr mit."

In den Improvisationen wird mit viel Aufwand das, was schwach, brüchig und verloren erscheint zu stützen, zu stabilisieren und abzusichern versucht. Es werden Stützpfeiler gegen bedrohliche Lagen eingeführt. Es geht um ein krasses Verhältnis:

Es wird versucht mit einer Art Zwang zu erhalten, was sich aufzulösen droht, was im Begriff ist abzusterben, was vielleicht auch Zerstörerisches in sich birgt.

Entwickeltes, Perfektes steht Fragmenten und Rudimenten oftmals massiv gegenüber.

Dagegen entsteht im Sinne einer Entwicklungsperspektive der Gedanke, dass das Wackelige, die Fragmente Chancen brauchen, um selbst etwas zu werden.

Der zusammenfassende Satz für die oben angeführte Gruppe von Beschreibungen im Sinne einer Hypothese lautet:
Durch eine sich zunehmend verfestigende Formenbildung wird eine unpassende Einheit aufrecht zu erhalten gesucht. Dadurch werden aktuell mögliche Spielräume übersehen, können nicht angeeignet werden und bleiben daher ungenutzt.
Als Gegenbild wäre ein beweglicher Rahmen, ein Schutzraum denkbar, der Platz lässt für vorsichtige Experimente und genügend Sicherheit bietet, um das „Hässliche" aushalten zu können.
Tatsächlich lässt sich auch dieses in einzelnen Beschreibungen wiederfinden:
„Gleich mitten drin, da ist einer in seinem Übungsraum, es klingt trocken, nüchtern, etwas beengt. Dann ist da noch jemand – so etwas wie der Großvater – der neben dran auf seiner Zither übt. Die beiden haben das schon oft gemacht, keiner stört sich am anderen. Man ist sich wohlgesonnen, auch wenn man nicht das gleiche Stück probt. Und so kann es am Schluss doch auch noch eine Annäherung geben, ohne dass einer sein Wesen / seine Spielweise aufgeben müsste. Was dazwischen auffällt, sind zwei Passagen, in denen den Trommler scheinbar plötzlich die Kräfte verlassen. Warum? Und was hilft ihm wieder weiterzumachen?"

3. Brückenschlag

Die Beschreibungstexte, die ohne Wissen um die schwere Erkrankung der beteiligten Patienten entstanden sind, zeigen auf, in welch schwieriger Lage sich Therapeut und Patient in der Behandlung befinden. Das Bedrohliche der Krebserkrankung muss mit allen Mitteln zurückgedrängt werden, und der Therapeut ist immer in Gefahr, dem Sog zu erliegen, das „Hässliche" (Schmerz, Angst und Tod) durch das „Schöne" (in diesem Fall die Harmonie der Musik) ‚heilen' zu wollen.
Der Versuch, aus der Fülle des vorliegenden Materials die wesentlichen Verhältnisse, die hier zur Wirkung kommen, herauszuarbeiten, kann in dieser Form nur grob geschnitzt sein und lässt deshalb die vielfältigen Verästelungen, Variationen und wichtigen Nuancen der Beschreibungen außer acht. Dennoch ist es vielleicht deutlich geworden, um was für eine unerschöpfliche Quelle es sich bei den Improvisationen und ihrer Abbildung in den Beschreibungen handelt, um Einsichten zu gewinnen in das menschliche Miteinander, seine Probleme, seine Hoffnungen und sein Gelingen. Dabei kommt der Musik eine besondere Rolle zu als Mittlerin und Gestaltungsraum, als Lebensraum für ganz wesentliche Momente. Auch davon erzählt eine Beschreibung:
„Am Anfang ist es so exakt zusammen, dass ich denke, es könnte auch nur ein Spieler sein. Dann kommen Unebenheiten, die deutlich machen, dass es doch einer gewissen Anstrengung bedarf, so exakt zusammen zu spielen. Der Eindruck des Mechanischen wird abgemildert durch die menschlichen Unregelmäßigkeiten. Es erscheint fast unglaublich, dass so ein Stück durch Improvisation zustande kommen kann. Andererseits ist es schwer vorstellbar, dass so etwas gelingt, wenn man es vorher abspricht. Es ist, als schaue man in das Innere eines kosmischen Getriebes, entkleidet allen menschlichen Wollens und dennoch nicht unmenschlich."

6.2 Musikalische Verlaufsanalyse der Improvisationen

Martin Deuter

Der folgende Text beschreibt eine musiktherapeutische Improvisation mit der Blickrichtung auf die Verwendung des musikalischen Materials. Dabei sind zwei Aspekte von Bedeutung: Wie ist der *Verlauf* der Improvisation, und wie gestaltet sich die *Beziehung* der beiden Spielerinnen bzw. der Spieler. Diese beiden Aspekte werden als ein Bedingungsgefüge angesehen, das heißt, die Art und Weise des Verlaufs bestimmt die Beziehungsmöglichkeiten, die in der Musik entstehen; die Beziehungsgestaltung bestimmt in Ergänzung dazu den Verlauf der Improvisation

Improvisationen Patient A
Dauer 11:13
Große Pauke – Klavier
Die Improvisation hat eine Dauer von 11 Minuten 13 Sekunden. Das Spiel verläuft ohne eine Pause oder einen größeren, deutlichen Einschnitt, jedoch lässt der Ablauf beim Zuhören eine Einteilung in drei Teile sinnfällig werden.
Teil 1 (0:00" – ca. 5:00")
Der erste Abschnitt umfasst die ersten fünf Minuten des Verlaufs. Die Improvisation ist zunächst von starker rhythmischer Akzentuierung und sich steigernder Dynamik bestimmt. Der Beginn wird von der Pauke eingeleitet und rasch vom Klavier beantwortet. Die nach den ersten, noch leise und tastend gespielten Schlägen der Pauke bestehenden Lücken werden rasch geschlossen zugunsten eines durchgehend geschlagenen Metrums (Viertel = 98 im ersten Teil), das im gesamten weiteren Verlauf der Improvisation zwar abgewandelt, aber nicht wieder aufgegeben wird.
Die Pauke ist sehr tief gestimmt. Dadurch ist es für den Spieler schwierig, prägnante Figuren hörbar werden zu lassen. Mit steigender Lautstärke und bei einer Intensivierung des Tempos verschwimmen die einzelnen Schläge ineinander, und der Klangaspekt tritt in den Vordergrund: der Rhythmus wird zum Donner oder, in leiseren Passagen, zu einem hintergründigen Grummeln. Die klanglichen Differenzierungsmöglichkeiten, die zur Verfügung stehen, liegen damit nur im leiser oder lauter werden.
Das Klavier übernimmt das von der Pauke eingeführte Metrum in den Figuren der linken Hand und ergänzt die rhythmische Strukturierung durch eine tonale Festlegung in einem über weite Strecken wiederholt und beharrlich gespielten Grundton (d), der nach dieser anfänglichen Setzung im Verlauf der Improvisation nicht mehr verändert wird. Variationen im tonalen Bereich ergeben sich im weiteren Verlauf in einer Veränderung des Tongeschlechts: zunächst gibt es um den Grundton „d" herum keine Dur-Moll-Festlegung. Ab ca. 3:24" bewegen sich die melodischen Figuren im Bereich von d-moll, allerdings in einer modalen Spielweise ohne eine Ergänzung durch Subdominante oder Dominante. Im späteren Teil bewegt sich das melodische Geschehen im Bereich von D-Dur.

Für die Beziehungskonstellation, die sich im Verlauf des Spiels ergibt, sind die ersten Takte einer Improvisation von besonderer Bedeutung. Hier wird der klangliche Raum definiert, hier werden Festlegungen darüber getroffen, wie das musikalische Material im weiteren verwendet werden wird, es werden Möglichkeiten eröffnet und gleichzeitig Begrenzungen festgelegt, mit deren Beibehaltung oder Erweiterung die Improvisation in ihrem Verlauf beschäftigt ist. Im vorliegenden Beispiel ist die rasche „Einigung“ auf die metrische Struktur und auf die melodisch-harmonisch Begrenzung des Spielraums auffällig (siehe Notenbeispiel 1).

Dem ersten rhythmischen Motiv der Pauke folgt eine Pause, die in ihrer Länge den gesetzten Puls wieder verunsichert, ein kurzes Offenlassen, das dann aber mit den nächsten, gleichförmigen Motiven wieder zurückgenommen wird. Das *crescendo* der Pauke im dritten Takt hat einen zwingenden Charakter und scheint in dieser Eigenschaft das Klavier mit Nachdruck ins Spiel hineinzuziehen. Dabei fällt auf, dass das Klavier zum einen das rhythmische Motiv aufnimmt und bestätigt, dabei aber, als gäbe es gleichzeitig auch einen Widerstand dagegen, das Motiv dehnt und mit einer Pause erweitert, als solle die anfängliche Offenheit oder Unsicherheit, die in der ersten Figur im Spiel der Pauke auftauchte, nochmals in Erinnerung gerufen werden.

In den nächsten Takten erfolgt dann allerdings eine weitgehende Einwilligung in das vorgegebene metrische Gerüst (mit Ausnahme der Synkopierung im Klavier), verbunden mit einer Reduzierung der klanglich-harmonischen Möglichkeiten des Instruments: das Klavier erscheint wie ein Rhythmusinstrument und beschränkt sich zunächst auf Grundton und Quinte des damit auch für den gesamten Verlauf abgesteckten tonalen Raumes.

Wie eine Vorbereitung zum zweiten Abschnitt der Improvisation wirkt die deutlicher werdende Angleichung der beiden Instrumente: Ab ca. 3:24“ entwickelt sich eine rhythmische Figur, die, synchron in Pauke und Klavier, in durchlaufenden Achteln mit Akzenten auf den betonten Taktzeiten läuft. Vom Klavier ausgehend kommt eine deutlicher werdende Phrasierung ins Spiel. Ein eintaktiges melodisches Motiv in d-moll wird dreimal hintereinander vorgestellt, um dann mit einem zweiten, ebenfalls eintaktigen Motiv beantwortet zu werden, das jeweils einmal gespielt wird (siehe Notenbeispiel 2). Diese Phrase erscheint vier Mal in der identischen Abfolge und wird beim fünften Mal erweitert. Die Pauke übernimmt dabei die Funktion eines gleichwertigen Gegenübers; dies wird vor allem bewirkt durch eine Angleichung der Lautstärke beider Instrumente. Die rhythmischen Akzente der Pauke unterstützen und bestätigen die melodische Phrasierung. In der dann zunehmend geringer werdenden Lautstärke der Pauke verschwimmen jedoch die einzelnen Schläge, das Paukenspiel bildet mehr und mehr einen Hintergrund aus, der vor allem von klanglichen Elementen bestimmt ist.

Die melodische Figur des Klaviers dagegen erweitert sich aus der beschriebenen vierteiligen Phrasierung heraus zu einem kurzen freieren melodischen Abschnitt, und verwandelt sich in der Folge zu einer ostinaten Figur. Die sich daraus entwickelnde Reduzierung auf den mehrfach wiederholten Grundton markiert das Ende dieses ersten Improvisationsteils.

Teil 2 (5:00“ – ca. 9:00“)
Die Pauke ist hier durch sehr leises Spiel ganz in den Hintergrund getreten; somit steht das Metrum nicht mehr so stark im Vordergrund. In seiner Wirkung auf den Verlauf erinnert dieser Abschnitt an die kleine verunsichernde Pause im ersten rhythmischen Motiv der Pauke ganz zu Anfang der Improvisation. Eine Öffnung in rhythmisch freieres Geschehen liegt in der Luft. Das Klavier hält jedoch an einer metrischen Bindung fest. Der Grundschlag erfolgt allerdings nun in halbiertem Tempo. Dies bewirkt eine Veränderung der Dynamik, es tritt eine Beruhigung ein; gleichzeitig wird aber dadurch der einmal eingeführte Puls bestätigt.
Harmonisch ergibt sich eine Wendung zu D-Dur, durch Schritte der linken Hand in der Folge von vierter und fünfter Tonstufe kommen der Subdominant- und der Dominantbereich hinzu. Dabei übernimmt die linke Hand des Klaviers die metrisch-rhythmische Funktion, die die Pauke im ersten Teil inne hatte, während die Pauke jetzt einmal mehr ihre rhythmische Akzentuierung aufgegeben hat zugunsten einer diffuseren klanglichen Gestalt.
Im Klavier hat sich eine neue melodische Figur entwickelt, die mit leichten Abwandlungen wiederholt wird: D-Dur, im Oktavraum von d^1 – d^2. Die linke Hand hat Ostinatobewegungen in Grundton und Quinte. Die Dominantfunktion ist abgeschwächt, da der Leitton in der Melodielinie ausgespart bleibt.

Teil 3 (ca. 9:00“ – 11.13“)
Ab ca. 8:20“ scheint sich so etwas wie eine Erschöpfung in der melodischen Figur bemerkbar zu machen, wie ein vergebliches Suchen nach Erweiterungsmöglichkeiten einer nicht länger stimmigen Form. Die dabei aufkommende Unsicherheit wird von der Pauke mit einem *crescendo* beantwortet. Dieses wiederum ruft eine Rückkehr in die vorherigen melodisch-harmonischen Strukturen des Klaviers hervor. Auch im Klavier ergibt sich ein *crescendo*, die rhythmische Gestalt kommt dabei wie unter dem Ansturm der Paukenklänge ins Straucheln, dies wird kompensiert durch eine deutlichere Akzentuierung der harmonischen Figur: in der linken Hand ist die deutliche Folge von IV – V – I zu hören. Die Kadenz-Wendung, in der Folge reduziert auf die Bassstimme ohne die Melodiebögen der rechten Hand, zeigt nun ihre Wirksamkeit als musikalische Schlusswendung. Sie eröffnet (oder bedingt) die Möglichkeit, das Spiel zu einem Ende kommen zu lassen. In einer mehrmaligen Wiederholung des Grundtons (in tiefer Lage, allein – ohne die rechte Hand), findet sich das Klavier annähernd im selben Klangregister wie die Pauke und beendet zusammen mit den letzten, eher verschwimmenden Paukentönen das Spiel.

Notationsbeispiel 1: Anfang der Improvisation Patient A

Notationsbeispiel 2: ab ca. 3:45“

Improvisation Patient B
Dauer 2:08“
Monochord / Gitarre
Der Charakter des gemeinsamen Spiels wird stark von den Gegebenheiten der Instrumente bestimmt. Der Klang des Monochords ist, bedingt durch einen relativ gleich bleibenden Anschlag der Saiten, wenig variiert. Klangliche Akzentuierungen ergeben sich durch die Rhythmisierung des Anschlags.
Das Gitarrenspiel stützt sich auf wenige, grifftechnisch günstig liegende Akkorde. Die melodischen Motive, die verwendet werden, ergeben sich ebenfalls aus einer technischen Bedingung. Es sind die Melodietöne, die fingertechnisch bei Beibehaltung des Akkordes erreichbar sind.
Der Zusammenhalt des Spiels stützt sich vor allem auf die übereinstimmende Tonalität, die durch die Stimmung des Monochords in *d* vorgegeben ist. Die Gitarre spielt zunächst im tonalen Raum einer dorischen Leiter, der nachfolgende Abschnitt ist in *d-moll*. Das zweite Element des Zusammenhalts ist der gemeinsame Rhythmus, ein 3/4-Takt, der sich im Moll-Teil etabliert.
Die Improvisation beginnt mit Monochord-Klängen, die schwach rhythmisiert einen Klangraum eröffnen, den die Gitarre mit einem einstimmigen melodischen Motiv beantwortet. Das Metrum ist hier noch nicht sicher fundiert, das melodische Motiv bewegt sich zunächst mit leichten Schwankungen in einem 7/8 Takt. Es wird wiederholt und erweitert und erweckt damit die Erwartung, eine interessante Weiterführung werde folgen. Mit der mehrmaligen Wiederholung des Tons h tritt jedoch eine Stockung auf. Vom *h* aus springt die Melodie eine Quarte aufwärts zum *e*. Was zunächst als melodische Bewegung gehört werden kann, muss dann aber als das Kontrollieren der Stimmung der beiden leeren Saiten *h* – *e* aufgefasst werden (siehe Notationsausschnitt).
Das Anfangsmotiv wird nochmals aufgenommen, leiser als zuvor, danach aber nicht weitergeführt, sondern wie beiseite gelassen. An seine Stelle tritt akkordisches Spiel im Bereich von *d-moll*, variiert durch die eingangs erwähnten harmonischen Erweiterungen. Der Grundakkord *d-moll* klingt dabei jeweils durch und wird durch die Grundton-Orientierung des Monochords unterstützt.
Eine Gliederung erfährt der Verlauf durch eine Unterbrechung im Spiel des Monochords. Die melodisch-rhythmische Figur der Gitarre erfährt dadurch eine Betonung, sie kann sich für einen Moment deutlicher von der Umgebung abheben. Das akzentuierte Wiedereinsetzen des Monochords auf einer betonten Taktzeit bekräftigt dann das gemeinsame Weitergehen.

Notationsbeispiel 3: Beginn der Improvisation Patient B

Improvisation Patient C
Dauer 6:38“
Zwei Kalimbas
An der Improvisation sind zwei Spieler beteiligt, die das selbe Instrument benutzen: zwei Kalimbas in pentatonischer Stimmung (a | h | c | e | f | a) im Tonraum *a* bis *f*“.
Bedingt durch den Gleichklang der Instrumente, der durch eine übereinstimmende Spielweise noch ergänzt wird, ergibt sich ein sehr homogener Spielverlauf. Dies kann beim Hören durchaus eine Unsicherheit über die Anzahl der beteiligten Instrumente oder die Zahl der Spieler hervorrufen. Die Linien der beiden Stimmen sind so miteinander verknüpft, dass sie sich auch wie ein einziges Gewebe ansehen lassen.
Die Ähnlichkeit der Instrumente legt einen gemeinsamen Tonraum und eine übereinstimmende Klangfarbe fest, die durch den Gebrauch des Instrumentes vorgegeben sind. Die Begrenzung durch diese Vorgabe ließe sich nur mit einiger Mühe oder besonderem Einfallsreichtum überschreiten.
Das Spiel beginnt scheinbar ohne die Notwendigkeit der Suche nach einem gemeinsamen Metrum. Der erste Ton wird durch zwei weitere Töne, die man als eine zweite Stimme auffassen kann, ergänzt; damit ist das Metrum festgelegt. Dieses Metrum wird beibehalten und in der Folge nur allmählich beschleunigt, ohne dass damit die Dynamik merkbar größer wird.
Im Höreindruck der Bandaufnahme ist nun nicht eindeutig zu bestimmen, ob die Vorgabe des Metrums von einem der beiden Spieler ausgeht, oder ob es beide Spieler sind, die sich innerhalb der ersten drei Töne über das anzuschlagende Tempo einig werden. In jedem Fall wird das einmal etablierte Verhältnis einer durchgehenden rhythmischen Struktur in der Folge nicht verändert. Hingegen wird die regelmäßige Abfolge der Töne immer wieder leicht verzögert, so als würde die ruhige Gewissheit des Ablaufs durch ein Zögern, eine Irritation beeinträchtigt. Das grundsätzliche Muster des Zusammenhangs wird dadurch jedoch nicht in Frage gestellt. (Die Spielweise, die das Kalimba erfordert, begünstigt diese Verzögerungen, wenn der Widerstand der Metallzungen sich als größer erweist, als es die Finger erwartet haben.)

Durch den Wechsel von Abschnitten mit den erwähnten kleinen Verzögerungen und solchen mit einem glatten Vorwärtsdrehen ergeben sich Nuancierungen im Spielverlauf, der ansonsten in seiner Gleichförmigkeit die Notwendigkeit aber auch die Möglichkeit von Veränderung und Entwicklung vergessen machen könnte.

Die melodische Struktur wird durch ihre ostinate Ausprägung gleichzeitig zu einem Bestandteil des klanglichen Hintergrundgewebes. Die Spannung zwischen klanglichem Hintergrund und sich davor abhebender melodischer Figur ist somit relativ niedrig. Die verwendete pentatonische Leiter läßt einen Tonraum in einer schwebenden Offenheit zwischen a-moll, F-Dur bzw. lydischem Modus entstehen. Der Anfangston der Improvisation ist ein h‘. In der bedeutsamen Position der ersten klanglichen Setzung hat dieser Ton eine besondere Wirkung: er scheint hier, wie auch bei jedem weiteren Wiedererklingen, die Schwerkraft des Grundtons aufzuheben oder zumindest zu relativieren.

Durch das enge Zusammenspiel der beiden gleichartigen und gleich klingenden Instrumente ergibt sich ein Ineinander von Ein- und Mehrstimmigkeit bei fast jeder Zählzeit. Phrasierungen bilden sich durch das Erklingen des Grundtons, der als Beginn einer neuen Phrase gehört werden kann. Auch das Auftauchen des höchsten Tons setzt jeweils auf ähnliche Weise eine Art Merkzeichen. Diese Eckpunkte erscheinen jedoch nicht regelmäßig oder in Übereinstimmung mit der Hör-Erwartung. Vielmehr überschneiden sie sich im Zusammenspiel der Instrumente und ergeben so das eigentümliche Verhältnis von Abhebung und Verwobensein, das diese Improvisation charakterisiert.

Im Zeitabschnitt von etwa 2:50“ an, und ausgeprägter noch kurz vor dem Ende der Improvisation (ca. bei 5:00“), wird eine zusätzliche melodische Linie hörbar. Sie ergibt sich, nach Art einer verdeckten Zweistimmigkeit, aus der Folge einiger Töne, die sich durch ihren matteren Klang von der Mehrzahl der übrigen abheben. Auch die Rhythmisierung ist hier eine andere (Achtel, Achtel – Viertel entgegen den sonstigen durchgängigen Viertelnoten) und es entsteht so der Eindruck einer weiteren, mitlaufenden Stimme, die womöglich Anderes zu sagen hätte, sich aber dazu nicht deutlich genug in den Vordergrund bringen kann.

Der Schluss der Improvisation geschieht unerwartet aus der laufenden Bewegung heraus, ohne dass sich zuvor in einem der Parameter eine Schlusstendenz abgebildet hätte. Das Ende bleibt dennoch ohne dramatische Wirkung und wirkt vielmehr wie eingefügt in die Gleichförmigkeit und Gleichmütigkeit des Geschehens.

Notationsbeispiel Anfang der Improvisation

Spielverlauf skizziert, Tonhöhen annähernd wiedergegeben.

Notationsbeispiel 4: Beginn der Improvisation Patient C

Improvisation Patient D
Dauer 5:53"
Bass-Xylophon und große Pauke
Die Improvisation beginnt mit einer Melodielinie des Xylophons. Dabei liegt das Metrum vom ersten Ton an fest und bleibt im Großen und Ganzen im gesamten Verlauf des Stückes gleich ($^1/_4$ = ca. 63). Der verwendete Tonraum ist relativ klein, er ist begrenzt auf den Bereich c – a.
Die Sicherheit, mit der die melodische Linie eingeführt wird, wird rasch wieder in Frage gestellt. Die Sinnhaftigkeit einer Melodie, wie sie hier vorgestellt wird, hängt davon ab, dass sie phrasierende Einschnitte aufweist, die Bisheriges und Kommendes gliedern. Spätestens im vierten Takt stellt sich heraus, dass solche Gliederungen nicht vorkommen, die Melodie sich vielmehr in einer endlosen Folge aneinandergereihter Motive fortbewegt. Dazu kommt, dass es auch bereits in den ersten vier Takten (die Zählung eines 4/4-Taktes vorausgesetzt) nicht leicht ist, die betonte Taktzeit zu bestimmen. Das Einsetzen der Pauke im vierten Takt bestimmt diese Zählzeit zu einer *1*, dies wiederholt sich im nächsten Takt. Beim dritten Takt des gemeinsamen Spiels kommt es zu einer kleinen Verzögerung im Spiel des Xylophons, während die Pauke am Metrum festhält, so dass die gerade hergestellt Einigkeit wieder ins Wanken gerät (siehe Notation). In der Folge wird die Unsicherheit über den Zeitpunkt der Betonungen dadurch ausgeglichen, dass über größere Abschnitte auf einen Akzent verzichtet wird und stattdessen Reihen von gleichmäßigen Schlägen die Melodielinie begleiten.
Variationen im rhythmischen Material gibt es in einer Abwechslung der Kombination von Achtel- und Viertelwerten. Die häufigste Zusammenstellung ist dabei die von $^1/_8$ | $^1/_8$ || $^1/_4$ und Reihungen dieser Folge. Eine weitere Variation ist die Reihe $^1/_8$ | $^1/_8$|$^1/_8$ | $^1/_8$||$^1/_4$|$^1/_4$.
Während das Spiel also mit einer relativ großen Sicherheit im Xylophon beginnt, ist die Ambivalenz von Spielen oder Nicht-Spielen in der begleitenden Pauke größer. Der Anfang wirkt abwartend. Auch hebt sich die Melodielinie des Xylophons deutlich ab, während die Pauke durch ihre tiefe Stimmung mehr klangbetont ist. Ihre Töne klingen dumpf und scheinen manchmal mit dem Hintergrund zu verschwimmen. Dadurch ist es oft nicht genau auszumachen, ob wirklich ein Paukenton zu hören ist oder ob es die Wahrnehmung einer Hörerwartung ist.
Im Zeitabschnitt ab etwa 3:00" zeigt sich eine Besonderheit dieser Improvisationsstruktur im Umgang mit Spannung und Veränderung.
Die bisherige Verwendung der Achtel-Viertelfigur ($^1/_8$ | $^1/_8$ || $^1/_4$) wird in beiden Instrumenten durch eine längere Reihe von Achteln abgelöst. Als wäre nun damit die Möglichkeit der Rückkehr zu den Vierteln verloren gegangen, wird, ausgehend vom Xylophon, die Achtelbewegung in ihrem Grundschlag so weit verlangsamt, bis das vormalige Tempo der Viertelwerte erreicht ist. Die Pauke vollzieht dieses *ritardando* mit. Damit aber wird die dynamische Bereicherung in der Gegenüberstellung von Achtel- und Viertelwerten aufgegeben. Außerdem wird die Veränderung, die der Tempowechsel beinhaltet, wie in einer Kreisbewegung zurückgebogen zur vorherigen Situation. Aus dem Neuen ist wieder das Alte geworden.

Über eine Reihe von Takten bewegen sich beide Instrumente dann in synchronen Viertelwerten, bevor die Pauke die vorherige Figur $^{1}/_{8}$ | $^{1}/_{8}$ || $^{1}/_{4}$ wieder anbietet. Mit einer Verzögerung übernimmt auch das Xylophon dieses Motiv wieder und verwendet es wie vorher (man möchte sagen „als sei nichts gewesen“) bis zum Schluss.
Das später von der Pauke eingebrachte, neue rhythmische Motiv $^{1}/_{16}$|$^{1}/_{16}$|$^{1}/_{16}$|$^{1}/_{16}$ || $^{1}/_{4}$ dagegen findet im Spiel des Xylophons keine Resonanz.

Notationsbeispiel 5: Beginn der Improvisation Patient D

Zusammenfassung

In allen vier Beispielen lässt sich eine gewisse Ähnlichkeit in der Art und Weise feststellen, in der sich die Beziehung der beiden Spielenden gestaltet und wie sich der Verlauf der Improvisation entwickelt.

Es scheint eine Bemühung zu geben, die Spannung, die sich aus der Unterschiedlichkeit der beiden Spieler ergeben könnte, so rasch wie möglich aufzuheben, um einer Atmosphäre der Übereinstimmung und des Einvernehmens Raum zu geben. Die dazu gegenläufigen Tendenzen, die auf Abgrenzung und Unterschiedlichkeit abzielen, werden musikalisch kaum ausgespielt. Dies geht mit einem Verzicht auf die Vielfalt musikalischer Formenbildung und der Ausdrucksmöglichkeiten der Instrumente einher. Damit bleibt die Unterscheidbarkeit der beiden Personen und ihrer jeweiligen (möglicherweise unterschiedlichen) seelischen Verfassung begrenzt. Das Bemühen um Empathie und Übereinstimmung rangiert vor einem möglichen Bedürfnis nach Abgrenzung und Unterscheidung. Bedingt durch diese eher vereinheitlichende Ausprägung der Beziehungsgestaltung wäre man auf bloße Vermutungen angewiesen, wollte man eine Aussage darüber machen, welche der Instrumente von einer Frau oder einem Mann gespielt wird.

Auch der Verlauf scheint von dem Bedürfnis bestimmt zu sein, einmal Gefundenes nicht wieder zu gefährden. Veränderungstendenzen, die wahrnehmbar werden, bleiben latent und gelangen nicht in den Vordergrund. Eine denkbare umfassende Veränderung der Situation bleibt damit aus dem Bereich der Möglichkeiten ausgespart. Zu Beginn der Improvisationen ergeben sich rasch deutliche Strukturen. Die Entwicklung jedoch, die hin zu einem Miteinander führt, wird dabei nicht erlebbar. Das kann als Vermeidung angesehen werden, sich mit der Geschichtlichkeit des Geschehens auseinander zu setzen: es ergibt sich eine Eingrenzung auf einen momentanen Zustand, darauf „wie es ist"; ausgeblendet wird dagegen der Bereich „wo es herkommt". In der Festlegung des musikalischen Materials auf rhythmisch-melodisch überschaubare Figuren, in der Begrenzung der klanglichen Möglichkeiten, im weitgehenden Verzicht auf Gliederungen, Pausen oder wirkungsvolle Abschnitte werden Aspekte der Geschichtlichkeit außer Kraft gesetzt, so dass der Zuhörer außerdem kaum einen Eindruck davon bekommt, „wie es werden soll", welche Entwicklungs- und Veränderungsmomente das Geschehen beinhalten könnte.

Kapitel 7
Zur Situation der Patienten Teil 4: Analyse der verbalen Interaktion in der Musiktherapie

Birgit Gaertner

Konstitutiv für die musiktherapeutische Arbeit mit Patienten ist die Annahme von der Musik als einem zentralen – wenn nicht *dem* – therapeutischen Agens in der Beziehung zwischen Therapeut und Patient. Gleichwohl ist das musikalische Geschehen in der Regel eingebettet in soziale Interaktionssituationen, die sich der Sprache zur Verständigung bedienen. Hierzu gehören z. B. Begrüßungsrituale und Aktivitäten, die der Ausleitung aus der Alltagssituation und der Überleitung in die eigentliche therapeutische Arbeit dienen ebenso wie die vielfältigen Einführungssituationen von und in Musik und die sich sehr unterschiedlich gestaltenden Evaluationspassagen des musikalischen Geschehens.
Während die (quantitative und qualitative) Analyse von Verbatimprotokollen in der allgemeinen Psychotherapieforschung von Beginn an eine zentrale Rolle spielte, sind die verbalen Interaktionssequenzen in musiktherapeutischen Sitzungen meines Wissens bislang noch nicht Gegenstand einer systematischen Betrachtung geworden. Dies muss nicht verwundern: als noch junge Disziplin konzentriert sich die musiktherapeutische Forschung zuallererst auf die empirische Fundierung und Konkretisierung ihrer spezifischen theoretischen Grundannahmen und insbesondere auf den empirischen Nachweis ihrer psychotherapeutischen Wirksamkeit.
Der nachfolgende Beitrag fokussiert gleichwohl die *verbale* Kommunikation zwischen Musiktherapeuten und ihren Patienten in interaktionstheoretischer Perspektive. Musiktherapeutische Praxis wird im Folgenden als soziale Wirklichkeit verstanden, die von den beteiligten Interaktanten getragen, aber auch in ihrer jeweiligen Bedeutungshaltigkeit immer wieder hergestellt und ausgehandelt werden muss. Die Rekonstruktion dieses Prozesses steht im Mittelpunkt meiner Untersuchung. Dabei wird – in Anlehnung an das Paradigma einer *gegenstandsbezogenen Theoriebildung* („*Grounded Theory*“, vgl. hierzu Glaser/Strauss, 1967/1998; Strauss, 1991) und angesichts der weiter oben skizzierten relativen Unerforschtheit der Verbalinteraktion in musiktherapeutischen Sitzungen auf eine frühe Hypothesenbildung oder theoriegeleitete Datensichtung verzichtet. Vielmehr wird das Fallmaterial auf grundlegende Fragen bezüglich des verbalen Geschehens hin sequentiell untersucht: was passiert in diesen Passagen zwischen dem Patienten und dem Therapeuten? Welche impliziten Vorannahmen beider Interaktanten bezüglich der sozialen Situation „Musiktherapie“ lassen sich erkennen und lenken die kommunikativen Vollzüge? Zeichnen sich möglicherweise bestimmte typische Interaktionsstrukturen zwischen Patient und Therapeut ab, die man als Elemente einer spezifischen therapeutischen Haltung oder Kultur beschreiben könnte?

Als empirische Grundlage dienten die Transkriptionen der verbalen Interaktion in insgesamt 13 Musiktherapiesitzungen, die von zwei Musiktherapeutinnen und einem Musiktherapeuten durchgeführt wurden.
Bei diesen Transkriptionen handelt es sich um Verschriftungen mittlerer Genauigkeit, die das gesprochene Wort einschließlich wesentlicher und auffälliger Gestaltungselemente wie Pausen, gedehntes Sprechen, Betonungen, Sprecherwechsel, Unterbrechungen, Korrekturen, Lautstärkemodulationen, erzählunterstützende Rezeptionssignale („hm, hm") dokumentiert (1). Auf diese Weise soll gewährleistet sein, dass die Rekonstruktion der verbalen Interaktion sich nicht nur allein auf die manifesten Inhalte des Gesprochenen bezieht, sondern das „Wie" des sprachlichen Geschehens als signifikanter Zugangsweg zu den subjektiven Bedeutungsgehalten in die Analyse einbezogen werden kann. Damit ist zugleich die *interpretative Ausrichtung* der Datenauswertung angedeutet: da der Datencorpus, wie eingangs erwähnt, als Dokumentation einer subjektiven Wirklichkeit, die von den Interaktanten hervorgebracht wird, verstanden wird, vollzieht sich die Auswertung als hermeneutisch procedierende Rekonstruktion eben dieser subjektiven Sinnstrukturen.
Konkret erfolgt die Textbearbeitung in mehreren Stufen. Zunächst wird die Transkription sequentiell segmentiert, d. h. es wird mit Hilfe linguistischer und konversationsanalytischer Parameter die innere Gliederungsstruktur der verschrifteten Interaktion nachvollzogen. So genannte formale Rahmenschaltelemente (z. B. Pausen im Gespräch, eine Coda am Ende eines Abschnittes wie etwa: „tja, soweit vielleicht" oder auch die aufzählende Verknüpfung „und dann" etc.) signalisieren dabei, ob z. B. eine thematische Linie oder kognitive Struktur im Gespräch zum Abschluss gebracht wurde oder ob einer der Sprecher anhebt, eine neue Gesprächsaktivität zu entfalten – etwa über ein Ereignis zu erzählen oder einen inneren Zustand zu beschreiben.
Wenn solcherart der gesamte Transkriptionstext der Verbalinteraktion der musiktherapeutischen Sitzung in seiner inneren Gliederungsstruktur begriffen und entsprechend segmentiert wurde, beginnt die Sequenzanalyse des Textes entlang der einzelnen Abschnitte. Bei diesem Verfahren handelt es sich um eine dem methodologischen und theoretischen Konzept der „Objektiven Hermeneutik" entlehnte qualitative Auswertungsmethode, bei der jeder „einzelne Interaktionsbeitrag, Zug um Zug, ohne vorab den inneren und äußeren Kontext der Äußerung zu explizieren…und *ohne* Einsatz von Wissen um den Fall ausgedeutet" wird (Reichertz 2003, 517). Konstitutiv für das Konzept der Objektiven Hermeneutik ist die Differenzierung zwischen dem subjektiv intendierten Sinn der Textproduzenten auf der einen und der via hermeneutischer Rekonstruktionsakte entschlüsselten *objektiven* Bedeutungsstruktur des Textes auf der anderen Seite. Eine solche Differenzierung zwischen manifester Oberflächenstruktur und *latenter (objektiver) Sinnstruktur* des interaktiv hervorgebrachten Textes ist für den hier interessierenden Gegenstandsbereich therapeutischer Interaktion von besonderem Interesse. Sie bietet die Chance, Kommunikationsabläufe und deren Verzerrungen in ihren bewussten und unbewussten Dimensionen zu rekonstruieren, und muss sich nicht mit einer

Beschreibung manifester Gesprächsinhalte – mit dem, was Therapeut und Patient subjektiv bewusst-intentional zum Ausdruck bringen möchten – begnügen. Oevermann spricht in diesem Zusammenhang explizit von *verzerrter Kommunikation*, wenn die Sprecher sich über die latente Sinnstruktur ihrer Äußerungen und über die Widersprüchlichkeit zu deren objektivem Bedeutungsgehalt nicht im Klaren sind (Oevermann 1979, 373). Akute oder chronifizierte psychische Krisen bzw. psychisch bedingte Persönlichkeitseinschränkungen, die die Inanspruchnahme von Psychotherapie erforderlich machen, stellen Ausgangsbedingungen dar, in denen tendenziell die bewusste, aufgeklärte Verfügung der Subjekte über sich selbst und in ihren kommunikativen Akten signifikant eingeschränkt ist:
„Die vollständige Koinzidenz der intentionalen Repräsentanz mit der latenten Sinnstruktur der Interaktion ist prinzipiell möglich, aber sie stellt den idealen Grenzfall der vollständig aufgeklärten Kommunikation in der Einstellung der Selbstreflexion dar (…) Latente Sinnstrukturen können durch pathologisch restringierende Faktoren als systematisch verzerrte, fragmentierte oder verschobene Lesarten intentional repräsentiert sein. Auf der Ebene der Lebensgeschichte bezeichnen wir diese Faktoren als Neurosen und Psychosen, auf der Ebene der Gesellschaftsgeschichte als Ideologien, Dogmen, Mythen (...) Sie sind dafür verantwortlich, dass Fehlleistungen, Kompromissbildungen und Symptomhandlungen produziert werden und ihr objektiver Sinn nicht entziffert werden kann“ (Oevermann et al., 1979, 380 und 385).
Folgt man dieser Argumentation, so lässt sich hieraus unschwer die Notwendigkeit eines textkritischen Zugangs zu den Materialien aus der musiktherapeutischen Arbeit mit Patienten, die an Krebs erkrankt sind, ableiten. Wir können nun die eingangs formulierte Ausgangsfragestellung zur Verbalinteraktion in der musiktherapeutischen Arbeit ein Stück weit konkretisieren: möglicherweise gelingt es, charakteristische „Verzerrungen“ des interaktiven Geschehens zu erkennen, die Aufschluss über die besonderen psychischen Verarbeitungserfordernisse schwerer chronischer Erkrankungen geben. Unter professionstheoretischen Gesichtspunkten interessiert des Weiteren die Frage, inwieweit sich in den musiktherapeutischen Sitzungen bestimmte Bearbeitungsmuster im Umgang mit diesen Verzerrungen rekonstruieren und beschreiben lassen.
Im Folgenden möchte ich zunächst den Versuch unternehmen, anhand *eines* der 13 analysierten Transkriptionen den Erkenntnisgehaltes dieses textkritischen Verfahrens der Sequenzanalyse in der Musiktherapieforschung exemplarisch und gleichsam „werkstattmäßig“ zu verdeutlichen. In einem zweiten Schritt gehe ich dann fallübergreifend auf wesentliche inhaltliche Erkenntnisse ein, die sich durch den kontrastiven Vergleich dieser 13 untersuchten Transkriptionen ergeben haben, und die ich vorweg greifend an dieser Stelle mit dem Stichwort *typischer Elemente des Therapeutenverhaltens in den Passagen verbaler Interaktion* umreißen möchte.
Auch wenn an dieser Stelle eine detaillierte Beschreibung der Stufenabfolge der einzelnen methodischen Schritte nicht geleistet werden kann (vgl. hierzu Oevermann et al., 1979, 394–402), so soll doch kurz auf die erkenntnistheoretisch zentrale Frage nach dem Wahrheits- bzw. Gültigkeitskriterium für die Auswertungs-

ergebnisse eingegangen werden. Als hermeneutisches Verfahren orientiert sich die Sequenzanalyse am Gütekriterium der Plausibilität. Thesen zu spezifischen Interaktionsabläufen in einer Therapiesitzung etwa, die die Differenz von subjektiven und latenten Sinnstrukturen plausibel rekonstruieren können und sich als „durchgängige Figuren bestätigen, (...) werden im Sinne von Hypothesen sukzessive im weiteren Material überprüft und gegebenenfalls falsifiziert“ (Flick 2002, 303). Diejenigen Lesarten eines Interaktionstextes, die einerseits alle Besonderheiten (kommunikative Verzerrungen, s.o.) des Textes plausibel rekonstruieren und erklären können und andererseits allen „Falsifikationsversuchen“ am Text widerstehen, bilden die Grundlage für eine vorläufige Formulierung der „Struktur des Falls“: „Durch den zunehmenden Ausschluss solcher alternativer Möglichkeiten der Verlaufs der Interaktion schält sich die Struktur des Falls heraus und wird schließlich durch die Überprüfung an weiteren Fällen generalisiert“ (a.a.O., 303).
Oevermann et al. verstehen die praktischen Vorgehensweisen der objektiven Hermeneutik als Bestandteile einer Kunstlehre – methodisch-abgesicherte Rekonstruktionsverfahren, welche sich „nicht prinzipiell erkenntnislogisch von den Verfahren des Alltagswissens unterscheiden, aber im Sinne einer Kunstlehre ihren Gegenstand approximativ zu erschließen versuchen“ (Oevermann 1979, 391). Hieraus folgt, dass Interpretationen prinzipiell offen gehalten und die Struktur des Falles als eine vorläufige formuliert werden muss. Die Gültigkeit der Analysen bemesse sich gleichwohl an eben dieser „strikten Anwendung der hermeneutischen Kunstlehre“ (Reichertz, 2003, 515).
Bereits jetzt dürfte deutlich geworden sein, dass das Verfahren der Sequenzanalyse als *eine* Methode der objektiven Hermeneutik am Einzelfall orientiert und zudem außerordentlich aufwendig ist. Damit ist zugleich das spezifische Repräsentationsproblem vieler qualitativer Erhebungs- und Auswertungsverfahren benannt – die Datenmengen sind oft unübersichtlich groß, die Auswertungsprozeduren mehrstufig und als interpretative Akte an diskursive Kommunikationsprozesse gebunden und entsprechend komplex. Zugleich erfordert das spezifische „Wahrheitskriterium“ der Plausibilität eine größtmögliche – idealerweise lückenlose – Nachvollziehbarkeit der Interpretationsakte am empirischen Material.
Ich habe diesem Umstand nachfolgend versucht Rechnung zu tragen, indem ich das empirische Material – in diesem Fall die nur wenige Minuten dauernde verbale Interaktion zwischen Therapeutin und Patientin während einer musiktherapeutischen Sitzung – vollständig als Transkription dokumentiere. Die *Auswertung* mit dem Verfahren der Sequenzanalyse hingegen musste aus Gründen der Lesbarkeit in stark verdichteter Form präsentiert werden. Dabei wurde jedoch die für alle Verfahren der objektiven Hermeneutik maßgebliche *Sequenzialität* der Analyseschritte beibehalten – der Text wird gleichsam Satz für Satz in seinen latenten Sinnstrukturen rekonstruiert.

Transkription der Musiktherapiesitzung:
(P= Patientin, T = Therapeutin)

P: ((Gemurmel)) .. Das kleine Wunderwerk .. is' es schon, ne?
T: (Leise)
Ja. .. Also, die erste Aufnahme war die beste, .. und dann hat's sich selber ausgeschaltet, weil – weil des halt / weil's nich' genügend Strom hatte
P: Ja
(Aufnahmeunterbrechung)
P: Dann hab' ich gedacht, ja, jetz' musste aufhör'n da zu trödeln, es bringt nix.
T: ... Also, ich find's / i- ich hab's bewundernswert gefunden, wie Sie in Ihrer Situation – noch die Einfühlung haben und noch – ja, mal angerufen haben, auf'n Anrufbeantworter, um zu schau'n, was / was kann ich für **Sie** tun und **nich'** so mit sich beschäftigt – war'n. Man könnt' ja auch / also, man könnt' ja in Ihrer Situation
P:
Mm
T: denken, naja, also da tu' ich mir jetz' des nich' au' noch – an's Bein binden ..
P: Also, ich seh' mich / aber ich denk' s (leiser) vor allem noch net. So war ich
T: Mm
P: eigentlich noch nie, also irgendwie / weil äh erstens mal äh – äh ich bin ja positiv und sag', **meine** Situation is' ja nimmer eine so schlechte. Eigentlich is' se gut,
T: Mm
P: und so will ich se halten, und ich fühl' mich net krank, ich will (leise) nicht mehr krank / ich will nimmer krank sein. Insofern war des für mich a- so normal wie / wie vorher auch. Ich bin halt da, um noch äh letzte Behandlungen mitzumachen, um / um äh möglichst äh sichere Ausgang-/ Ausgangsbasis zu haben, dass äh die
T: Mm
P: G'schichte ein für allemal vorbei is', deswegen mach' ich des halt a mal, und ansonsten – also, ich / ich äh schau' (leise) auch nimmer nach dem. Es sei denn, dass ich mer überleg', hör' mal, musste des jetz' sein. Ne, des schon, also ich find', – dass – auch, wenn's schlimm is', aber des muss man schon machen. Und da kriegt ma' schon auch paar Erkenntnisse draus, wie ma' damit / vielleicht was ma' bissle anders machen könnte in Zukunft und / aber – also, jetzt äh so auf
T: Ja, mm
P: meine Situation bezogen mm, die ja / also, ich für mich hab' sie als normal eing'schätzt, jetz' auch. Ich hab' nur `n Ortswechsel eigentlich g'habt, im Moment,
T:
Mm

P: aber / aber – so als Mensch bin ich / also fühl' ich mich wie vorher. Wie vor der Erkrankung. .. (sehr leise, lachend) (_________________________
gleich mal aufsteh'n)
T: Haben Sie .. also, ich überleg' mir so, ob wir einfach mit der Musik .. die Frau B. mit einbezieh'n woll'n, ..
P:
Könn' wir, ja.
T: ob's sowas gibt, wo Sie sagen, jetz' Sie werden nich' die Möglichkeit haben, auf die Beerdigung zu geh'n oder sich
P: Nee, nee
T: von ihr zu verabschieden und – meine Idee is' so, gut .. ähm vielleicht gibt's`ne Möglichkeit für Sie hier in der Musiktherapie zu sagen: Ja, jetz' kann ich mich – einfach noch mal von ihr verabschieden und an sie denken und vielleicht natürlich
P: Mm
Mm
T: auch immer wieder an sie denken, wenn ihnen Bilder –
Sie Bilder sehen und
P: Natürlich
T: Sie denken: Ach so hat die vielleicht gemalt oder des erinnert mich dran
P: Ich hab' ja selber Sachen gekauft von ihr und / und / und ähm – einfach k- / ich hab' / ich hab'
T: Ja
P: Andenken an sie, des sowieso. Also, ja, ich möchte' se auch / ich möchte' se
T: Mm
P: auch als / an optimistischen Menschen, der sie lange war, so möcht' ich se auch
T: Mm
P: im Gedächtnis behalten, wenn mer jetz' was spiel'n würd' ich auch net traurich / nix trauriges woll'n, sondern irgendwas – so was befreites irgendwie, ich glaub'
T: Mm
Mm
P: auch mal, sie **is'** befreit. Für mich is' sie befreit. Ich hab' grad' diese schönen bunten Sterne da – hab' ich gedacht, des is' ja wie so ähm .. wie Orgelpfeifen oder / oder Vögel oder was, des löst sich jetz' und diese schönen Farben, des geht dann irgendwo in was and'res über, so – dacht' ich, des is' a schönes Bild,
T: Mm
P: des w- / also, weil auch farblich zu ihr ja passt, weil sie war ja Malerin, ne, hab' ich gedacht, des könnte irgendwie so scho' Symptome sein, weil des Licht sich dann s' löst sich dann so auf, irgendwie. Also, so wie des / der Lichteinfall is' halt grad'
T: Mm
P: ( ) diese Glasstecken. Es war irgendwie – schönes Zeichen, hat mir gut g'fall'n, und ich möcht' – jetz' auch gar net irgend-

wie tragisch oder / oder – sonstwie / möcht'/ so möcht' ich weder an sie denken – aber ich mein', der Schnitt
T: Mm
P: is' ja jetz' a mal passiert, der is' da und / und wenn ich jetz' was spiel', dann möcht' ich des auch (leise) net tragisch spiel'n.
T: Gut. ((Geräusche))

((11 min Musik))
P: (sehr leise) (________________________________)
T: Mhm ... Können Sie so Ihren Weg in der Musik beschreiben? Wir hatten ja ganz verschiedene Phasen jetz', aus der Musik.
P: Ja, ich – weiß net, also am Schluss war alles so – frei. Also, des mein' ich, am Anfang war so – eher / ja, es war'n scho' Emotionen drin, natürlich, aber ich weiß jetz' gar net, also wenn ich's jetz' so richtich nachvollzieh', .. ob ich da jetz' net Klischees bedien', natürlich is' des a Aufgewühltsein, schon, aber jetz' am Schluss, des war einfach so / also, **da** kann ich beschreiben, was ich g'seh'n hab'. Des war wie so a Garten mit ganz – bunten Frühlingsblumen, und alles war so friedlich und / und ähm ich hab' **Blumen** g'seh'n, richtich schöne bunte
Mm
P: Blumen. ....
T: Also, .. ich hab' den letzten Teil auch so empfunden, und ich empfinde das nich' als Klischee, wenn's wirklich in der Musik zu so `ner / also, ich hatt' jetz' so / so `ne Harmonie und so beruhigtes in der Musik und ähm – ich hab' die
P: Mm
T: aber so empfunden.
P: Ja, dann is' ja das toll, ja, dann find' ich/ dann find' ich das ganz toll
T: Klischee war das jetz'-
P: Nein, ich mein' bloß, wenn ich jetzt äh – äh erklärt hätt', ich war mal leis' und mal laut, deshalb oder deshalb ähm, des war mir jetz' auch gar net so wichtich, aber dieses letzte **Bild**, des – / und des hat mich jetz' so – b'sonders berührt, obwohl's bestimmt net so spektakulär war, aber des ich so innerlich hatte, mit diesen – schönen, also wirklich schönen, bunten –
T: Mm

P: zartbunten Blumen, wenn man's so jetz' direkt, also jetz' noch konkreter beschreibt, des war irgendwie ganz / also **gan**z friedlich. .. Machte mich auch friedlich, also .. doch.
T: Ja
((8 sek)) ((sehr leise)) (________________________________)

P: (sehr überzeugt) Ja, ich / ja, ja. Des immer mehr, am allerliebsten, also – paar Stücke, glaub' ich, heut' bin ich net in der Lage, aber des macht nix, war schön so.

T: Mhm
P: Ja.
T: ((Geräusche)) Wir seh'n uns am Dienstag wieder.
P: Ja. Da werd' ich wahrscheinlich mit Mundschutz hier antanzen. .. Ja, hoffentlich, die Werte müssen `runter
T: Können Sie da mit Mundschutz antanzen? Sonst komm' ich zu Ihnen -
P: **Ja**, aber (leise) (______________________ ______) Ich **will** des.
T: ((lacht)) Aber ( ) ((Geräusche))
P: Ja, mach' ich – ähm ich bedank' mich.
T: Also, tschüß!
P: Danke schön! Und -
T: Machen Se's gut.
P: Mach' ich, ja. Bis Dienstag, o.k., tschüß!
T: Bis Dienstag. Tschü

Sequenzanalyse des Verbatimprotokolls dieser Therapiesitzung

(1) 1:01 – 1:05

Im ersten Segment beginnt die Patientin mit dem Satz *„...das kleine Wunderwerk... is' es schon..ne?"* und die Therapeutin antwortet leise: *„Ja...also, die erste Aufnahme war die beste.. .und dann hat's sich selber ausgeschaltet, weil – weil des halt/ weil's nich genügend Strom hatte"*.
Die beiden Beteiligten der Interaktion, Therapeutin und Patientin, beschäftigen sich hier in der Einleitungsphase mit dem Aufnahmegerät, das gerade angeschaltet wurde. Die Haltung der Patientin ist affirmativ-bewundernd („Wunderwerk"), während die Therapeutin auf die konkreten technischen Details eingeht und die Aufnahmequalität thematisiert. Diese kurze Sequenz leitet aus der vorangegangenen Alltagsinteraktion über in die „Veranstaltung: Musiktherapiesitzung" und ist wesentlich davon gekennzeichnet, dass es sich um eine für Forschungszwecke zu dokumentierende Sitzung handelt und beschäftigt sich entsprechend inhaltlich mit dem, was die Therapeutin gerade macht, nämlich die Installation des Aufnahmegerätes. Aus der kurzen Sequenz wird deutlich, dass es sich nicht um die erste Therapiesitzung handelt, die Therapeutin referiert Erfahrungen aus vorangegangenen Sitzungen, die bereits aufgenommen wurden und diese Erfahrungen mit unterschiedlichen Aufnahmequalitäten und einer technischen Panne (zuwenig Strom und deshalb automatisches Abschalten des Gerätes) werden von der Patientin ratifiziert (*„ja"*). Es deutet sich also an, dass es sich hier um zwei Personen handelt, die bereits gemeinsame Erfahrungen mit dieser „Veranstaltung" haben, auf die sie nun im Übergang und in der Vorphase rekurrieren. Es handelt sich hier um ein typisches Thema („Aufnahmetechnik"), mit dem die Alltagsinteraktion sozusagen

ausgeleitet und der Übergang zu dem „Eigentlichen“ – der gemeinsamen Musiktherapiesitzung – geleistet wird. Diese kurze Eingangsinteraktion wird durch eine Aufnahmeunterbrechung abgeschnitten.

(2) 1: 06 – 2: 06
Nach dieser Aufnahmeunterbrechung beginnt die Tonbandaufnahme mitten in einer sog. Coda, einem Schlusssatz der Patientin, mit dem diese eine wohl vorangegangene Erzählung abschließt und kommentiert:
„Dann hab' ich gedacht, ja jetz' musste aufhörn da zu trödeln, es bringt nix(.)“ (1:07)
Die Erzählung selber wurde vom Tonband nicht mitgeschnitten und muss deshalb an dieser Stelle eine Leerstelle bleiben. Deutlich wird zumindestens, dass die Patientin sich hier abschließend selbst betrachtet, ihr Zeittempo bei dem zuvor wohl berichteten Ereignisablauf als zu langsam kommentiert, sie bezichtigt sich, zuvor „getrödelt“ zu haben und kommt zum Schluss, dass ein Fortfahren mit diesem Tempo zu keinem Resultat führt. Zeit als knappe Ressource scheint eine Rolle zu spielen, und Resultate können nur erzielt werden, wenn diese Zeitdimension angemessen berücksichtigt wird – *denn sonst bringt es nix.* Die Erzählung der Patientin scheint beendet, denn die Therapeutin ergreift ihrerseits das Wort und bezieht sich ganz offensichtlich auf einen zuvor von der Patientin berichteten Sachverhalt, der nicht mitgeschnitten wurde: (2) 1:08-1:13. Die Therapeutin richtet in ihrem Beitrag ebenfalls den Blick auf ein (zuvor offensichtlich kommuniziertes oder anderweitig ihr bekannt gewordenes) Verhalten der Patientin, nämlich deren aufsuchenden kommunikativen Aktivitäten einer anderen Person gegenüber. Sie bringt ihre Bewunderung über das Verhalten der Patientin zum Ausdruck und markiert deren Aktivitäten mit Hinblick auf die offensichtlich besondere Situation der Patientin als außergewöhnlich:
„...ich hab's bewundernswert gefunden (-) wie Sie in Ihrer Situation ..noch die Einfühlung haben und noch- ja mal angerufen haben, auf'n Anrufbeantworter, um zu schau'n was/ was kann ich für ***sie*** *tun und* ***nich*** *so mit sich beschäftigt war'n. Man könnt ja auch/also, man könnt' ja in Ihrer Situation denken, na ja, also das tu ich mir jetzt' des nich'* ***au*** *noch ans Bein binden...“*
Auf den ersten Blick könnte man sich fragen, um welche offensichtlich außergewöhnlich engagierten kommunikativen Aktivitäten der Patientin einer dritten Person gegenüber es sich handelt, die die Therapeutin an dieser Stelle als ungewöhnlich und eigentlich nicht erwartbar charakterisiert. Wir erfahren jedoch lediglich von telefonischen Suchbewegungen dergestalt, dass die Patientin eine andere weibliche Person versucht hat anzurufen und ihr auf den Anrufbeantworter gesprochen hat. Diese Aktivitäten werden als Ausdruck für Empathie (*„Einfühlung“*) und für ein hervorzuhebendes Maß an Engagement charakterisiert (*„um zu schau'n, was kann ich für* ***sie*** *tun“).* An dieser Kommentierung eines an sich alltäglichen Sozialverhaltens fällt zweierlei auf: zum Einen kontrastiert die Therapeutin das von ihr hervorgehobene und ausdrücklich bewunderte Verhalten der Kontaktsuche und des Sich-Kümmerns mit *der Situation* der Patientin. Ohne die-

se besondere Markierung wäre ihre ausdrückliche Bewunderung eines an sich alltäglichen Sozialverhaltens nicht weiter verständlich. Wir können also festhalten: in der Wahrnehmung der Therapeutin ist die offensichtlich besondere Situation der Patientin so strukturiert, dass ein an sich durchschnittliches aufsuchendes Kommunikationsverhalten nicht mehr erwartbar wäre. Ganz im Gegenteil: sie betont, dass es in dieser besonderen Lebenssituation der Patientin durchaus erwartbar gewesen wäre, dass diese sich auf sich selbst focussiert und die Belange Anderer (auch wenn diese als durchaus bedürftig erscheinen) zur Seite schiebt.
Zusammenfassend lässt sich hier als erste These formulieren: die Therapeutin nimmt die Patientin als eine Person wahr, die sich in einer so außergewöhnlichen und extremen Lebenssituation befindet, dass normale Aktivitäten des Sich-Kümmerns und Einfühlens in Intimbeziehungen nicht mehr von ihr zu erwarten sind. Vielmehr, so gibt sie im letzten Satz zu verstehen, wäre es durchaus nachzuvollziehen, wenn die Pat. *als logische Reaktion auf ihre besondere Situation* sich nur noch egozentrisch auf sich selbst beziehen und sich um sich selbst kümmern würde. Es liegt nicht ferne zu vermuten, dass die Therapeutin hier den krankheitsbedingten Zustand der Patientin indirekt anspricht und die Anspielung *„in Ihrer Situation"* als Metapher für die Krebserkrankung der Patientin dient.
Als zweites Moment fällt auf, dass die Aktivität des Anrufens und Schauens, *„was kann ich für* **sie** *tun"* von der Therapeutin als Ausdruck für Empathie und Engagement überhaupt gewertet wird. Diese Einstufung ist auffällig, denn Anrufe und das Hinterlassen von Nachrichten auf einem Anrufbeantworter, der Versuch, eine andere Person zu erreichen, können als normale Aktivitäten im Rahmen von Sozialbeziehungen gelten. Offensichtlich jedoch ist der Adressat dieser Aktivitäten der Patientin ebenfalls in einer „besonderen" Situation, zumindest jedoch strukturell bedürftig. Dessen Lage scheint hier wie selbstverständlich Handlungen und Bemühungen zu evozieren, in deren Mittelpunkt das Sich-Kümmern steht – und zwar auch dann, wenn es von der Lebenslage einer anderen Person eigentlich nicht zu erwarten wäre, dass diese sich noch um andere kümmert als um sich selbst.
Wir können also zusammenfassen: ohne die Hintergründe der in der Aufnahmepause erzählten Ereignisabläufe im Einzelnen zu kennen, scheint es sich hier bei der Patientin um einen Menschen in einer existentiellen Extremsituation und bei der von der Patientin angerufenen weiblichen Person ebenfalls um einen außergewöhnlich bedürftigen, auf sorgende und aufsuchende Aktivitäten angewiesenen Menschen zu handeln. Es muss erst einmal offen bleiben, welcher Art die strukturellen Lagen beider Personen sind, aber die ersten aufgenommenen Sätze der Interaktionen vermitteln, dass existentielle Problemlagen bei den Beteiligten und bei denen, auf die in der Erzählung Bezug genommen wird, eine gewichtige Rolle spielen.
Dieser Aspekt *der besonderen Lebenssituation der Patientin einschließlich der Annahme, dass sich aus dieser existentiellen Lage legitimerweise Persönlichkeitsveränderungen in Richtung einer größeren Selbstbezogenheit ableiten lassen könnten,* wird von der Therapeutin in ihrer ersten Intervention klar herausgearbeitet.

In 1: 14 – 2: 06 greift die Patientin diese These der Therapeutin auf und entwickelt eine breit angelegte Argumentation dagegen. Kernpunkt ihrer Gegenrede ist ihre Selbsteinschätzung, dass sie sich selbst (noch) nicht zu der von der Therapeutin angesprochenen Gruppe kranker Menschen zählt, die sich zur Bewältigung ihrer existentiellen Krise gleichsam egozentrisch auf sich konzentrieren müssen.
Die einzelnen Schritte ihrer Argumentation lassen sich wie folgt sequentiell nachvollziehen.
Zunächst hebt die Patientin mit einer Diskrepanzmarkierung an, die sie jedoch abbricht. Es ist zu vermuten, dass sie den Satz
„also, ich seh' mich/"
weiter fortführen wollte:" also ich seh mich net so". Offensichtlich kann diese Selbstbeschreibung nicht durchgehalten werden, denn sie bricht ab, korrigiert sich und fährt fort:
„also ich seh' mich / aber ich denk's (leiser) vor allem noch net.."
Offensichtlich ist die zunächst geplante Version: „ich seh mich net so" nicht durchzuhalten und muss relativiert werden – die Patientin spricht nun deutlich leiser und trotzdem mit Nachdruck und gibt zu verstehen, dass sie zum gegenwärtigen Zeitpunkt einen solchen Prozess der inneren Umdefinition in Richtung auf einen schwerkranken Menschen, dessen Perspektive krankheitsbedingt auf sich selbst gerichtet ist, n o c h nicht ratifizieren will. Die Einfügung des leise und mit Nachdruck gesprochenen Satzes „vor allem noch net" zeigt an, dass die Patientin durchaus mögliche zukünftige Entwicklungen vor Augen hat, die eine solche krankheitsbedingte Perspektivenänderung mit sich bringen könnte – zum gegenwärtigen Zeitpunkt jedoch weist sie eine solche mögliche Zuschreibung noch von sich. Auf die Ausgangsthese der Therapeutin bezogen, könnte man hier pointiert formulieren, dass die Patientin sich selbst als n o c h nicht in einer solchen Extremsituation befindlich sieht und entsprechend für sich nach wie vor eine gewisse psychologische Normalitätsunterstellung in Anspruch nimmt.
Folgerichtig führt sie dann auch mit einer Selbstbeschreibung fort, in deren Mittelpunkt der Kernsatz steht:
„so war ich eigentlich noch nie"
Damit macht die Patientin antithetisch zur Therapeutin deutlich, wie sie sich selbst sieht – nämlich noch in einem Zustand psychologischer Normalität und Unverändertheit. Diese ihre These wird nun nachfolgend argumentativ begründet. Als erstes führt die Patientin nun an, dass sie *„positiv"* sei und ihre eigene Situation als *„nimmer so schlechte"* wahrnimmt. Diese Formulierung legt nicht nur die Selbstcharakterisierung als einen positiven und optimistischen Menschen nahe, sie verweist durch das „nimmer" wiederum auf ein zeitliches Moment – offensichtlich hat es Zeiten gegeben, in der die eigene Situation durchaus eine schlechte war. Mit einem einschränkenden „eigentlich" fährt die Patientin fort:
„eigentlich is se gut und so will ich se halten, und ich fühl mich net krank"
Mit diesen Beschreibungssätzen macht die Patientin deutlich, wo sie steht bzw. wo sie stehen will: sich selbst nicht im obigen Sinne als in einer Ausnahmesituation befindlich zu definieren, ganz im Gegenteil auf ihre g u t e Lage im Moment zu

verweisen. Wiederum ist dieser Versuch einer optimistischen Sicht der Lage nicht ganz durchzuhalten. Die Patientin fährt nach der Formulierung ihrer Selbsteinschätzung als „nicht krank" wiederum leise fort:
„Ich will (leise) mich net krank fühl'n"
Zum zweiten Mal kann hier eine zunächst forsche und optimistische Sicht auf den eigenen Zustand nicht ganz durchgehalten werden und die Patientin muss diese vielleicht euphemistisch zu nennende Perspektive aufgeben: sie ahnt, dass sie natürlich krank ist – aber sie wehrt sich dagegen, will sich nicht als krank empfinden. Mit dieser leicht eingeschränkten Selbstdefinition als „nicht – krank" nimmt die Patientin wieder Bezug auf die eingangs von der Therapeutin an sie herangetragene These von der „besonderen Situation", die wir als Krankheitssituation weiter oben konkretisiert haben und korrigiert mit Nachdruck:
„insofern war des für mich a-so normal wie / wie vorher auch"
Zusammenfassend können wir vielleicht zu diesem Zeitpunkt die Tendenz der Patientin festhalten, ihre eigene Lebenssituation trotz Erkrankung zu renormalisieren und die These von der Krankheit als existentiellen Einbruch ins Leben einschließlich möglicher psychologischer Veränderungen als für sie nicht gültig zurückzuweisen. Sich um eine andere Person zu kümmern, ihr nachzutelefonieren und über den Anrufbeantworter zu vermitteln, dass man nach ihr schaue, soll der Patientin so normal wie eh und je erscheinen – sie vertritt gleichsam an diesem Beispiel die Kontinuität des Lebens trotz Erkrankung und nicht die These des radikalen Einbruchs. Gleichwohl zeigt ihre Formulierung
„a-so normal wie / wie vorher auch",
dass es in ihrem Leben durchaus durch die Erkrankung eine Zeitenwende gegeben hat – ein Vorher und Nachher, vermutlich markiert durch die Krebserkrankung. Interessanterweise nennen weder die Therapeutin, noch die Patientin die Erkrankung beim Namen, sondern verwenden durchgängig Umschreibungen (*„in Ihrer Situation"*, *„wie vorher auch"*).
Die Patientin fährt fort, ihre renormalisierende Perspektive anhand ihrer jetzigen aktuellen Situation durchzudeklinieren. Der Rahmen dieser Darstellung ist der feste Vorsatz,
„dass äh die G'schichte ein für allemal vorbei is'".
Den jetzigen Aufenthalt der Klinik definiert die Patientin entsprechend einzig und allein,
„um noch äh die letzte Behandlung mitzumachen"
und um für die Zukunft eine *„sichere Ausgangsbasis zu haben.........deswegen mach' ich des ja noch"*. Der Klinikaufenthalt erscheint hier wie ein Mittel zur Wahl, um Optionen zu verbessern und nicht als ein für das Krankheitsgeschehen zwingend erforderlicher Ort zum Überleben. Die Patientin redefiniert also nicht nur ihre Situation als eine *„eigentlich gute"*, sondern entwirft ein Bild von sich, in dem sie souverän als Handelnde erscheint und nicht als eine Person, deren Freiheitsgrade durch die Besonderheiten einer schweren Erkrankung massiv eingeschränkt sind. In diesem Sinne ist auch die kontraphobisch erscheinende Formulierung,
„dass äh die G'schichte ein für allemal vorbei ist', deswegen mach ich des ja noch"

zu verstehen – sie legt den Schluss nahe, dass die Patientin ein dringendes Bedürfnis empfindet, Kontrolle über die Situation auszuüben, den Entwicklungsgang der Krankheit apodiktisch (*„ein für allemal“*) selbst zu bestimmen. Offensichtlich ist diese Haltung jedoch auch nicht die ganze Wahrheit, denn die Patientin wird wieder leise und resümiert.

„also ich/ ich äh schau'(leise) auch nimmer nach dem.“

Die Patientin deutet hier an, dass es verschiedene Phasen in ihrer Haltung zur Krankheit gegeben hat. Es gab wohl Zeiten, in denen sie *„nach dem“* geschaut – sprich das Krankheitsgeschehen innerlich und psychisch fokussiert hat. Zum Jetztzeitpunkt kennzeichnet sie diese (zurückliegende) Phase als überwunden, sie will nicht mehr hinschauen, vielmehr ihre eigene Lebenssituation als annähernd „normal“ erscheinen lassen.

Es spricht für die Authentizität der Patientin, dass sie diese offensiv vorgetragene Version des „Wegschauens“ nicht unkorrigiert stehen lässt. Ganz offensichtlich gibt es eine Grenze in dieser ihrer Haltung und diese Grenze bezieht sich auf mögliche Ursachen und Hintergründe der Erkrankung:

„dass ich mer überleg', hör' mal, musste das jetz sein“

Dieser Blick auf die Genese der Krebserkrankung wird von der Patientin deutlich von der übrigen, zuvor argumentativ abgehandelten Beschäftigung und Konfrontation mit der Allgegenwärtigkeit des Krankheitsgeschehens deutlich abgehoben (*„ne, des* ***schon****...“)* und als zugleich unabdingbar wichtig und schmerzhaft zugleich eingeschätzt:

„ne, des ***schon****, also ich / ich find', – dass – auch wenn's schlimm is, aber des muss man schon machen“*

Die Gründe für die Relevanz einer solchen Selbstkonfrontation liegen in der Chance der selbstreflexiven Vergegenwärtigung des möglichen Bedingungszusammenhangs der Erkrankung und in der Hoffnung auf eine zukünftig zu verändernde Lebenspraxis nach Maßgabe der solchermaßen gewonnenen Erkenntnisse:

„und da kriegt ma' schon auch paar Erkenntnisse draus, wie ma' damit / vielleicht was ma' bissle anders machen könnte in Zukunft und /“

Nach diesem längeren Exkurs der Patientin, in dem diese ihre besondere Haltung zur Krebserkrankung und ihren aktuellen Umgang damit skizziert hat, kommt sie auf den eingangs von der Therapeutin eingebrachten Topos „der besonderen Situation“ zurück und betont noch einmal, dass sie sich dieser Gruppe von Menschen in schwierigen existentiellen Ausnahmesituationen *nicht* zurechnet:

„aber also, jetzt äh so auf meine Situation bezogen mm, die ja / also, ich für mich hab' sie als normal eing'schätzt, jetz' auch. Ich hab' nur'n Ortswechsel eigentlich g'habt, im Moment, aber / aber – so als Mensch bin ich / also fühl' ich mich wie vorher. Wie vor der Erkrankung...(sehr leise.....lachend)“

Mit dieser Beschreibung wird von der Patientin noch einmal explizit darauf verwiesen, dass sie den beschriebenen *besonderen Zustand* (einer Krebspatientin?) für sich zurückweist. Der Krankenhausaufenthalt wird in dieser Perspektive als ein bloßer „Ortswechsel“ bagatellisiert, die eigene Lebenssituation als „normal“ beschrieben, das Selbstgefühl sei von der Krankheit unberührt geblieben. Ihre

Haltung zum Krankheitsgeschehen mit dem spezifischen Topos einer Kontinuitätsannahme in Bezug auf die eigene Persönlichkeit können wir nun vorsichtig als Abwehrformation und durchaus auch im Sinne der psychischen Notwendigkeit der Verharmlosung des Bedrohlichen charakterisieren.

(3) 2:07 – 2:19

Das dritte Segment wird dadurch eingeleitet, dass die Therapeutin den bisherigen thematischen Focus verlässt und recht unvermittelt zur musiktherapeutischen Interaktion und Gestaltung übergeht. Sie schlägt der Patientin vor, *„die Frau B."* in die musikalische Gestaltung mit einzubeziehen. Aus der sprachlichen Formulierung geht recht klar hervor, dass es sich bei Frau B. wiederum um die Person handelt, die vor kurzem der Adressat der fürsorglichen Bemühungen der Patientin via Telefon und Anrufbeantworter war und dass darüber hinaus eben diese Frau mittlerweile verstorben ist. Damit bekommt die Eingangsthematik im Nachhinein noch einmal ein besonderes Gewicht: die Patientin hatte sich offensichtlich um die Kontaktnahme mit einer sterbenden Mitpatientin bemüht (und war wohl gescheitert). Symbolisch sind also zwei Menschen gegenwärtig, die über die gemeinsame Krebserkrankung verbunden sind – während die eine, Frau B., an der Krankheit verstorben ist, betont die andere ostentativ den Normalitätscharakter ihrer aktuellen Lebenssituation, die eigene relative psychische Unberührtheit (*„so als Mensch bin ich/fühl' ich mich wie vorher")* und definiert ihren Klinikaufenthalt euphemistisch als *„Ortswechsel"*.
Die Therapeutin entfaltet nun in ihrer auf den Übergang zur musikalischen Interaktion zielenden Intervention ein mögliches Programm: sie schlägt nicht nur vor, die „Frau B" einzubeziehen, sondern bietet der Patientin die Möglichkeit an, sich von der Mitpatientin „zu verabschieden", „an sie zu denken", deren gemalte Bilder zu erinnern. Aufgrund der Aufnahmeunterbrechung am Anfang des Transkriptes können wir leider nicht wissen, ob die Thematisierung von Frau B., deren Tod und die vergeblichen Bemühungen, diese noch einmal wenigstens fernmündlich zu erreichen, auf Aktivitäten der Therapeutin in der Vorphase der Sitzung zurückging, oder ob es sich hier um eine autonome Thematisierung durch die Patientin handelt. Gleichwohl ist es im dritten Segment zweifelsfrei auf die Initiative der Therapeutin zurückzuführen, dass die verstorbene Mitpatientin erneut in den Blick kommt und darüber hinaus die nun anstehende musikalische Interaktion in den Dienst einer möglichen Verarbeitung des Todes der Mitpatientin gestellt wird.

(4) 2:20 – 3:11

Die Patientin greift im 4. Segment die Vorgabe der Therapeutin auf und gibt ihr aber im Zuge ihrer weiteren Ausführungen eine ganz spezifische Färbung. Zunächst bestätigt sie unmittelbar, dass sie ein intensives Andenken an die verstorbene Mitpatientin hat und von dieser auch Bilder gekauft habe. Damit bestätigt sie indirekt die Relevanz der Beziehung zu Frau B., offensichtlich hat zwischen

den beiden Frauen eine signifikante Beziehung bestanden, die z. B. über eine bloße Zimmernachbarschaft o.ä. hinausging:
„ich hab ja selber Sachen gekauft von ihr und / und ähm – einfach k -/ ich hab' / ich hab' Andenken an sie, des sowieso"
Wir wissen zwar nicht, welchen thematischen Schwerpunkt die Patientin selber für die musikalische Gestaltung gewählt hätte, können aber aufgrund der Textsequenz vermuten, dass die Thematisierung des Abschiedes von Frau B. durchaus ein Thema mit hoher psychischer Relevanz und Dringlichkeit darstellt. Die Patientin ratifiziert also den Impuls der Therapeutin und geht willig auf ihren Vorschlag ein. Zuvor jedoch bricht sich wiederum ein eigenes psychisches Anliegen Bahn – die Patientin betont mit Vehemenz, **wie** sie sich die Vergegenwärtigung der Verstorbenen wünscht – nämlich als Erinnerung an einen *„optimistischen"* und *„befreiten"* Menschen:
*„also **ja**, ich möchte' se auch /ich möchte' se auch als – an optimistischen Menschen, der sie lange war, so möcht' ich se auch im Gedächtnis behalten"*
Mit dieser charakteristischen Einfärbung der Erinnerung an die Tote – die sich im weiteren Verlauf bis zur Stilisierung einer vom Leben *„befreiten"* steigert, setzt die Patientin einen dezidierten Kontrapunkt zur vorgeschlagenen Thematisierungsebene der Therapeutin: ihr soll es im Folgenden zwar durchaus auch um Abschied, aber eben nicht um Trauriges oder gar Tragisches gehen. Unabhängig davon, ob die Therapeutin in ihrer Thematisierung des Abschiednehmens auf die Konnotation von Trauer und Tragik festgelegt war, scheint es der Patientin spontan wichtig zu sein, eine positive und optimistische Haltung selbst zum Tod einzunehmen, und entsprechend bereitet sie die spätere musikalische Thematisierung in eben diesem Sinne vor:
*„wenn mer jetz' was spiel'n würd 'ich auch net traurich / nix trauriges woll'n, sondern irgendwas – so was befreites irgendwie, ich glaub' auch mal, sie **is** befreit. Für mich is sie befreit"*
Konfrontiert man nun diese Lesart des Todes als Befreiung mit der vorangegangenen Tendenz der Patientin, den eigenen Zustand einer schwer Erkrankten in seiner bedrohlichen Bedeutung zu verharmlosen (s.o.), so lässt sich bereits an dieser Stelle die These formulieren, dass diese Patientin offensichtlich ein intensives Bedürfnis hat, das Grauen des Krankheitsgeschehens zu verleugnen und die Realität des Todes euphemistisch als Befreiung umzudeuten. Im Text schlägt sich gerade letzteres Abwehrphänomen in einer längeren, sehr assoziativ und sprachlich auffällig unstrukturierten Passage nieder, in der die Patientin ausgehend von *„schönen bunten Sternen"*, die sie wohl gerade im Zimmer hat, ein farbiges, helles Bild imaginiert, in dem sowohl Orgelpfeifen als auch Vögel, vor allem aber *„Lichteinfall"* eine wichtige Rolle spielen und das der Patientin wie eine passende Visualisierung der *„befreiten Malerin"*, wie ein *„schönes Zeichen"* erscheint. Am Ende dieser Assoziation kommt die Patientin e r n e u t auf ihr Anliegen zurück, dass ihr nämlich diese Leichtigkeit in der musikalischen Bearbeitung gelingen soll und nicht die möglicherweise von ihr erwartete, tragische Auseinandersetzung mit dem Tod:

„es war irgendwie – schönes Zeichen, hat mir gut g'fall'n, und ich , – jetz' auch gar net tragisch oder / oder – sonst wie / möchte' so möchte' ich weder an sie denken – aber ich mein', der Schnitt is' ja jetz' a mal passiert, der is, ***da*** *und wenn ich jetz' was spiel', dann möcht' ich des auch (leise)net tragisch spiel'n"*

Damit hat nun die Patientin ihrerseits eine Art Auftrag für die nachfolgende Musiksequenz formuliert: sie wird sich zwar mit der verstorbenen Mitpatientin auseinandersetzen und solcherart der Vorgabe der Therapeutin für die musikalische Arbeit durchaus Folge leisten, sie hebt jedoch zugleich mit Nachdruck hervor, dass es nicht unter der Hand zu einer traurigen Abschiednahme kommen soll. Damit steht dem Handlungsschema des „Gemeinsam-Musik-Machens" nichts mehr im Wege, die Therapeutin ratifiziert die Einlassungen der Patientin mit einem kurzen *„ja"* und beide beginnen zu musizieren.

(5) 3:13 – 3:16
(11 Minuten Klaviermusik mit Pauke)

(6) 3:17 – 4:18

Das 6. Segment beginnt mit einer kurzen, sehr leisen Kommentierung durch die Patientin:

„hat mir gut g'fall'n"

Damit wählt die Patientin in einer ersten Annäherung eine noch eher konventionelle, ergebnishafte Haltung zur gemeinsam produzierten Musik: die Musik gefällt oder auch nicht, wird aber noch nicht inhaltlich (z. B. thematisch) interpretiert. Unter interaktionstheoretischen Gesichtspunkten könnte man hier die Kooperativität der Patientin hervorheben, die unmittelbar nach Abklingen der Musik die gemeinsame Aktivität sofort p o s i t i v konnotiert.

Die Therapeutin hingegen fordert die Patientin auf,

„Ihren Weg in der Musik (zu) beschreiben"

Mit dieser Intervention macht sie deutlich, dass sie sich einen Zugang über den von der Patientin zunächst gewählten ergebnishaften und verdichteten Kommentar hinaus wünscht und versucht, diesen zu initiieren. Sie geht jedoch noch weiter und qualifiziert die Musik als eine p h a s e n h a f t strukturierte. Diese Intervention kann ebenfalls als ein Angebot verstanden werden, welches möglicherweise der Patientin den differenzierteren Zugang zu dem musikalischen Geschehen erleichtern soll.

Die Patientin nimmt diesen „Auftrag" an und erweist sich einmal mehr als kooperative Interaktionspartnerin. Obwohl sie mehrfach durch eingeschobene Kommentare auf ihre Unsicherheit in der rückblickenden Einschätzung der Musik hinweist *(„..ja,ich weiß net, also....aber ich weiß jetz' gar net")* bemüht sie sich, der Aufforderung Folge zu leisten. Sie greift den Topos der *„Phasen in der Musik"* auf und beschreibt den Schluss als *„frei"* und entdeckt am Anfang *„scho' Emotionen drin"*. Damit sind jedoch die „methodischen" Vorgaben der Therapeutin auch schon gleichsam abgearbeitet, und die Patientin widmet sich dem für sie offensichtlich relevantesten Erfahrungsmoment in der Musik, verlässt die Anfangsphase mit

„Emotionen“ und *„Aufgewühltsein“* und konzentriert sich auf die inneren Bilder, die sich bei ihr am Schluss des musikalischen Geschehens eingestellt hätten. Dieser Topos wird ausführlichst (über 21 Zeilen hinweg) ausgearbeitet. Thematisch könnte man die Wahrnehmung der Patientin dahingehend zusammenfassen, dass sie in der Schlusssequenz eine friedliche Gartenszene im Frühling mit bunten Blumen bildert und diese Imagination als außerordentlich befriedigend (*„ganz toll“*) beschreibt. Der Therapeutin kommt in diesem Kontext lediglich eine Affirmation dergestalt zu, dass sie die Wahrnehmung der Patientin unterstützt (*„also ich hatt'jetz'so / so'ne Harmonie und so Beruhigtes in der Musik (empfunden)....“* und deren anfängliche Skrupel, ob es sich bei ihren inneren Bildern um bloße Klischeeproduktionen handeln könne, entkräftigt. Abschließend betont die Patientin noch einmal mit Nachdruck, dass ihr eine eher formale Analyse der musikalischen Phasenstruktur (*„ 'ich war'mal leis' und mal laut'...“)* keine Befriedigung gebracht hätte, wohin gehend die friedliche Wirkung dieses *„letzten Bildes“* sie innerlich berührt und vor allem ganz friedlich gestimmt habe. Mit dieser Evaluation schließt die therapeutische Sitzung ab. In der Abschiedsinteraktion thematisieren beide die kommende Sitzung *(„am Dienstag“).* Völlig unvermittelt bricht bei der Antizipation dieser nächsten Musiktherapiesitzung die Realität der Krebserkrankung und die belastenden Begleiterscheinungen der Behandlung in die bis dahin so friedlich endende Begegnung: die Patientin thematisiert die Notwendigkeit des Mundschutzes, den sie am Dienstag wird tragen müssen und lässt so fast kontrapunktisch das abgewehrte Moment von Krankheit, Risiken der Behandlung und natürlich indirekt auch das Moment des Todes (in diesem Fall konkret: die voraussichtlich. durch Chemotherapie bedingte Abwehrschwäche des Immunsystems) im Raum aufscheinen.
Damit wird in der Ausleitung aus der therapeutischen Situation und im Übergang zum Alltag der Bruch zwischen der manifesten Oberflächenstruktur der Selbstrepräsentation dieser Patientin als ein über sich selbst verfügendes und in seiner biographischen Kontinuität fast unangetastetes Subjekt auf der einen Seite und der hierzu quer liegenden latenten Sinnstruktur, nämlich die Omnipräsenz der lebensbedrohlichen Erkrankung bis in die leiblich-konkreten Auswirkungen auf die nächste Musiktherapiesitzung auf der anderen Seite unmittelbar spürbar. Während die (verbalen) Interventionen der Therapeutin in dieser Sitzung darauf abzielen, Verständnis für möglicherweise krankheitsbedingte Persönlichkeitsveränderungen zu signalisieren und die Patientin zu *stützen*, weist diese zunächst jedwede Annahme eines substantiellen Perspektivenwechsels auf das eigene Leben zurück. Tapfer wird auch das Angebot der Therapeutin, mit Hilfe der Musik die Trauer über den Tod der Mitpatientin und Zimmernachbarin zu bearbeiten, zurückgewiesen und in ein *optimistisches Gedenken an einen befreiten Menschen* umgearbeitet und die gemeinsame musikalische Arbeit in diesem Sinne dann auch als *harmonisch und beruhigt* charakterisiert. Unabhängig davon, ob die Musik in diesem Interpretationsrahmen verblieben ist, scheint es einem zentralen Bedürfnis der Patientin zu entsprechen, das Grauen angesichts ihrer eigenen Erkrankung und die Angst vor der Gefahr des Todes systematisch nicht in den Blick zu bekommen, vielmehr zu verleugnen und die eigene Situation zu renormalisieren.

Wenn wir solchermaßen diese hartnäckige und sich den verschiedensten *verbalen* Interventionsversuchen der Therapeutin entziehenden Verleugnungstendenzen der Patientin als ein möglicherweise signifikantes Verarbeitungsmuster der allgegenwärtigen Bedrohung durch den Tod verstehen, haben wir hier ein offensichtlich wesentliches Moment der Struktur dieses Einzelfalles „gefunden". Trotz ihrer Kooperativität mit der Musiktherapeutin und ihrem bewussten Wunsch, deren Vorgaben Folge zu leisten, setzt diese Patientin interaktiv ihr psychisch vermutlich vordringliches Bedürfnis nach Beschönigung der eigenen Lage durch.

Meine These geht nun dahin, dass es sich hier um ein signifikantes und keineswegs um ein allein individuelles Verarbeitungsmuster handelt, vielmehr weisen die Analyseergebnisse der übrigen Transkriptionen daraufhin, dass in zahlreichen der untersuchten Fällen – und zwar z. T. sowohl auf Seiten der Patienten, als auch auf Seiten der TherapeutInnen – eine innere Notwendigkeit zur Positivierung der Perspektive und insgesamt eine Tendenz zum *Euphemismus* besteht, die in den verbalen Kommunikationssequenzen der therapeutischen Interaktion auffällig wirksam wird. In diesem Sinne also handelt es sich bei dem hier vorgestellten Fallmaterial durchaus um ein *typisches* in dem Sinne, als dass deutlich wird, wie die psychischen Folgewirkungen der chronischen und lebensbedrohlichen Erkrankung den Interaktionsablauf in der musiktherapeutischen Arbeit beeinflussen und welches psychische Verarbeitungsmuster auf Seiten der Patientin hier dominiert („Euphemismus und Positivierung"). Anders als im vorliegenden untersuchten Fallmaterial, in dem die Therapeutin immer wieder vorsichtig den Leidensaspekt des Krankheitsgeschehen (und damit das Abgewehrte) in den Blick zu bekommen sucht, habe ich jedoch auch eine Reihe von Interaktionsabläufen studiert, in denen die beschriebene Abwehrhaltung auch auf Seiten der Therapeuten „wirkte" (siehe weiter unten).

Auch in einer zweiten Hinsicht kann der untersuchte Fall als ein exemplarischer diskutiert werden. Die skizzierte Tendenz zu Verleugnung und Abwehr des Bedrohlichen erwies sich als ein gender-unabhängiges Phänomen. Offensichtlich ist die Notwendigkeit, sich in den von uns untersuchten therapeutischen Kontexten vor der Realisierung der Beeinträchtigung und Bedrohung durch Schmerzen, Krankheit und Tod via Verleugnung ein Stück weit zu „schützen", so übermächtig, dass sie geschlechtsspezifische Unterschiede in der Verarbeitung des Krankheitsgeschehens nivelliert.

Dieses Ergebnis stimmt mit der Erkenntnis des Forschungsprojektes insgesamt überein, dass geschlechtsspezifische Momente in der musiktherapeutischen Arbeit mit Krebspatienten eine marginale Rolle spielen.

Abschließend möchte ich in nunmehr weniger methodologischer denn inhaltlicher Perspektive auf einige fallübergreifende Ergebnisse der Untersuchung des Datenmaterials von insgesamt 13 transkribierten musiktherapeutischen Sitzungen eingehen. Aus dem kontrastiven Vergleich der aus den Analysen der einzelnen Sitzungen jeweilig gewonnenen „Fallstrukturen" kristallisierten sich wiederkehrende Dimensionen im Verhalten der Therapeuten und Therapeutinnen heraus, die sich fallübergreifend als zentrale Elemente in den (verbalen) Interventionen der Musiktherapeuten beschreiben lassen. Diese Elemente können insofern als signifikante Bestandteile des Therapeutenverhaltens gelten, als dass sie im Material (in jeweils unterschiedlicher Gewichtung) regelmäßig aufzufinden waren und sich zur typologischen Charakterisierung der individuell sehr unterschiedlichen *Therapeutenstile* zu eignen scheinen.

Stichwortartig lassen sich diese Elemente als *Explorationen, Instruktionen, Evaluationen, Paraphrasierungen* und schließlich explizite *Theoriebeiträge* beschreiben. Die *explorativen* Passagen sind von dem Bemühen der Therapeuten gekennzeichnet, die psychophysische Befindlichkeit ihres Gegenübers zu erfragen („Wie geht es Ihnen heute?" „Sind Sie schmerzfrei?" etc.). Diese oft zu Beginn in der Einleitungsphase gestellten explorativen Fragen haben hier nicht nur konventionellen Charakter im Sinne einer Gesprächseinleitung, ihnen kommt vielmehr angesichts der z. T. lebensbedrohlichen Zustände der Patienten eine zentrale Orientierungsfunktion zu. Darüber hinaus dienen sie der Herstellung der kommunikativen Grundlagen des Gespräches überhaupt, denn eine Missachtung der sich möglicherweise jeweils akut neu konstellierenden Gesamtverfassung des Patienten bzw. der Patientin würde die Reziprozitätsgrundlagen der Interaktion erheblich gefährden.

In einigen Fällen erheben die explorativen Interventionen jedoch weniger den aktuellen seelischen und körperlichen Zustand der Patienten, sondern haben die Funktion, biographisch als relevant erachtete Sachverhalte zu erfragen. Dies dient vielfach der Herstellung eines gemeinsamen Wissenshorizontes und erlaubt es den beiden Interaktanten, über gemeinsam geteiltes Wissen eine gewisse Intimität herzustellen. Oftmals sind in diese Explorationsaktivitäten Rekurse auf vorangegangene Sitzungen eingewoben, Anknüpfungspunkte an bereits erarbeitete Zusammenhänge bilden den Hintergrund für die erneute Explorationen und vertiefen so z. B. das gemeinsam erarbeitete psychologische Verständnis von Biographie, Persönlichkeit und Krankheitsverarbeitung.

Bei den *Instruktionen* hingegen handelt es sich offensichtlich um ein spezifisches Element des Therapeutenverhaltens in Musiktherapien. Instruktionen dienen der Heranführung an die Musik und an die Instrumente, sie haben oftmals konkret – erklärenden Charakter und sind zielorientiert in dem Sinne, dass sie die Voraussetzungen für die Herstellung von Ausdrucksmöglichkeiten mit musikalischen Mitteln schaffen sollen. Neben den konkret-technischen Instruktionen („o.k. belassen Sie's mal dabei. Probieren Sie mal des. Das geht mit den Schlegeln kaum") lassen sich auch Instruktionspassagen finden, in denen die Therapeuten modellartig ein Ablaufmuster der musikalischen Interaktion vorgeben und auf diese Weise die Patienten gleichsam einladen, ihnen zu folgen. Nicht selten sind Instruktionspassagen eingebettet in psychologisch begründete Erklärungen, etwa dergestalt, dass die Musik- und Instrumentenauswahl sich (z. B. nach den Erfahrungen der vorangegangenen Sitzung) unter dem Gesichtspunkt des bestmöglichen Zugangs zum Intrapsychischen des Patienten zu bemessen habe. Während der instruktiven Passagen erscheint die therapeutische Haltung (unabhängig vom übrigen therapeutischen Stil) fast durchweg als aktiv und direktiv, wobei hier zu überlegen wäre, ob und inwieweit dieses Phänomen der Sache selbst – nämlich der Notwendigkeit der Einführung des spezifischen therapeutischen Mediums – geschuldet ist. Als besonderes Risikopotential der instruktiven Passagen in einigen von mir untersuchten Praxisbeispielen zeichnete sich die Schwierigkeit ab, dass zuweilen ein latenter Aushandlungsprozess zwischen Patient und Therapeut in diesen Sequenzen sich abspielte: die Therapeuten waren bemüht, die Patienten an die Musik heranzuführen, während diese jedoch ihre verbal – kommunikativen Bedürfnisse interaktiv durchzusetzen versuchten. Der Ausgang und die konkrete Gestaltung eines solchen latenten Ringens bemaß sich in der Regel nach dem allgemeinen musiktherapeutischen Profil des jeweiligen Therapeuten bzw. der Therapeutin (s.u.) und deren immanenten Vorannahmen über das Wesen des musiktherapeutischen Prozesses, die Bedeutung der Musik als Wirkfaktor in diesem Geschehen bzw. die Focussierung auch auf das allgemeine kommunikative Beziehungsgeschehen zwischen den Interaktanten.

In zahlreichen musiktherapeutischen Sitzungen lässt sich in den Instruktionspassagen eine Art Regel identifizieren, mit deren Hilfe die Patienten auf die besondere Situation der Musiktherapieimprovisation einsozialisiert werden und deren Funktion die ausdrückliche Außerkraftsetzung normativer oder Leistungsgesichtspunkte beim gemeinsamen Musizieren ist: „noch mal vielleicht als Erinnerung… das hilft vielen Patienten – kein Richtich und kein Falsch, sondern nur Stimmich“. Die *Evaluation* der gemeinsam produzierten Musik stellt eine der Säulen der therapeutischen Interaktion in den untersuchten Sitzungen dar. Dabei geht es einerseits um formale und qualitative Merkmale des musikalischen Geschehens, die von den Therapeuten erfragt und herausgearbeitet werden. Darüber hinaus jedoch haben die evaluativen Passagen des Therapeutenverhaltens die Funktion, im Gespräch einen Zugang zum intrapsychischen Geschehens des Patienten auf der Grundlage der erlebten und produzierten Musik zu ermöglichen („Das Stück hatte ja zwei Teile. Wie würden Sie den ersten Teil beschreiben und wie den zweiten?“). In einigen musiktherapeutischen Sitzungen wird die Musik unter beziehungsdynamischen Gesichtspunkten ausgewertet („welchen Part hatten Sie da? Welchen Part hatte ich da?“). Fast immer aber wird die Improvisation gleichsam als Spiegel der Seele des Patienten bzw. der Patientin verstanden und bildet die Grundlage für die Formulierung psychotherapeutischer Hypothesen. Damit ist zugleich eines der wesentlichsten wiederkehrenden kognitiven Grundmuster in den verbalen Interventionen der Musiktherapeuten aus dem von mir untersuchten Datenmaterial benannt, nämlich die *Analogiebildung* zwischen den musikalischen Phänomenen auf der einen Seite und dem Zustand des Patienten, seiner Befindlichkeit und inneren Verfasstheit, seinem Blick auf die Biographie und auf seine Beziehungen zur Umwelt, zu seinem Körper und insbesondere zu seiner Krankheit auf der anderen Seite. Entsprechend lesen sich einige der evaluativen Therapeuteninterventionen wie „Übersetzungen“ musikalischer Phänomene ins Psychische. Wenn etwa ein Patient sichtlich zufrieden davon spricht, gelernt zu haben, „aus eigener Kraft zu entspannen und Druckkraft zu entwickeln … und Wut rauszulassen“, dann „übersetzt“ der Therapeut dies mit der gewonnenen *allgemeinen* Fähigkeit, „sich selber zu regulieren ...und dann sind Sie nicht darauf angewiesen, dass da immer was von Außen kommt". Die Theorie der Analogie zwischen musikalischem Geschehen und psychischen Prozessen auf Seiten des Patienten wird in fast allen Therapiesitzungen des von mir untersuchten Materials von den Therapeuten in den evaluativen Sequenzen thematisiert. Die einzelnen Therapeuten unterscheiden sich dann allerdings erheblich, *wie* sie mit diesem Instrument im Einzelnen umgehen. In einem Fall geht die Therapeutin z. B. von einer gelungenen musiktherapeutischen Arbeit dann aus, wenn das innerpsychische Erleben des Patienten in der musikalischen Sequenz angemessen ausgedrückt werden konnte – die Musik soll so gestaltet werden, dass sie zum Inneren des Patienten bzw. der Patientin *passt*: „ich suche ja Musik...die zu Ihrer momentanen Situation stimmig ist. Ist das angenehm? Diese Art Musik zu spielen?" In dieser Perspektive erscheint eine dem psychischen Geschehen analoge musikalische Arbeit und die in ihr innewohnenden Ausdrucksmöglichkeit als genuiner Heilfaktor in der Musiktherapie. Entsprechend ist es vor diesem Hintergrund Ziel der therapeutischen Interventionen, zielgerichtet in die musikalische Arbeit zu gelangen und dem Patienten dazu zu verhelfen, sich dort musikalisch zu vergegenwärtigen. In anderen Fällen hingegen bildet die beschriebene Analogiehypothese den Ausgangspunkt für eine therapeutische Perspektive, in der die Evaluation der musikalischen Improvisationen zuallererst den Weg zur biographischen Arbeit und zur Erlebnisvergegenwärtigung ebnet – kurzum Psychotherapie mit verbalen Mitteln angestrebt und auch praktiziert wird. Pointiert formuliert kommt der musikalischen Arbeit hier dann eher der Status einer Um-zu-Veranstaltung zu, die es Therapeuten und Patienten erleichtert, miteinander ins (psychotherapeutische) Gespräch zu kommen.

Nicht selten zeichnen sich die Evaluationspassagen dadurch aus, dass der Therapeut die gemeinsame Musik *positiv* bewertet („sehr schön....fand ich gut / sehr lebendig...", „ja, fand ich auch, hat mir auch gut gefallen.. Sie ham auch sehr kraftvoll gespielt, is mir aufgefallen ..." etc.). Diese positiven Evaluierungen bilden einen gewissen Widerspruch zu den manifesten Vorgaben fast aller Musiktherapeuten, denen zufolge es für das gemeinsame Musizieren kein „gut" oder „schlecht" gibt und beide Beteiligten sich jeder Bewertung des musikalischen Materials enthalten. Man könnte hier die Frage diskutieren, ob dieses Therapeutenverhalten einer implizit stützenden Haltung geschuldet ist – der Patient narzisstisch gestärkt und ermutigt werden soll, oder ob hier möglicherweise der weiter oben beschriebene Euphemismus der schwerkranken Patienten gleichsam auf die Therapeuten dergestalt übergegangen ist, dass diese – um sich der Depression zu entziehen – tendenziell jedes Moment in der therapeutischen Begegnung positiv, ja fast optimistisch konnotieren. Schließlich wäre an dieser Stelle durchaus auch die mögliche Wirkung professionstypischer Probleme zu überlegen: als junge Disziplin muss Musiktherapie sich fortlaufend legitimieren und in institutionellen Kontexten behaupten. Vor diesem Hintergrund scheint es nicht abwegig zu vermuten, dass die positiven Evaluationskommentare der Musiktherapeuten die unausgesprochen im Raum stehende Frage beantworten sollen, ob das Ganze und insbesondere die musikalische Arbeit seriös, wirkungsvoll etc. ernst zu nehmen ist. Die wechselseitige

Bestätigung, dass man „gute“, „lebendige“ und „ausdrucksstarke“ Musik macht, hätte in dieser Lesart die Funktion, professionsbedingte Insuffizienzgefühle auf Seiten der Therapeuten zu beruhigen.

Mit dem Begriff der *Paraphrasierungen* sollen hier solche Interventionen gekennzeichnet werden, in denen die Therapeuten auf die Äußerungen ihrer Patienten eingehen, diese mit ihren eigenen Worten sinngemäß wiedergeben und auf diese Weise – ohne allzu starke thematisch-inhaltliche Steuerung der Interaktion – dem verbalen Material mit einer spiegelnden Grundhaltung begegnen. In gesprächspsychotherapeutischen Kontexten wird dieser Interventionstypus als *Verbalisierung* beschrieben, wobei diese Verbalisierungen sich schwerpunktmäßig auf die *emotionalen Erlebnisinhalte* in den Patientenäußerungen beziehen und in dem Konzept Rogers' ein zentrales therapeutisches Agens auf dem Weg zur Selbstexploration und Integration bilden (vgl. hierzu Rogers, 1951/73).

In dem von mir untersuchten musiktherapeutischen Material spielen Paraphrasen als Elemente des therapeutischen Verhaltens nur dann eine wichtige Rolle, wenn die verbal-psychotherapeutische Arbeit an den Themendimensionen des Patienten bzw. der Patientin *überhaupt* ein zentrales Moment der therapeutischen Aktivität (neben der musikalischen Arbeit) darstellt. In diesen Fällen tragen zahlreiche paraphrasierende Interventionen dazu bei, dass die Patienten ein stützendes Echo erfahren, sich der aktiven Zuhörerschaft durch den Therapeuten gewiss sein dürfen und in einer positiven Atmosphäre spiegelnder Begleitung gehalten werden. Die diesbezüglichen Passagen könnte man entsprechend als positive Psychotherapie mit stützenden und psychoedukativen Elementen beschreiben. Im Unterschied zur Patientenzentrierten Gesprächsführung jedoch ist in dem von mir untersuchten Material eine klare Tendenz zur Verbalisierung und Spiegelung der *positiv* getönten Affekte zu beobachten, während die leidvollen Gefühlszustände wie Wut, Trauer, Verzweiflung und Hass nicht im gleichen Masse in den Therapeuteninterventionen aufgenommen werden. Diese Tendenz zur positiven und oftmals auch hoffnungsvollen Einfärbung der paraphrasierenden Interventionen ist jedoch vermutlich weniger systematisch methodologisch begründet, sondern ebenfalls, wie weiter oben im Kontext der evaluativen Passagen bereits angedeutet, der psychischen Notwendigkeit der Abwehr der zutiefst bedrohlichen, in den Musiktherapie-Sitzungen auftauchenden Gefühlszuständen auch auf Seiten der Therapeuten geschuldet.

Abschließend möchte ich noch auf einen Interventionstypus eingehen, der ein spezifisches Moment musiktherapeutischer Arbeit darzustellen scheint. In allen untersuchten Sitzungen konnte ich Passagen finden, in denen die Therapeuten zu mehr oder weniger ausführlichen *Theoriebeiträgen* ausholten. Diese theoretischen Exkurse sind einerseits thematisch individuell ausgestaltet; sie beziehen sich etwa auf die Bedeutung leiblicher Rhythmen wie Atmung, Pulsschlag etc., auf allgemeinpsychologische Erkenntnisse wie die Bedeutung gesunder Grenzziehungen in zwischenmenschlichen Beziehungen oder auch auf allgemeinpsychotherapeutische Wirkfaktoren wie etwa die Relevanz kathartischer Abfuhr quälender Affekte.

Zentrales Thema in diesen Beiträgen jedoch sind *theoretische Konzeptualisierungen* der Musiktherapie selber. Die Therapeuten umreißen die methodologischen Grundlagen der musiktherapeutischen Arbeit („musikalische Improvisation ist von ihrem Wesen her prozessorientiert und nicht ergebnis-orientiert"), gehen auf einzelne Wirk- und Heilfaktoren ein („das Loslassen in der Musik, das Abschalten, Laufenlassen und Affekte ausdrücken, tut gut") und formulieren Zielvorgaben für den musiktherapeutischen Prozess („was ich dabei einfach erreichen möchte, is so'ne Lockerheit beim Spielen: dass man das Gefühl hat: was rauskommt, des kommt von mir und des fließt"). Immer wiederkehrende thematische Elemente in diesen konzeptuellen Theoriebeiträgen sind Katharsis, Entspannung, Ausdrucksvermögen, individuelle und differenzierte Gestaltung, Harmonie und der Prozess des *gemeinsamen Spielens* als Ausgangspunkt für die Entwicklung sozialer Dialog- und Beziehungsfähigkeit.
Unabhängig davon, wie die inhaltliche Struktur der theoretischen Exkurse im Einzelnen sich jeweils gestaltet, so scheint es doch therapeutenübergreifend von großer Bedeutung zu sein, Musiktherapie nicht nur den Patienten konkret anzubieten und mit ihnen zu praktizieren, sondern im unmittelbaren praktischen Vollzug auch die konzeptuellen Grundlagen und kognitiven Grundstrukturen der Musiktherapie zu vermitteln.

Transkriptionslegende[7]:

..	= kurze Pause (1-2 Sek.)
...	= mittlere Pause (3-4 Sek.)
....	= lange Pause (ab 5 Sek.)
((7 Sek.))	= Dauer einer langen Pause
( )	= unverständlicher Wortlaut
(meine Mutter)	= vermuteter Wortlaut
so schlimm	= nachdrückliche Betonung
(leiser) echt der Wahnsinn	= Charakterisierung der Sprechweise
((hustet))	= nichtsprachliche Äußerung
is' sie prakt-/ hat sie also	= Selbstunterbrechung, -korrektur
Mhm, Hm	= Rezeptionssignale

7 Für die geduldige und präzise Transkriptionsarbeit danke ich Frau Nicole Kupfer, Bamberg.

Kapitel 8
Zur Situation der Patienten Teil 5: Messung der Befindlichkeit der Patienten mit der Basler Befindlichkeits-Skala

Urs Kleinholdermann

Zur Beurteilung der Befindlichkeitsverbesserung der Patienten durch die musiktherapeutische Intervention wurde in dieser Untersuchung die Basler Befindlichkeits-Skala (BBS) eingesetzt (Hobi, 1985). Es handelt sich bei diesem Instrument um einen Fragebogen zur Erfassung der aktuellen Befindlichkeit einer Person, der sich aus 16 siebenstufigen, bipolaren Items zusammensetzt, von denen jeweils vier zu den vier Skalen intrapsychischer Gleichgewichtszustand (ig), Vitalität (vt), Vigilanz (vg) und soziale Extravertiertheit (se) zusammengefasst werden. Die Summe der Punktwerte aller vier Skalen liefert einen Gesamtwert für die Befindlichkeit. Der Fragebogen wurde von den Patienten jeweils vor und nach der Therapiesitzung ausgefüllt. Durch Differenzbildung aus den Werten der Skalen nach und vor der Therapiesitzung lässt sich ein Maß für die Verbesserung der Befindlichkeit ableiten.

Der Fragebogen ist leicht verständlich und schnell auszufüllen und wurde aus diesen Gründen für die durch ihre Krankheit mitunter stark eingeschränkten Patienten ausgewählt. Ein Beispielexemplar befindet sich auf S. 72.

Die Daten, die mithilfe der BBS gewonnen wurden, dienten zur Überprüfung der folgenden Fragestellungen:

1. Hat sich die Befindlichkeit der Patienten nach der Therapiesitzung im Vergleich zu vorher gebessert?
2. Hat sich die Befindlichkeit der Patienten im Gesamtverlauf aller Therapiesitzungen gebessert?
3. Besteht ein Unterschied in der Effektivität der Therapie zwischen den Geschlechtern?
4. Besteht ein Unterschied in der Effektivität der Therapie in Abhängigkeit vom Alter des Patienten?
5. Besteht ein Unterschied in der Effektivität der Therapie zwischen den Gruppen der Therapeuten?
6. Besteht ein Unterschied in der Effektivität der Therapie zwischen Sitzungen, in denen aktive bzw. rezeptive Musiktherapie durchgeführt wurde?

Nach einer kurzen Erläuterung zur Stichprobe sollen nun die Ergebnisse zu den oben angeführten Fragestellungen vorgestellt werden.

Stichprobe

Die Stichprobe bestand aus 36 Patienten. Diese nahmen, auf drei Therapeutengruppen an drei Krankenhäusern verteilt, im Zeitraum vom 16.5.2002 bis zum

26.11.2003 an der Therapie teil. Das Alter der Patienten variierte von 21 bis 68 Jahren, der Mittelwert lag bei 44 Jahren. Die Patienten waren zu gleichen Anteilen weiblich und männlich. Die Anzahl der Therapiesitzungen pro Patient variierte von einer bis zwanzig Sitzungen mit durchschnittlich 5 Sitzungen pro Patient.
Aufgrund zu vieler fehlender Werte konnten die Daten eines männlichen Patienten in der Auswertung nicht berücksichtigt werden. Die übrigen fehlenden Werte (insgesamt 15) wurden durch Mittelwerte der entsprechenden Patienten ergänzt. Die verbleibenden Daten stammen von 35 Patienten und aus insgesamt 183 Therapiesitzungen.

1.) Hat sich die Befindlichkeit der Patienten nach der Therapiesitzung im Vergleich zu vorher gebessert?

Eine wichtige Fragestellung bei der Bewertung des Nutzens, den eine Therapie für den Patienten hat, ist die nach der unmittelbaren Verbesserung der Befindlichkeit nach der Therapiesitzung im Vergleich zu vorher. Um diese Fragestellung zu untersuchen, wurden die Werte der Patienten auf den vier Skalen der BBS vor der Therapiesitzung (Prätest) und nach der Therapiesitzung (Posttest) miteinander verglichen.
Abbildung 1 zeigt die Werte der vier Skalen der BBS in Bezug auf die Anzahl der Sitzungen pro Patient ungewichtet gemittelt im Prä/Post Vergleich. Der maximal erreichbare Wert auf jeder Skala liegt bei 28 Punkten, der Minimalwert bei vier Punkten. Als Streuungsmaß wurde der Standardfehler des Mittelwertes verwendet.

Abb. 1 Gemittelte Punktwerte der vier BBS-Skalen vor und nach der Therapiesitzung mit einem Standardfehler des Mittelwertes

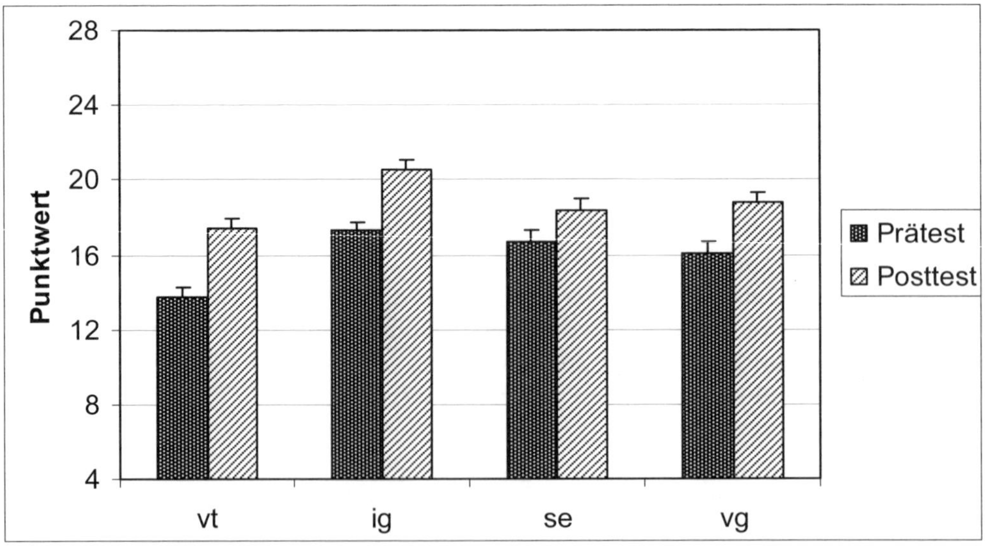

Man kann anhand der Skalenwerte eine deutliche Verbesserung der Befindlichkeit nach der Therapiesitzung feststellen. Sämtliche Mittelwertunterschiede sind statistisch signifikant. Für alle Vergleiche ergab sich ein Wahrscheinlichkeitswert von $P < 0.001$. Da sich der BBS-Gesamtwert für die Befindlichkeit aus der Summe der vier Skalen berechnet, zeigt sich der Besserungseffekt auch dort. Den Prä/Post-Vergleich für diesen Wert zeigt Abbildung 2. Maximal sind hier 112 Punkte möglich, der Minimalwert beträgt 16 Punkte. Als Streuungsmaß wurde in Abbildung 2 der Standardfehler des Mittelwertes verwendet. Der Prä/Post-Vergleich ist auch hier statistisch signifikant mit $P < 0.001$.

Abb. 2 Prä/Post-Vergleich des BBS-Gesamtwertes mit einem Standardfehler des Mittelwertes

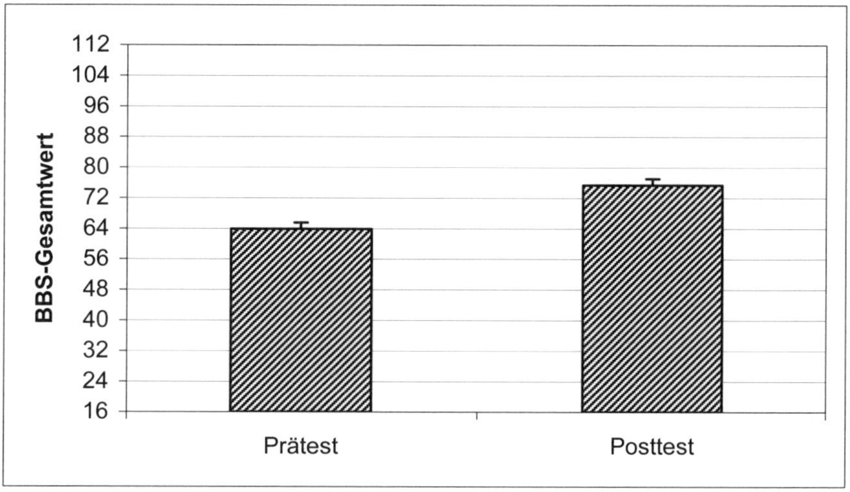

Um die Stärke des Besserungseffektes zu quantifizieren, wurde der Prozentsatz berechnet, den die Differenz zwischen Prä- und Posttest am Range der Skala einnimmt. So gab es auf der Vitalitätsskala (vt) eine Verbesserung des Punktwertes um 15,4%, auf der Skala intrapsychischer Gleichgewichtszustand (ig) betrug die Verbesserung 13,8% und auf der Vigilanzskala (vg) waren es 11,3%. Am wenigsten steigerten sich die Patienten auf den Werten der Skala soziale Extravertiertheit (se). Hier betrug der Anteil der Verbesserung am Range der Skala nur 7%. Als Richtwert zur klinischen Bedeutsamkeit einer Verbesserung für Maße, die die Lebensqualität eines Patienten erfassen, wird von Osaba (1999) ein Anteil von 10% an der Gesamtskala angegeben. Bei einer Steigerung um diesen prozentualen Anteil kann man demnach von einer spürbaren Verbesserung für den Patienten ausgehen. Da die Verbesserung des BBS-Gesamtwertes, der als Summe über alle vier Skalen ein Maß der Gesamtbefindlichkeit darstellt, in dieser Untersuchung bei 12% seines Skalenranges liegt, ist auch eine klare klinische Relevanz des Ergebnisses nachgewiesen. Die im Vergleich geringe Steigerung auf der Skala soziale Extravertiertheit, die als einzige unter der Marke von 10% liegt, ist möglicherweise auf die

Krankenhausumgebung zurück zu führen, die vergleichsweise wenig Raum und Anreiz zur Entfaltung sozialer Aktivitäten bietet.
Auf eine spezifischere Interpretation des Besserungseffektes muss aufgrund des Fehlens einer Kontrollgruppe verzichtet werden. So muss z. B. zunächst offen bleiben, zu welchen Anteilen der Effekt speziell auf das Musizieren zurück zu führen ist. Sicherlich spielen auch unspezifischere Eigenschaften der Therapiesitzung wie die Zuwendung durch den Therapeuten eine wichtige Rolle. Weiterhin könnte ein gewisser Anteil der Verbesserung auf das Wirken des Hawthorne-Effektes (Roethlisberger & Dickson, 1939), also einer Verbesserung durch das Wissen um die Teilnahme an einer wissenschaftlichen Untersuchung, zurückgehen.

2.) Hat sich die Befindlichkeit der Patienten im Gesamtverlauf aller Therapiesitzungen gebessert?

Um die Fragestellung zu überprüfen, ob durch die Teilnahme an der Therapie eine dauerhafte Befindlichkeitsverbesserung über die Zeit entsteht, wurden die Verlaufsreihen der Patienten so übereinander gelegt, dass die erste Sitzung jedes Patienten als gemeinsamer Startpunkt dient. Anschließend wurde aus den einzelnen Reihen eine mittlere Verlaufsreihe berechnet. Abbildung 3 zeigt diese mittlere Verlaufsreihe. Dargestellt ist der BBS-Gesamtwert, also die Summe der vier Skalen als Gesamtmaß der Befindlichkeit. Die Ergebnisse des Prä- und Posttests sind in getrennten Linien abgebildet. Der maximal erreichbare Wert beträgt 112 Punkte, der Minimalwert liegt bei 16 Punkten.

Abb. 3 Verlauf der Befindlichkeit über die Therapiesitzungen

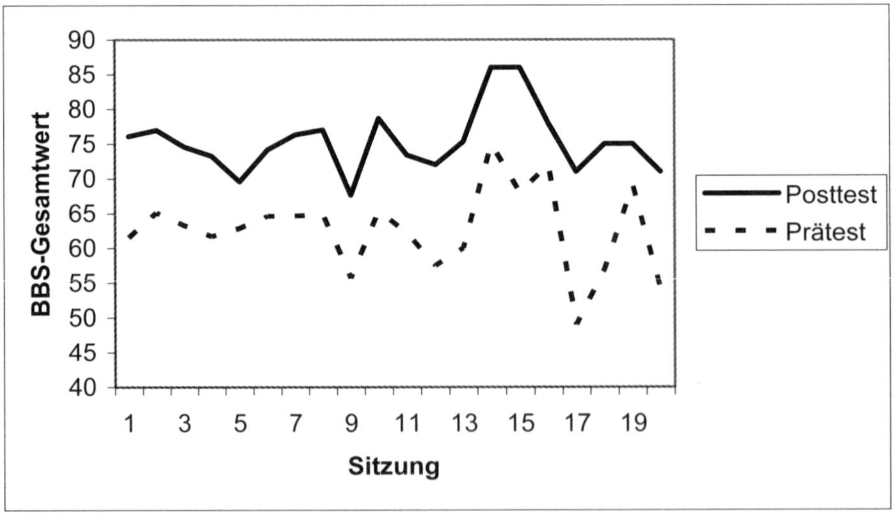

Über die Termine hinweg ist augenscheinlich weder ein positiver noch ein negativer Trend zu erkennen. Die lineare Regression ergab für den Prätest und den Posttest die statistisch nicht signifikant von Null verschiedenen standardisierten Steigungskoeffizienten von -0.017 (P = 0.818) bzw. -0.018 (P = 0.808). Die mit diesen Steigungskoeffizienten berechneten Regressionsgeraden sind in Abbildung 4 dargestellt. Die in den Abbildungen 3 und 4 sichtbaren stärkeren Schwankungen bei den späteren Terminen beruhen auf der geringeren Anzahl von Patienten, die an so vielen Therapiesitzungen teilgenommen haben.

Abb. 4 Verlauf der Befindlichkeit über die Therapiesitzungen mit den ermittelten Progressionsgraden

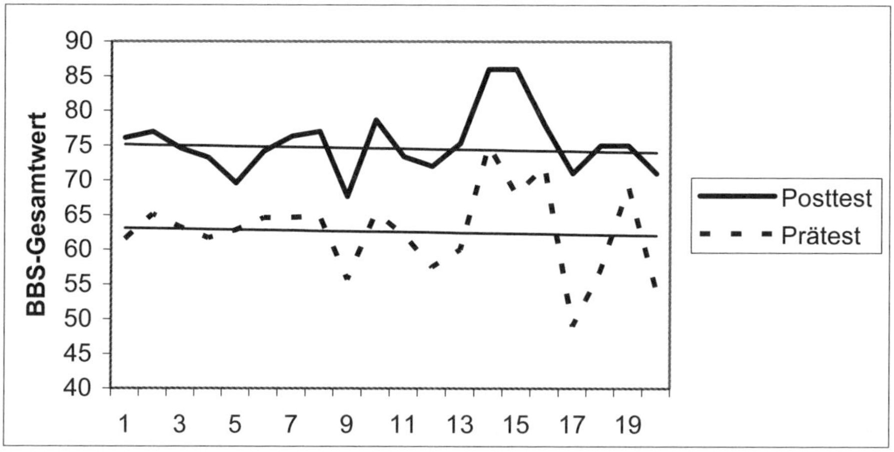

In Anbetracht der nicht signifikanten Steigungskoeffizienten lässt sich schlussfolgern, dass sich das Befindlichkeitsniveau der Patienten im Verlauf der Therapie nicht ändert und damit kein anhaltender Besserungseffekt feststellbar ist. Die Interpretation dieser Verlaufslinie ist jedoch insofern schwierig, da pro Patient nicht von allen Therapiesitzungen BBS-Daten vorliegen und somit im individuellen Verlauf Lücken vorhanden sein können, die möglicherweise einen Besserungseffekt verwischen. Weiterhin kann man vermuten, dass sich die Befindlichkeit von Patienten, die gar keine Therapie erhalten, über die Zeit verschlechtern würde und dass die Aufrechterhaltung des Befindlichkeitsniveaus schon einen Therapieerfolg darstellt. Diese Möglichkeit ist gerade in Anbetracht der hohen Mortalitätsrate von ca. 50% unter den teilnehmenden Patienten, die vier Monate nach Abschluss der Untersuchung festgestellt wurde, nicht von der Hand zu weisen. Es ist allerdings auch möglich, dass die Form der Therapie an sich nur einen recht kurzfristigen Wechsel des aktuellen Befindlichkeitszustandes verursacht.
Um diese Möglichkeiten direkt zu überprüfen wäre allerdings der Vergleich mit einer Kontrollgruppe notwendig gewesen.

3.) Besteht ein Unterschied in der Effektivität der Therapie zwischen den Geschlechtern?

Als Maß für die Effektivität der Therapie wurden bei diesem Vergleich die in Bezug auf die Anzahl der Sitzungen pro Patient ungewichtet gemittelten Differenzen zwischen Prä- und Posttest herangezogen. Bestünden geschlechtsspezifische Unterschiede in der Effektivität der Therapie, so sollten sich die entsprechenden mittleren Differenzen bedeutsam voneinander unterscheiden. Abbildung 5 zeigt diese Werte im Geschlechtervergleich.

Abb. 5 Gemittelte Prä-/Post-Differenzen der vier BBS-Skalen in den Geschlechtergruppen mit einem Standardfehler des Mittelwertes

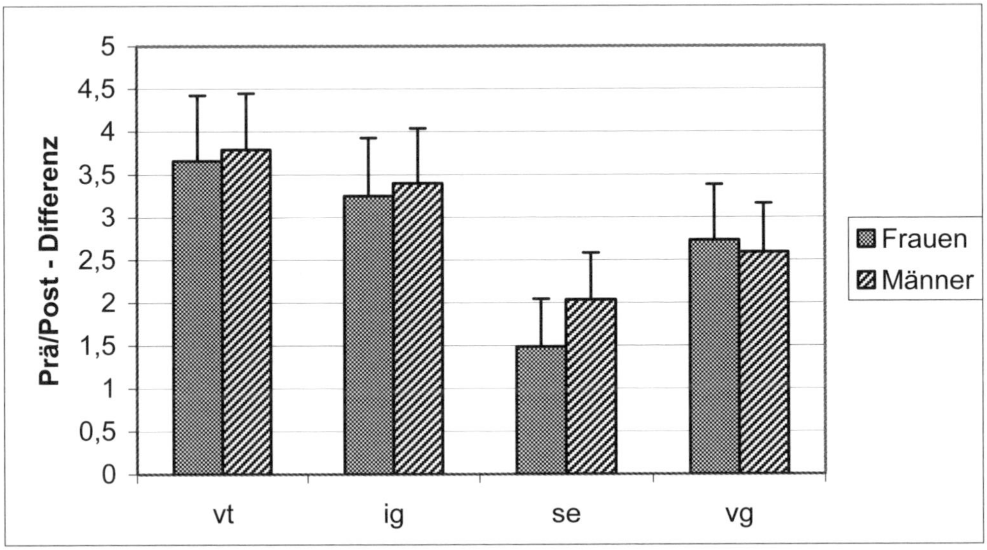

Die Unterschiede zwischen männlichen und weiblichen Patienten sind offensichtlich gering. Keiner der Vergleiche ist statistisch signifikant. Somit lag in dieser Studie kein bedeutsamer Unterschied in der Effektivität der Therapie in Abhängigkeit vom Geschlecht vor. Diese Verhältnisse spiegeln sich auch bei der Betrachtung des BBS-Gesamtwertes wider. Der entsprechende Vergleich zwischen Männern und Frauen ist in Abbildung 6 mit einem Standardfehler des Mittelwertes dargestellt. Auch dieser Vergleich ist statistisch nicht signifikant.

Abb. 6 Gemittelte Prä/Post-Differenzen des BBS-Gesamtwertes in in den Geschlechtergruppen mit einem Standardfehler des Mittelwertes

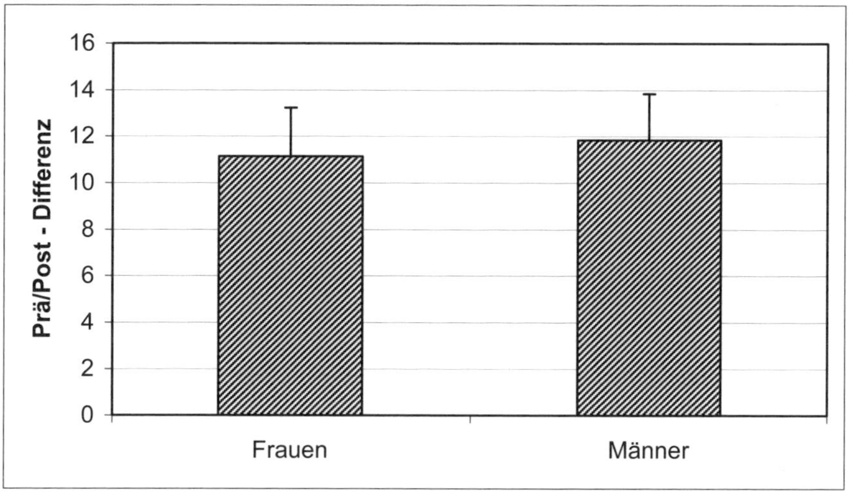

Der Befund gleicher Wirksamkeit der therapeutischen Intervention bei männlichen und weiblichen Patienten ist konsistent mit den generellen Schlussfolgerungen über die Effektivität von verschiedenen psychotherapeutischen Maßnahmen bei Männern und Frauen, zu denen Matt und Navarro (1997) in einem Überblick über Metaanalysen der Jahre 1977 bis 1991 kommen.
Aufgrund dieser Ergebnisse kann also festgehalten werden, dass musiktherapeutische Interventionen für Personen beiderlei Geschlechts in gleichem Maße geeignet sind. Diese Schlussfolgerung ist bedeutungsvoll, da die Therapeuten angaben, dass die Bereitschaft, an der Therapie teilzunehmen, bei männlichen Patienten geringer ist als bei weiblichen. Es ist also ein Fehler, aus diesem Umstand zu schließen, dass männliche Patienten auch einen geringeren Nutzen aus der Therapie ziehen.

4.) Besteht ein Unterschied in der Effektivität der Therapie in Abhängigkeit vom Alter des Patienten?

Um den Zusammenhang zwischen dem Alter des Patienten und der Besserung, die für ihn aus der Teilnahme an der Therapie resultiert, zu untersuchen, wurden die Pearson-Korrelationen zwischen dem Alter und den Prä/Post-Differenzwerten aller vier BBS-Skalen und des BBS-Gesamtwertes berechnet. Diese sind in Tabelle 1 dargestellt.

Tab. 1 Korrelationen zwischen dem Alter und den Prä/Post-Differenzwerten der vier BBS-Skalen und des BBS-Gesamtwertes

	Alter * VT	Alter * IG	Alter * SE	Alter * VG	Alter * Gesamtwert
r_{xy}	.024	-.273	-.253	-.136	-.185

Keiner der Korrelationskoeffizienten lässt eine statistisch signifikante Beziehung zwischen dem Alter und der Befindlichkeitsverbesserung erkennen. Ein solches Ergebnis würde dem allgemeinen Trend bei psychotherapeutischen Interventionen entsprechen, wie er von Matt und Navarro (1997) berichtet wird. Bemerkenswert ist jedoch in dieser Stichprobe, dass drei von vier Korrelationen der Einzelskalen negativ ausfallen. Dies kann man als eine schwache Tendenz zu niedrigeren Verbesserungswerten mit höherem Alter interpretieren.
Unter Einbeziehung des Alters lässt sich auch der Geschlechtsgruppenvergleich noch etwas differenzierter betrachten. In Tabelle 2 sind hierzu die Pearson-Korrelationen des Alters mit den Prä/Post-Differenzwerten der einzelnen Skalen und des Gesamtwertes aufgelistet.

Tab. 2 Korrelationen zwischen den Prä/Post-Differenzwerten der BBS-Skalen und dem Alter in den Geschlechtergruppen.

	♀	♂
Alter * VT	-.123	.227
Alter * IG	-.356	-.171
Alter * SE	-.586 *	.144
Alter * VG	-.277	.059
Alter * Gesamtwert	-.391	.076

Hier erkennt man, dass der Trend, dass ältere Personen niedrigere Differenzwerte haben als jüngere, weitgehend auf den Werten der weiblichen Patienten basiert. In dieser Gruppe profitierten die älteren Patientinnen also weniger von der Therapie. Statistisch signifikant ist diese Beziehung für die Werte der Skala soziale Extravertiertheit ($P < 0.05$). Bei den männlichen Patienten liegt offensichtlich kein substantieller Zusammenhang zwischen dem Alter und der Effektivität der Therapie vor.

Da eine Altersabhängigkeit in der Effektivität von psychotherapeutischen Maßnahmen eher eine Ausnahmeerscheinung ist (Matt & Navarro, 1999) wären weitere Untersuchungen erforderlich, um bestimmen zu können, ob es sich hierbei um einen spezifischen Effekt im Rahmen der Musiktherapie oder aber um einen Zufallsbefund aufgrund der Zusammensetzung der Stichprobe handelt.

5. Besteht ein Unterschied in der Effektivität der Therapie zwischen den Gruppen der Therapeuten?

Da die Daten der Patienten aus den Gruppen von drei Therapeuten stammen, die an drei verschiedenen Kliniken behandelt haben, kann ein Vergleich der Therapeutengruppen untereinander als Maßstab für die Robustheit des musiktherapeutischen Interventionseffektes interpretiert werden. Auch wenn in dieser Untersuchung die möglichen Faktoren, die Einfluss auf eine Stärkung oder Schwächung des Effektes nehmen könnten, nicht kontrolliert wurden, so kann doch zumindest überprüft werden, ob die musiktherapeutische Vorgehensweise generell sensitiv ist in Bezug auf die Methoden und Persönlichkeiten verschiedener Therapeuten oder auch sensitiv in Anbetracht uneinheitlicher Umgebungsbedingungen. Als Maß für die Effektivität der Therapie wurden hierbei die Prä/Post-Differenzen des BBS-Gesamtwertes verwendet. Diese sind mit einem Standardfehler des Mittelwertes in Abbildung 7 dargestellt:

Abb. 7 Differenzen des BBS-Gesamtwertes in den Therapeutengruppen mit einem Standardfehler des Mittelwertes

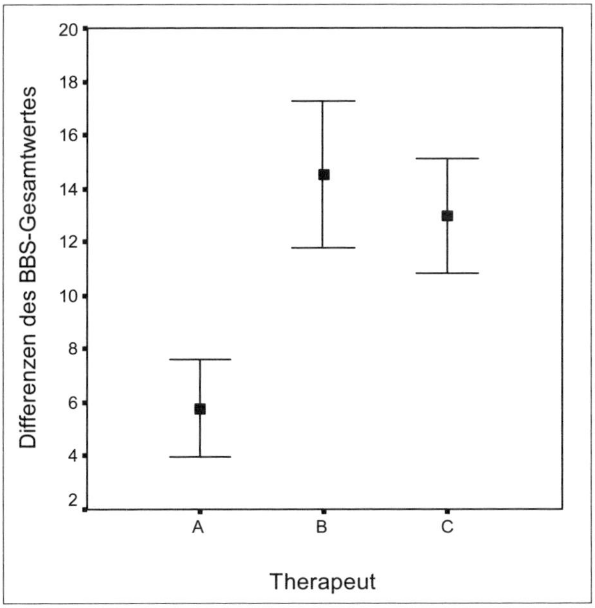

Das adjustierte Fehler-I-Risiko von 0.017 wird zwar von keinem der Vergleiche zwischen den Therapeutengruppen unterschritten, womit alle Mittelwertunterschiede statistisch nicht signifikant sind, da aber bei den Vergleichen zwischen den Gruppen von Therapeut A und Therapeut B und C alle $P < 0.05$ sind und der Unterschied auch augenscheinlich recht groß ist, sollte die Ursache hierfür dennoch Gegenstand weiterer Untersuchungen sein. In Betracht kämen hierbei Persönlichkeitseigenschaften des Therapeuten, das Geschlecht des Therapeuten oder auch spezifische Umgebungseffekte der Klinik, in der die Therapie stattgefunden hat.

6. Besteht ein Unterschied in der Effektivität der Therapie zwischen Sitzungen, in denen aktive oder rezeptive Therapie durchgeführt wurde?

Die einzelnen Therapieeinheiten lassen sich in aktive und rezeptive Sitzungen einteilen. In aktiven Sitzungen hat der Patient Musik durch sein eigenes Spiel generiert, während er in rezeptiven Sitzungen der vom Therapeuten gespielten Musik zugehört hat. Untersucht wurde die Frage, ob sich diese beiden Therapieformen hinsichtlich ihrer Effektivität bedeutsam voneinander unterscheiden.
Für den Vergleich zwischen aktiven und rezeptiven Therapiesitzungen wurden wiederum die Prä/Post-Differenzwerte der vier Skalen der BBS verwendet. Obwohl die Durchführung aktiver Therapiesitzungen aufgrund der schweren Erkrankungen der Patienten nicht immer möglich war und von der Person des Therapeuten oftmals die eine oder andere Form der Therapiedurchführung präferiert wurde, wurden die Therapeuten gebeten, möglichst mit jedem Patienten mindestens eine aktive und eine rezeptive Sitzung durchzuführen. Da dies jedoch nicht immer möglich war, kamen aus der Gesamtzahl von Sitzungen nur jeweils 16, in Bezug auf den Patienten korrespondierende, aktive und rezeptive Sitzungen für den Vergleich zusammen. Die mittleren Prä/Post-Differenzwerte dieser Sitzungen sind mit einem Standardfehler des Mittelwertes in Abbildung 8 dargestellt.

Zwar verfehlten alle abhängigen Mittelwertvergleiche die statistische Signifikanz, der Vergleich der Werte des Vitalitätsfaktors (vt) zeigt jedoch eine recht große Mittelwertdifferenz. Der für eine solche Differenz ermittelte Wahrscheinlichkeitswert von $P = 0.055$ ist so niedrig, dass die Vermutung berechtigt erscheint, dass die Patienten durch das aktive Musizieren eine größere Steigerung ihres Vitalitätsgefühls erfahren. In Bezug auf die klinische Bedeutsamkeit liegt die mittlere Verbesserung auf der Vitalitätsskala in den rezeptiven Sitzungen bei 12,5% und in den aktiven Sitzungen bei 24,8% anteilig am Range der Skala. Eine Ursache für diesen Unterschied kann man in einem erhöhten Selbstwirksamkeitsgefühl suchen, das vermutlich durch das aktive Musizieren hervorgerufen wird.

Abb. 8 Vergleich zwischen den Prä/Post Differenzwerten der vier BBS-Skalen in aktiven und rezeptiven Therapiesitzungen mit einem Standardfehler des Mittelwertes.

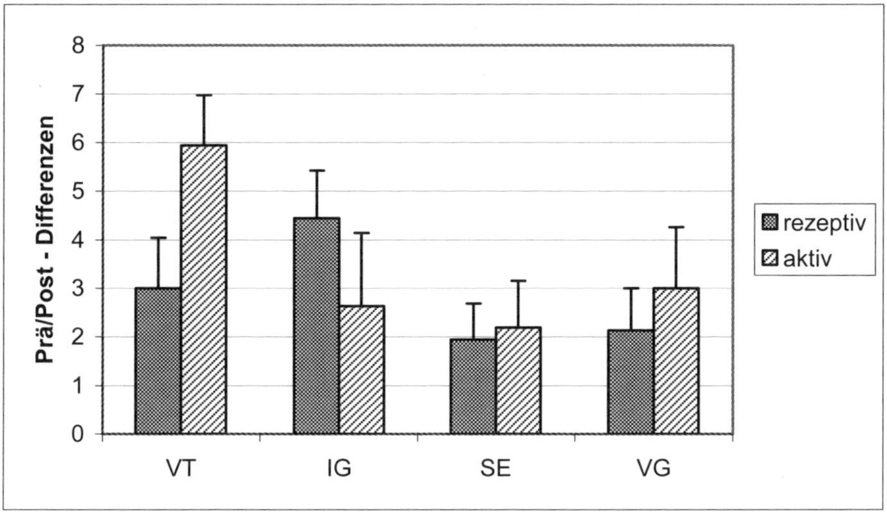

Diskussion

In dieser Untersuchung konnte ein bedeutsamer Besserungseffekt in der Befindlichkeit der Patienten nach der Therapiesitzung im Vergleich zu vorher nachgewiesen werden. Die besondere Situation der Untersuchung schwer kranker Patienten an einer Klinik erschwert die Interpretation der Ergebnisse durch den Mangel an einer Kontrollgruppe zwar etwas, da zur besseren Herausarbeitung der Faktoren, die die Befindlichkeitsverbesserung herbeiführten, ein Vergleich mit anderen Therapieformen und mit untherapierten Patienten sicherlich wünschenswert gewesen wäre; dies ändert jedoch nichts an der durch den Patienten unmittelbar empfundenen gehobenen Befindlichkeit nach der Sitzung und dem damit gegebenen Erfolg der Therapie.
Deutlich konnte auch gezeigt werden, dass Männer und Frauen in gleichem Ausmaß von der Durchführung der Therapie profitieren. Dies ist vor allem deswegen wichtig, weil es männlichen Patienten oft schwerer fällt, sich auf die Therapie einzulassen. Der Therapeut sollte sich also dazu aufgefordert fühlen, männliche Patienten aktiv zur Teilnahme an der Therapie zu ermuntern.
Der Befund, dass älteren, weiblichen Patienten die Therapie nicht zur gleichen Befindlichkeitsverbesserung zu verhelfen vermag wie jüngeren, ist interessant, bedarf aber in Bezug auf seine Stärke und Bedeutsamkeit sicherlich weiterer Überprüfung, da eine solche Altersabhängigkeit des therapeutischen Effektes im Rahmen psychotherapeutischer Maßnahmen ein eher seltenes Ergebnis ist (vgl. Matt & Navarro, 1997).

Da sich ebenfalls ein möglicher Effektivitätsunterschied zwischen den Gruppen der verschiedenen Therapeuten abzeichnet, sollte auch geklärt werden, ob möglicherweise Persönlichkeitseigenschaften des Therapeuten, das Geschlecht oder auch bestimmte Faktoren in der Klinikumgebung den Nutzen der Therapie fördern oder hemmen können. Interessant wäre weiterhin die Fragestellung, ob unterschiedliche Effekte bei einer gleich- oder gegengeschlechtlichen Patient-Therapeut Kombination vorliegen. Aufgrund der geringen Anzahl von Therapeuten, lassen sich hierüber anhand dieser Daten noch keine Aussagen treffen.
Im Befindlichkeitsverlauf über die Dauer der Therapie konnte kein anhaltender Besserungseffekt nachgewiesen werden. Hier wäre hier in Zukunft der Vergleich mit einer Kontrollgruppe, die keine Therapie erhält, aufschlussreich. Ohne einen solchen Vergleich können leider keine gesicherten Aussagen über Langzeiteffekte der Therapie getroffen werden.
Ein Anstoß zu einer differenzierten Betrachtungsweise der musiktherapeutischen Möglichkeiten sollte durch den vermutlich vitalitätssteigernden Effekt der aktiven Form der Therapie gegeben worden sein. Falls sich dieses Ergebnis in weiteren Untersuchungen bestätigen lässt, könnte ein Vergleich mit anderen Therapieformen, bei denen aktiv etwas vom Patienten gestaltet wird, Aufschluss über den spezifischen Anteil, den die Musik an der Besserung hat, geben.

Kurzzusammenfassung

Hat sich die Befindlichkeit der Patienten nach der Therapiesitzung im Vergleich zu vorher gebessert?
Es konnte eine deutliche, statistisch signifikante und klinisch relevante Verbesserung nachgewiesen werden.

Hat sich die Befindlichkeit der Patienten im Verlauf über die Therapiesitzungen gebessert?
Eine dauerhafte Verbesserung war in dieser Untersuchung nicht nachweisbar.

Besteht ein Unterschied in der Effektivität der Therapie zwischen den Geschlechtern?
Männer und Frauen profitieren gleichermaßen von der Therapie.

Besteht ein Unterschied in der Effektivität der Therapie in Abhängigkeit vom Alter des Patienten?
Es besteht ein Trend dahingehend, dass ältere Patientinnen weniger von der Therapie profitieren als jüngere. Bei männlichen Patienten ist dies nicht der Fall.

Besteht ein Unterschied in der Effektivität der Therapie zwischen den Gruppen der Therapeuten?
Vermutlich besteht ein solcher Unterschied. Eine sichere Aussage über dessen Ursache ist jedoch nicht möglich.

Besteht ein Unterschied in der Effektivität der Therapie zwischen Sitzungen, in denen aktive bzw. rezeptive Musiktherapie durchgeführt wurde?
Vermutlich ist aktive Musiktherapie vitalitätssteigernder als rezeptive.

Kapitel 9
Erfahrungen von extern am Forschungsprozess beteiligten Personen

9.1 Mehr als nur Materialsammlerin: Persönliche Erfahrungen der beforschten Therapeutin „vor Ort"

Ulrike Haffa-Schmidt

Genderforschung in der Musiktherapie bei onkologischen Patienten?

Ich war neugierig, als ich im Arbeitskreis „Musiktherapie in der Onkologie" von der Idee des Forschungsvorhabens erfuhr. Ohne genaue Vorstellungen sagte ich meine Mitarbeit als Praktikerin zu, denn Forschung in diesem Bereich ist wichtig und notwendig. Nach Diskussionen im Arbeitskreis, Auseinandersetzung mit dem Konzept und einem ersten gemeinsamen Treffen von den Forschern und zwei weiblichen und einem männlichen Musiktherapeuten bzw. Datensammlern konnte es im Frühsommer 2002 an den Kliniken losgehen.

Einen stimmigen Forschungsrahmen an der Klinik herstellen

Erste Hürden, die zu nehmen waren, waren meine eigenen Barrieren im Kopf. In der Klinik musste ich mich in meiner neuen Rolle als Mit-Forscherin „outen": das waren Gespräche mit dem Chefarzt, den Oberärzten und den psychoonkologischen Kollegen. Ich war erleichtert, wie wohlwollend unterstützend die Reaktionen waren und wie wichtig sie Forschung auch in diesem Bereich empfinden, damit man in den Zeiten knapper Kassen Ergebnisse zur Musiktherapie vorweisen kann.
Der nächste Schritt war die Suche nach geeigneten Patienten. Das war am Anfang schwierig und blieb es während des ganzen Verlaufes, denn ich benötigte das Datenmaterial von der ersten Stunde an. Im Erstkontakt musste ich den Patienten die Musiktherapie erklären, sie auf das Forschungsprojekt ansprechen und brauchte ihr Einverständnis, noch bevor eine Beziehung eingegangen und ein Vertrauensverhältnis aufgebaut war. Üblicherweise stelle ich mich beim Patienten vor, vereinbare einen Probetermin und lasse den Patienten langsam und selbstbestimmt in die Musiktherapiesituation mit ihren Inhalten, Zielen und Möglichkeiten hineinwachsen.
Das ging jetzt nicht. War es schon schwer genug, sich mit der Musiktherapie bei Patienten und Personal sinnvoll und hilfreich zu integrieren und mich voll auf deren Anliegen einzustellen, hatte ich nun selber auch eines. Bei manch gelungenem therapeutischen Kontakt und intensiver Improvisation mit Patienten, die ich nicht in die Forschung miteinbezogen hatte, war ich schon einmal ein bisschen wütend auf mich selber, mein Forschungsinteresse nicht vertreten zu haben.

Letztlich aber war ich erstaunt, wie schnell die meisten Patientinnen und Patienten kooperierten. Also doch: eigene Barrieren, zu wenig Selbstbewusstsein in dieser neuen Rolle und ein wohlwollendes und unterstützendes Klima an der Klinik.
Auch technische Pannen mit meinem neuen Mini-Disc-Gerät blieben nicht aus: geglückte Therapiestunden – leider den falschen Knopf aktiviert, schlecht ausgesteuerte Stunden – ich war auf zartes Leierspiel eingestellt, und es entstand ein ausdauerndes Paukenpartnerspiel. Manchmal hatte ich gar kein Aufnahmegerät dabei, weil ich mir sicher war, dass die Patientin in ihrem Zimmer nur rezeptive Musiktherapie wollte – und ein Dialog mit Oceandrum und Leier konnte wachsen.
Diese ersten Wochen war ich bestrebt, den Forschungsrahmen zu gestalten, um verwertbares und authentisches Datenmaterial zu bekommen.

Eigene Betroffenheit

Meine persönliche Auseinandersetzung begann beim Anhören der Therapiestunden meiner „ersten" Patientin, dem Auswählen und Beschreiben einer Improvisation und dem Ausfüllen der Patientendaten. Eine Frage war: Therapieende? Ich schrieb: Tod der Patientin. Eine weitere: Entlassungsgrund? Ich machte einen Strich in das Antwortfeld. Ich weiß und erlebe es oft, dass Patienten an ihrer Erkrankung sterben, aber es bekommt eine andere Dimension, sich nach Beendigung der Therapie noch einmal damit zu konfrontieren.
Bewegend war das Anhören der Stunden – vor allem bei Patientinnen und Patienten, deren Sterben ich begleitet und deren Tod ich miterlebt hatte.
Auch fiel mir auf, wie oft Patienten weinten und wie sehr ich mich in den Therapiestunden daran gewöhnt hatte.
Als ich die Stimme der verstorbenen Frau Bauer[8] Wochen später in meinem Arbeitszimmer hörte, musste ich selbst weinen. Ihre Worte und ihre Musik bekamen im Zusammenhang mit ihrem nahen Tod eine neue Bedeutung, die ich im Kontakt, im Mitschwingen und Mitgehen nicht wahrgenommen hatte. Mit dieser eigenen Traurigkeit und Schwere hatte ich nicht gerechnet; denn ich fühlte mich nach zwölf Jahren musiktherapeutischer Tätigkeit in der Onkologie erfahren und sicher. Sie ließ mich mein Tun intensiver wahrnehmen. Gleichzeitig begann ich mich in meiner Arbeit neu zu sehen. Meine eigene Wertschätzung wuchs, und ich dachte mir: an was für einen „Wahnsinn" hast du dich eigentlich schon gewöhnt?
Als ich die Daten von 6 der 12 Patienten abgegeben hatte, waren drei bereits gestorben und die anderen hatten schlechte Prognosen. War ich tatsächlich in meiner Arbeit mit soviel Tod und Sterben konfrontiert? Suchte ich mir die „hoffnungslosen Fälle"? Brauchten gerade die Patienten, die unbewusst schon spürten, dass sie sterben würden, Musiktherapie? Hatten die ärztlichen und pflegerischen Kollegen mir diese Patienten übertragen, weil sie bereits spürten, dass Kontakt schwierig war, dass sich diese Menschen bereits vom Leben zurückzogen?

8 Der Name der Patientin ist geändert.

Spätestens hier wurde mir klar, dass das Forschungsprojekt mich intensiver verwickelt hatte, als mir eigentlich lieb war, und meine Rolle als einfache Datensammlerin so einfach nicht war.

Frauen- und Männermusik, Frauen- und Männerbedürfnisse?

Erst nach und nach interessierten mich die eigentlichen Fragestellungen des Forschungsprojektes. Brauchen Männer und Frauen eine unterschiedliche musiktherapeutische Behandlung? Mache ich mit Frauen eine andere Musiktherapie als mit Männern, und warum mache ich das?

Bei Frauen fiel es mir leichter, zu Beginn der Therapie mit meinem Forschungsanliegen zu kommen. Ich erkläre mir das so, dass ich Frauen grundsätzlich offener der Musiktherapie gegenüber erlebe. Sie sind interessiert, die Behandlung und den damit verbundenen Krankenhausaufenthalt für sich zu nutzen, indem sie über ihr bisheriges Leben reflektieren, subjektive Krankheitsmodelle erörtern, psychischen Aspekten ihrer Erkrankung auf die Spur kommen wollen oder „sich einfach etwas Gutes gönnen" möchten.

Patientinnen im gleichen Zimmer duzten sich meist nach kurzer Zeit und wussten bestens über die jeweiligen Verhältnisse Bescheid. So bauen Frauen auch im Krankenhaus schnell Netzwerke auf: eine Patientin erzählt ihrer Zimmernachbarin von der Musiktherapie, die dann ebenfalls zu mir kommt, nach Entlassung der ersten wird die neue Mitpatientin wieder eingeweiht, die dann auch meine Patientin wird.

Mir fiel auf, dass die Männer isolierter standen und selten Kontakt untereinander hatten. Manchmal ließen sie sogar die Musiktherapie ausfallen, wenn der Mitpatient im Zimmer war und sie selbst nicht in meinen Musiktherapieraum gehen konnten; als ob sie sich ihrer vermeintlichen Schwäche schämen würden.

Immer wieder traute ich mich nicht, sie auf das Forschungsprojekt anzusprechen, denn sie kamen in einer akuten Krise zu mir und waren extrem hilfebedürftig: ja, wie Ertrinkende... und da kommt man ja nicht mit eigenen Anliegen, sondern hilft und tut, was notwendig erscheint.

Hier möchte ich kurz einfügen, wie Patientinnen und Patienten überhaupt den Weg zur Musiktherapie finden. Musiktherapie ist ein freiwilliges psychoonkologisches Angebot, das grundsätzlich jedem Patienten der Klinik für Onkologie, Hämatologie und Knochenmarkstransplantation offen steht. Wenige Patienten nutzen aus eigener Initiative dieses Angebot. Üblicherweise gehe ich selbst nach vorheriger Absprache mit dem Pflegepersonal oder dem behandelnden Arzt auf die Patienten zu und stelle mich mit meinem Angebot vor. Indikation kann ein bevorstehender, langer Krankenhausaufenthalt, eine starke psychische Anspannung und Belastung, das Gefühl des Personals, dass der Patient einfach mehr braucht, sein. Auf den beiden kleineren Intensivstationen, auf denen Knochenmarkstransplantationen durchgeführt werden, nehmen meine psychologische Kollegin und ich zu jedem Patienten Kontakt auf. Mir als Therapeutin wird im Arbeiten völlige Freiheit zugestanden, es gibt niemanden, den ich nehmen muss und auch niemanden, der Musiktherapie verordnet bekommt. Durch eine gute Vernetzung und ein Transparentmachen meiner Arbeit sind immer mehr Mitarbeiter im Haus sensibilisiert, Patienten, die während des Krankenhausaufenthaltes davon profitieren können, Musiktherapie vorzuschlagen.

Im Erstkontakt geht es darum, mich und die Musiktherapie vorzustellen und im Vorfeld bestehende Ängste und Vorurteile – mangelnde Musikalität oder die Sorge zu der bestehenden körperlichen eine psychische Erkrankung zu haben – zu entkräften und den möglichen Nutzen – Umgang mit eigenen Gefühlen, Entspannung, Krankheitsverarbeitung – hervorzuheben. Nach einigen Probestunden können die Patienten entscheiden, ob sie weitermachen wollen. Das ist in der Regel der Fall. Manche Patienten lehnen eine psychotherapeutische Begleitung von vornherein ab, und diese Haltung wird akzeptiert. Rezeptive und aktive Musiktherapie versuche ich gleichermaßen einzusetzen. Leider wünschen sich Patienten in erster Linie musiktherapeutische Entspannung, und es liegt an mir, aktive Verfahren einzuführen. Das ist mir wichtig, möchte ich doch die Patienten dazu bringen, sich aus der „Opferrolle Krebspatient“ heraus zu begeben hin zu Autonomie und verbesserter Eigenwahrnehmung.

Jetzt aber wieder zurück zum Forschungsprojekt.

Wie bereits oben beschrieben, erschien es mir leichter, mit Frauen aktiv zu improvisieren. Oder tat ich mich nur leichter, ihnen dieses Angebot zu machen? Tatsächlich fällt es mir leichter, Frauen zum Improvisieren zu motivieren, denn sie haben nicht soviel Angst, sich vor mir zu blamieren oder Fehler zu machen, und bauen mir oft eine Brücke hin zur aktiven Musiktherapie, wenn sie beispielsweise sagen: „Ich hätte so gerne ein Instrument gelernt, aber meine Eltern hatten kein Geld“ oder „Meine Kinder lernen alle eine Musikinstrument; ich bin die Einzige in der Familie, die nichts kann“.

Männer wirken da weniger neugierig und schneller und kategorischer abwertend auf mich. Sie wollen Hilfe, aber in Form von Anwendungen und neuen (Entspannungs-)Techniken. Das eigene Einlassen und aktive Tun empfinden sie möglicherweise als „Weiberkram“. Glücklicherweise ist bei jüngeren Männern eine andere Einstellung zu beobachten. Sie haben weniger Probleme, sich auf einen therapeutischen Prozess einzulassen.

Durch das Forschungsprojekt war ich gezwungen, Männer zum Improvisieren zu bewegen.

Bin ich unter Druck gekommen, wenn sie nur rezeptive Musiktherapie wollen? Ja und nein, vor allem weckte es in mir mein kreatives Potential. Der Mut, ganz entschieden die Männer zur Improvisation, zur aktiven Musiktherapie aufzufordern, wurde immer mit intensiven Stunden, wichtigen Erkenntnissen und dem Herausfinden aus einer Perspektivlosigkeit, einem passiven Sich-behandeln-lassen belohnt.

Dieser Druck war gut, und ich erweiterte mein Methodenspektrum in der Onkologie um eine klare und direktive Vorgehensweise.

Improvisieren nun Männer anders als Frauen, improvisiere ich anders mit Frauen als mit Männern? Ich denke, dass es keine spezifische Männer- beziehungsweise Frauenmusik gibt. Haben sich weibliche und männliche Patienten auf die aktive Musiktherapie eingelassen, bilden sich die spezifischen psychischen Probleme wie Autonomieverlust, Ängste, Todesängste, Depression, Wunsch nach Harmonie, Sehnsucht nach der Familie, Auseinandersetzung mit dem Krankenhausalltag gleichermaßen ab. Schütze ich nun eine Gruppe mehr und fordere die andere?

Ich glaube, und damit möchte ich schließen, dass ich es mir manchmal einfach leicht mache, indem ich die Patienten, die sich mir und der Musiktherapie schneller öffnen, eher nehme und mich da auch mehr engagiere – und das sind mehr die Frauen.

Ich weiß nicht, ob das legitim ist, ich glaube, das ist ein ganz menschlicher, aber leider unprofessioneller Schutzmechanismus im täglichen Umgang mit den traurigen, destruktiven und tödlichen Aspekten der Krankheit Krebs.

9.2. Äffchen im Dustern. Erfahrungen der externen Beschreiber

Doris Sondermann

Als Kinder spielten wir gerne an langen Wintertagen ein Spiel das hieß: Äffchen im Dustern. Wir verdunkelten das Wohnzimmer mit den Fensterläden so, dass nur noch ein kleiner Lichtstrahl hereinfiel. Dann galt es sich zu verstecken, dabei aber so in Bewegung zu bleiben, dass man sich auch finden konnte. Die Dunkelheit brachte zwar einige unangenehme Überraschungen mit sich: Stolpern, Sich-Anstossen mit lautem Wehklagen, aber auch die Freiheit, sich ungesehen – ungeniert „wie die Affen" zu benehmen und sich allen möglichen Unsinn zu erlauben. Erst wenn alle entdeckt waren, ging das Licht wieder an, und mit lautem Hallo begrüsste man sich, nahm entweder wieder Alltags-Vernunft an oder kehrte im Schutz der Dunkelheit in den Affenwald zurück.

Als Teilnehmer in diesem Forschungsprojekts erging es uns sicherlich zeitweise wie den spielenden Kindern im verdunkelten Wohnzimmer. Das Terrain an sich ist uns bekannt, und das Hören und Beschreiben musikalischer Improvisationen ist ein vertrautes Werkzeug der täglichen Arbeit. In diesem Forschungskontext kam aber eine erschwerende Komponente hinzu. Wir wussten weder, wer wo spielt, noch, mit wem wir gemeinsam beschreiben. Dadurch verlor das ansonsten alltägliche Werken einige wichtige Orientierungspunkte, und wir „tappten im Dustern". Erst nachdem wir alle Musiken der Therapiesitzungen beschrieben hatten, wurden wir vier Kollegen aufgeklärt, worum es sich genau handelte.

Es gab Vermutungen in der Gruppe, dass wir Beschreiber selber der eigentliche Gegenstand der Forschung und die Patienten mit ihrer Musik nur Nebensache seien. Es kam auch die Idee auf, dass es um eine spezielle Instrumentengattung gehen könne, die in einem nicht näher benannten Kontext untersucht wird. In den Berichten über unsere Erfahrungen während der Forschungszeit wurde deutlich, dass es ein Bedürfnis nach Orientierung im „Raum", nach einer Zuordnung zu etwas Vertrautem bei der Beschreibungsarbeit gibt. So ganz im Dunkeln will man nicht gerne tasten. Und da es die gewünschten Informationen diesbezüglich nicht gab, wurden eigene Vermutungen zwar lebhaft aufgeschrieben. Letztlich waren sie nicht richtungsweisend oder hemmend für den Fluss der Ideen und Bilder zur Musik.

Beim „anonymen" Zuhören scheinen uns eher die Wünsche nach inhaltlicher Orientierung drängend geworden zu sein. „Warum spielen die so klebrig miteinander"? „Das fängt ja nirgendwo an und hört nirgendwo auf". „Immer dieses vorsichtige Gesäusel, kann da nicht mal jemand ordentlich provozieren, in der Musik zupacken, verdichten, extremisieren?" Dies sind Fragen, die in den Texten über die Improvisationen auftauchten.

Die innere Mitbewegung beim Beschreiben wurde deutlich emotional. Das kennen wir aus der „nicht blinden" Beschreibung von Musiken im Kollegenkreis auch. In vielen Fällen ist dies ja auch erwünscht und für das Verständnis eines Therapieverlaufs hilfreich. Wir gehen davon aus, dass die Bilder, Eindrücke und Gefühle, die

beim Anhören in uns auftauchen, in Beziehung zu der Therapiesituation stehen, in der die musikalische Improvisation entstand, d. h. zum jeweiligen Patienten, dem Behandler und der sich zwischen den beiden abspielenden Beziehungsgeschichte.
Im Kontext dieser Forschungsarbeit scheint mir das Aufwallen von Gefühlen in zweierlei Hinsicht gespeist: Zum Einen bewegt mich die Musik und die Dynamik der am Spiel Beteiligten. Sie nimmt mich in Phantasiebilder mit, die sich durch das Anhören an fünf aufeinanderliegenden Tagen meistens verstärken. Zum Anderen bin ich mit der Aufnahme auf der CD allein; es fühlt sich an wie „für immer und ewig". Ich schreibe meine Ideen und Phantasien in meinen Computer, und niemand sagt mir: „Stimmt, das passt ganz gut dazu", oder eventuell: „nein, da liegst du völlig falsch". Es fehlt das Echo! Ich bin nicht nur blinde Expertin, sondern ich fühle mich auch allein gelassen. Ich schreibe tatsächlich von Endzeitstimmung, Angst und vom nah empfundenen Tod. Zweifel tauchen auf: „Das kann ich doch nicht nur dem klappernden Takt der Tastatur anvertrauen". Es wird dringend Kontakt zur Projektmitarbeiterin gesucht, die aber zu diesem Zeitpunkt nichts Inhaltliches mitteilt. Das belastet, und es ist ein Denkakt zu wissen, dass ich diese Anspannung im Rahmen einer fundierten und kontrollierten Forschung ertrage.
Eigentlich erscheint es zunächst unbedeutend, ob ich in der Anonymität einer Forschungs-Blind-Studie die Musik anhöre und beschreibe oder im gewohnten Kontext in gemeinsamer Runde mit einigen Kollegen. Jeder Beschreiber ist ganz auf sich gestellt und frei im Spielraum der Assoziationen. Wir finden uns in die Geschichten, die uns die Improvisation erzählen, subjektiv hinein und lauschen mit professioneller Erfahrung. Es nimmt aber einen ganz anderen Weg, wenn ich die nächsten Schritte wieder im Austausch und mit einem Echo zu meinen Empfindungen gehe. Die Informationen von den jeweils behandelnden Kollegen und das gemeinsame Auflösen der Spannung – um wen und um was es in dieser Musik geht – in dieser Patientenmusik ist normalerweise die nötige Entlohnung. Das zeitnahe Klären von Fragen und Rätseln wirkt entlastend.
In unserem kleinen Beschreiberteam sind wir zivilisierte und motivierte Kollegen und Kolleginnen und haben die lange Zeit bis zum Abschluss und der Aufdeckung des Rätsels durchgehalten. In der Phase des „blinden" Beschreibens der Musik konnte ich noch einigermaßen ungenierte Narrenfreiheit genießen und frisch von der Leber weg schreiben. Verletzendes und Verurteilendes fand seinen Niederschlag in den Texten, Unverständnis neben dem Bemühen um Einfühlung. Es war ja kein sichtbares Gegenüber da, dem ich diese Einschätzung zumutete.
Dies änderte sich in den unterschiedlich subjektiven Reaktionen auf das Bekanntgeben der Diagnose, mit der die behandelten Patienten leben: Krebs! – Es geht um Psychoonkologie. Für mich war es wie ein Schlag. – Peng! Plötzlich wurde aus „Spiel" Ernst. Schluss mit der Phantasie von der chinesischen Tempeltänzerin und dem einsamen Boot an der blauen Lagune. So wurde eine andersartige Beziehung zu den unbekannten Patienten und Therapeutenkollegen hergestellt. Auch mit weniger Betroffenheit bei den anderen Mitbeschreibern als bei mir persönlich rückte das Wissen um die lebensbedrohende Krankheit Krebs die eigenen Mitbewegungen beim Beschreiben in einen anderen Zusammenhang. Es gab uns dann

das Gefühl, einen „Sinn" in der improvisierten Musik zu verstehen, eine psychologische Zuordnung zu finden. Nun spekulierten wir nicht mehr blind über mögliche Hintergründe. Das „Vermeiden von Trennung oder Polarisierung", das „öde Harmonisieren" oder „korsettartig Gepanzerte", wie es in manchen beschreibenden Texten hieß, ließen sich als gemeinsames „Aus-dem-Weg-gehen", Vermeiden und „Nicht-wahr-haben-wollen" des mit der Diagnose Krebs lebenden Patienten und seinem Behandler zuordnen.
Die Beschreibungstexte und deren Analyse sind den Therapeuten im Verlauf der Studie nicht zugegangen und konnten somit nicht in deren Reflektionen über die Improvisationen in der Musiktherapie und der jeweiligen Gegenübertragungen einfließen. So beabsichtigt es das Verfahren aus der morphologischen Psychologie, wenn es eine psychologische Behandlung um eine erweiterte Sichtweise ergänzt. Dies wurde an anderer Stelle in diesem Band als Methode vorgestellt (vgl. Kapitel 3.2.).
Subjektiv fühlten wir vier Beschreiber uns alle wohl einerseits erleichtert, dieses Kapitel der langen Anspannung ohne Lösung in Sicht nun hinter uns zu lassen. Auf der anderen Seite bestätigten wir gemeinsam, dass wir uns mit dem Verfahren der externen Beschreibung von Improvisationen aus der Musiktherapie als wertvollem Beitrag zur psychotherapeutischen Behandlung deutlich verbunden fühlen. Die im Rahmen des Forschungsprojektes zeitweilig ausschließliche Hinwendung zur *Musik* in der Behandlung (ohne Kontextwissen zum „wer", „wo" und „wie") wirkte auch sensibilisierend auf die eigene Arbeit im klinischen Alltag. Neben aller Klinik-Routine wurde das Ohr für die Töne, „die die Musik machen", geschärft. Dies gilt sowohl für mein eigenes Tun als mitspielende Therapeutin als auch für das – in therapeutischer Ich-Spaltung parallel sich ereignende – der Zuhörenden. Darüber hinaus gab es auch neue Impulse für das freie Spiel der Assoziationen zur improvisierten Musik, um sie in Bilder und Texte einzufangen und zu verwörtern.

Wir spielten „Äffchen im Dustern" im Forschungslabor. Das Beschreiben von Improvisationen aus einer musiktherapeutischen Behandlung bleibt spielerische Anstrengung. Im Fall dieser Forschung wurde es eher zur Ergänzung der Perspektiven den Forschenden zur Verfügung gestellt als den Behandlern innerhalb des therapeutischen Prozesses. Verbindend bleibt der Wunsch auf vielen Ebenen (nicht nur in der Psychotherapie): „mehr Licht!"

Kapitel 10
Interpretation und kritische Würdigung der Forschungsergebnisse

Almut Seidel

Aus den Analysen der Forschungsmaterialien ließen sich 3 Problemfelder aufschlüsseln, die sich – um ein Bild zu gebrauchen – an den Polen eines gleichschenkligen Dreiecks ansiedeln lassen, von dem aus sie ihre Auswirkungen ins Innere des Dreiecks schicken. Die eigentliche Problemkonstellation ist dann eine Synthese aus den 3 Einflusszonen; aus ihr heraus, aus dem Bewusstsein dieser Einflussfaktoren heraus müsste sich die konzeptionelle und methodische Arbeit gestalten.

Abb. 1: Drei Problemfelder

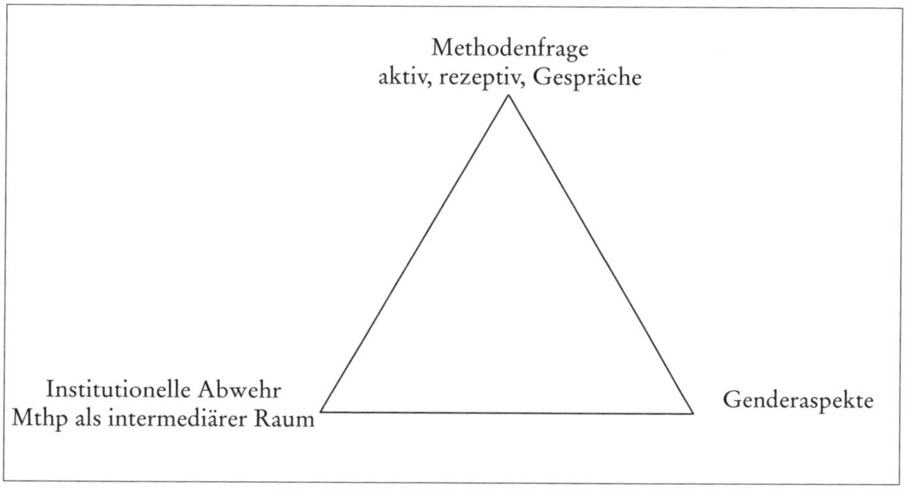

10.1 Methodenfrage

Das Datenmaterial des Forschungsprojekts lieferte den überwältigenden Beweis dafür, dass Musiktherapie in der Onkologie heißt: Klangreisen bzw. Fürspielen – eingebettet in ein therapeutisches Gespräch; manchmal, häufig heißt es auch nur ein Gespräch.

Abb. 2: Methodenfrage
N=148 in drei Kliniken

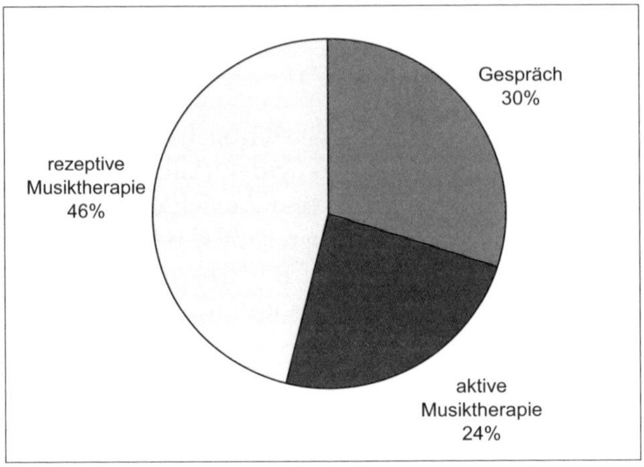

„Klangreisen" ist das Bespielen des Patienten mit einem Monochordklang, eingebettet in eine verbal gegebene Anleitung zur Entspannung (vgl. Fußnote S. 57). Diese Entspannungs-Induktion erfolgt entweder vor dem Beginn der Monochordmusik oder begleitend zu ihr. In diesem letzteren Fall erscheint die Monochordmusik wie eine Hintergrund-Folie. – Bisweilen wird zum Monochordspiel die Stimme eingesetzt, tönend-vokalisierend in das Obertonspektrum des Monochords hinein, verbunden manchmal mit der Aufforderung an den Patienten, mitzutönen. – „Fürspielen" dagegen ist das Bespielen des Patienten mit und auf einem beliebigen anderen Instrument, welches manchmal von Patienten bestimmt und ausgewählt wird. Die nun erklingende Musik ist gestalteter als der „stehende" Monochordklang; häufig hört man ostinate oder liedähnlich gestaltete einfache Reihungsformen. In jedem Fall orientiert sich die Musik an der körperlichen und seelischen Verfassung des Patienten, aus der heraus Dauer, Intensität und Dynamik der Musik gespeist werden.
Für das Bevorzugen von rezeptivem Arbeiten in der skizzierten Form gaben die Therapeuten die folgenden Begründungen:
Die Patienten sind körperlich zu schwach. Ihr Zustand nähert sich der totalen Erschöpfung an, ihre Schmerzen sind überwältigend, sie sind an anderer Stelle genug gefordert. Meistens sind sie nicht gehfähig oder müssen aufgrund von Infusionen im Bett liegen. Das sind einleuchtende, nicht aus der Welt zu schaffende Gründe.
Das Forschungsdesign erwies sich damit vordergründig als falsch gesetzt, da aktive Musiktherapie als Artefakt erschien. Es entstand eine gewisse Notlage, an die Patienten der Studie heranzukommen. Die Aquise wurde zu einem großen Problem, das Projekt drohte zu scheitern.

Um des Erhalts des Forschungsansatz willen und um die Fortdauer des Forschungsprojekts zu sichern, sahen sich die Therapeuten gezwungen, ihre Strategie zu ändern, um damit im Projekt verbleiben zu können. Sie verstärkten ihre Bemühung, aktiv Musik zu machen – ob am Krankenbett, im Krankenzimmer oder im Musiktherapie-Raum.

Dann aber kamen erst Erkenntnisse: es geht ja mit dem Aktiven! Es bringt ja sogar etwas, vielleicht sogar mehr. Was ist dieses „Mehr"?

Mit der rezeptiven Musiktherapie reiht sich diese ein in den Kordon der Apparate-Medizin: man verabreicht eine Behandlung (Medikament, Bestrahlung, Operation) und wartet auf die Wirkung. Dieses Warten hat seine Berechtigung, da empirisch die Erfolge der verabreichten Behandlung weitgehend belegt sind, ihre Notwendigkeit daher nicht weiter infragegestellt wird. Das Warten ist also – neben dem Ertragen und Erleiden (lat. pati, Patient) aller Nebenwirkungen, Behandlungsleiden etc. – der einzige aktive Schritt in der Heilungssequenz.

Genauso in der Musiktherapie: hier „verabreicht" man die Klangmassage oder Klanginduktion und hofft auf den Entspannungs- und Wellness-Effekt. Paart sich dieses Angebot mit einem gehörigen Maß an Suggestionen, was die Wirkungen anbelangt (und dass Monochordklänge gut tun, wird den Patienten vorher reichlich gesagt), so bleiben Selbstsuggestionen nicht aus. Sie ziehen sich bis in den Post-Test hinein.

Aktive Musiktherapie ist eine Aufforderung an den Patienten, diese „Man nehme"- (oder besser: „Man bekomme"-)Haltung aufzugeben, das Instrument seiner Selbstermächtigung (im weitesten Sinne: seiner Heilung) in die Hand zu nehmen, initiativ zu werden und ein Stück weit die regressiven Tendenzen zu überwinden. Es regt an, die Selbstsuggestionen zu mobilisieren in Richtung: das kann ich noch, das will ich jetzt einmal versuchen, das hat nichts mit der Krankheit und ihren körperlichen und emotionalen Einschränkungen zutun, das ist unvermintes Feld, ist harmlos.

Aus den Falldarstellungen geht immer wieder hervor, welche Befriedigung, welche Freude, ja welcher Stolz sich einstellen, wenn eine Improvisation in den Augen der Patienten „gelungen" ist. Dieses Gelingen machen sie fest an einer gewissen klanglichen Anpassung, an einer rhythmisch-metrischen Übereinstimmung, an einem gemeinsamen Schluss und an dem ihnen nicht weiter musikalisch erklärlichen Faktor des musikalischen „Iso" des Therapeuten. Sie erleben es als einen wenn auch minimalen Ansatz zur Rückgewinnung ihrer im Klinikalltag weitgehend brachliegenden Autonomie, als ein Stück Selbstvergessenheit in Bezug auf das kranke Selbst.

Es mag vielleicht vermessen klingen, aktive Musiktherapie direkt mit einem aktiven Copingstil („active-behavioral coping") in Verbindung zu bringen, soll aber dennoch nicht versäumt werden. Grulke, Bailer und Kächele berichten über Ergebnisse einer Studie zum Zusammenhang von Copingstilen und Überleben: „Von den 34 untersuchten Copingstrategien, erhoben vor Knochenmarkstransplantation, erwiesen sich drei als signifikant positiv korreliert mit Langzeitüberleben nach Transplantation:

1. Akzeptieren der Krankheit (Haltung, das beste aus der Situation machen zu wollen mit realistischer Anpassung an die verbliebenen Möglichkeiten und Setzen konkreter, realistischer Ziele unter Berücksichtigung der gegebenen Situation)
2. Selbstkontrolle (Betonung der eigenen Willensleistung und der bewußten, selbst kontrollierten Steuerung des Verhaltens, Selbstinstruktion zur kämpferischen Haltung) und
3. emotionale Unterstützung (empfundene Unterstützung; Trost, Verständnis, Hilfe oder Wertschätzung).

Patienten, die über alle drei relevanten Strategien verfügten, hatten auch unter Kontrolle der somatischen Prognose hochsignifikant und klinisch bedeutsame bessere Überlebenschancen nach Knochenmarkstransplantation als Patienten, die sich nur zweier, einer oder keiner dieser Strategien bedienten" (Grulke et al. 1998 a, b, zitiert in: Grulke/Bailer/Kächele 1999, 345–346).

Erstaunlich ist auch, wie häufig das aktive Musizieren insbesondere bei depressiven Patienten ein „tertium comparationis" ist, einen psychischen Ort erhält, wenn weder das Reden geht noch auch das Hören Sinn macht angesichts der Gefahr, dass der Patient über den regressiven Zustand noch tiefer in die Depression hineingeraten könnte. Das sind denn auch jene Fälle, die fast die gesamte Zeit einer Sitzung Musik machen. Die Therapeuten haben ein außerordentliches Gespür dafür entwickelt, wann sie den Patienten mit aktiver Musiktherapie aus „ihrem Loch" herausholen können.

Es hat sich gezeigt, dass im Verlauf des Projekts die Therapeuten offensichtlich immer mutiger wurden, die Patienten eben doch in den Musiktherapie-Raum zu locken, sie dort mit einer größeren Instrumenten-Auswahl zu konfrontieren und damit einen ersten Schritt zu etwas mehr Autonomie, Initiative, Selbstexploration und Selbstausdruck etc. einzuleiten.

Es wird den Patienten dabei explizit oder implizit deutlich, dass Musiktherapie etwas kann, was „dazwischen" liegt, zwischen Entspannung und Selbstheilung: aktiv gestaltete Musik kann Spannungen hörbar machen und vielleicht kanalisieren, sie kann diffus Gefühltes klarer herausarbeiten und besser fühlbar, das Wortlose hörbar machen und dem Patienten auf der Basis von ein wenig mehr Autonomie etwas Selbstvertrauen zurückbringen – das alles kann die rezeptive Musiktherapie allenfalls ansatzweise. Es liegt im Potential selbst gestalteter Musik, dass der Patient in Kontakt mit sich selbst kommt, und das heißt: dass er seine Unruhe und Zerrissenheit spürt, dass seine Wut, seine Resignation, seine psychische und körperliche Erstarrung ebenso deutlich werden dürfen wie sein Wille, noch einmal die volle Lebenskraft und leidenschaftliche Zugewandtheit zum Leben zu spüren; dass sie den Willen stärkt, noch etwas zu leisten, noch etwas zu können und hierbei ernst genommen zu werden. Das alles ist allerdings weit weg von Entspannung, Ablenkung und Erleichterung oder vom bloßen „Balsam für die Seele", wie es eine Patientin formulierte.

Aktive Musiktherapie ist etwas für Menschen, die nicht über ihren Zustand sprechen können, wohl aber bereit sind, in sich hineinzuhören. Es tut sich ihnen eine ganz andere Welt auf, in der sie Teil von etwas werden, das entsteht, das sich entwickeln darf oder daran gehindert wird, auf jeden Fall aber aus sich heraus nicht so zerstörerisch ist wie der Krebs. Selbst wenn die Patienten nicht bereit oder in der Lage sind, über ihr Erleben und ihre Gefühle beim Musikmachen zu sprechen, sondern gern – insbesondere bei Männern beobachtbar – externalisieren, also über musik-technische Angelegenheiten wie die Instrumente, den Stil, die eigenen Erfahrungen mit Musik etc. sprechen, so schaffen diese Sachbezüge doch auch eine Gemeinsamkeit auf einem unbelasteten Planeten, der fernab der Krankheit ein heilendes Eiland anbietet.

10.2. Das institutionelle Thema: Abwehr/Musiktherapie als intermediärer Raum („Verschmerzen“)

Aus den vorausgegangenen Ausführungen konnte deutlich werden, dass eine Frage ganz zentral wurde, die Frage nämlich: was ist denn so schwierig am aktiven Musikmachen? Warum ist es nicht zur Methode der Wahl geworden, ja warum wird es stellenweise gemieden?

Es tat sich ein weiterer Widerspruch auf:

In der Analyse der verbalen Interaktionen konnte festgestellt werden, dass die Therapeuten deutlich bemüht sind, die positiv wirkenden Potentiale der Musiktherapie herauszuarbeiten, was häufig in lange Instruktionen einmündet. Ebenso wurde deutlich, dass die Patienten wenig über ihr emotionales Erleben nach dem Musizieren sprechen. Häufig gehen sie – wenn überhaupt – eher auf äußerliche Aspekte wie die Handhabung der Instrumente und ihre Bauart ein oder erzählen von ihren eigenen Musikerfahrungen. Wird aber über die Musik gesprochen, so neigen die Therapeuten zu positiven Bewertungen der Musik und hier zu einem gewissen Euphemismus. Es scheint etwas in der Musik enthalten zu sein, was in der bewussten Auseinandersetzung ausgespart wird.

Insgesamt aber haben die Patienten ein ausgesprochen positives Bild von Musiktherapie, denn so sieht dieses Bild aus, das von ihnen bzw. den Therapeuten nach außen gegeben wird (z. B. in Berichten, Zeitungsartikeln etc):

- Therapeut und Patient erleben den Kontakt als entspannend und anregend
- Gedanken werden ausgetauscht; das belebt, lenkt ab von der Fixierung auf die Krankheit, setzt möglicherweise Handlungsimpulse
- Es wird über Gefühle viel geredet; das setzt ein Modell, wie man mit Gefühlen umgehen kann, ohne ihnen, wenn sie unausgesprochen bleiben, ausgeliefert zu sein.
- Die Therapeuten sehen viele Anlässe darauf hinzuweisen, wieviele Potentiale noch im Patienten stecken; sie gegen Anregungen, wie diese freizusetzen sind.
- Sie geben bisweilen konkrete Übemöglichkeiten an die Hand (Atmen, Tönen), bisweilen auch materialisiert (Instrumente werden ausgeliehen)
- Die Patienten sind interessiert an dieser Therapieform, fragen nach, bitten um Kontakt

Diese Facetten geben auch die wenigen Ergebnisse des Prä- und Posttests vor: die statistische Berechnung des Vorher-Nachher-Vergleichs verzeichnet für alle vier Faktoren und dem Summenfaktor einen hoch signifikanten Vorher-Nachher-Effekt.

Ein ganz anderes Bild zeigt sich in den Beschreibungen der Musiken:

- Es gibt kein wirkliches Verstehen des Leidens auf *beiden* Seiten, Patient und Therapeut

- Es tauchen andere Gefühle auf wie z. B. Verlassenheit, Einsamkeit, Nicht-gesehen-werden, Sich-Verlieren oder Sich-Auflösen, Gefühle wie Starre und Ausgeliefertsein
- Im Miteinander, das so sehr ersehnt wird, klafft immer etwas auseinander und zerstört den Anflug einer Gemeinsamkeit
- Diese Einsamkeit erscheint nicht aufhebbar
- Es gibt so etwas wie einen Zwang zu glauben, dass alles heil, machbar und überzeugend ist. Allein: der Glaube fehlt.
- Im Nicht-Verstehen steckt eigentlich eine Ablehnung.
- Die „Hölle“ (Krankheitsgewissheit, den elenden Zustand, Tod) muss der Patient selbst und allein durchleben, man kann ihn dabei begleiten, ihm aber nicht helfen.

Diese Erkenntnisse werden durch die Typologie des Emotionsmodells und seine Quantifizierung voll gedeckt. Der am meisten vertretene Typus ist der Typ 3, der hier noch einmal vorgestellt werden soll:

Tab. 1: Emotionstyp 3

WEG VON ANDEREN/M – Umwelt kontrolliert Patient
Körpererleben: Pat. verspürt Schmerzen, schwindende Lebenskraft. *Emotionen*: Pat. erlebt Angst, Trauer, Depressivität. *Imaginationen*: Bilder von Ohnmacht *Gedanken*: Pat. fühlt unfrei und fremdbestimmt. *Kontakterleben*: Pat. ist nicht in Kontakt.
Handlungstendenz: Pat. verschließt und entfernt sich vom Leben

In dieser Gegenläufigkeit scheint also ein „System“ zu stecken. Man kann es bezeichnen als Verdrängung der bedrückenden Realität und als Haltung von Abwehr. Wie muss man sich das erklären?

Die musiktherapeutischen Arbeit im Forschungsprojekt hat es mit 6 Konfliktfeldern zutun, die die Grundhaltung von Abwehr provozieren, ja sie geradezu unvermeidbar machen. Im Zusammenspiel dieser Aspekte tut sich ein Spannungsfeld auf, das eine Quer-Achse zum prozessualen Modus kurativ/palliativ bildet.

Zum ersten ist es *das generelle Bild von Musik*, das gesamtgesellschaftlich transportiert wird. Musik – so kann man etwas plakativ sagen – ist etwas ganz Schönes und tut immer gut. Sie ist unerklärbarerweise eine Himmelsmacht, an deren positiven Wirkungen man gern partizipiert. Musik entspannt und reguliert die Gefühle, sie macht uns beschwingt und froh – und wenn sie das nicht tut, dann schalten wir ab – ganz buchstäblich, aber auch im Sinne von Nichtbefassen.

Die „Überbetonung der harmonischen, der harmonisierenden Musik“ stellt aber auch in musiktherapeutischen Fachkreisen ein kritisch zu hinterfragendes Merkmal der „von Frauen dominierten Musiktherapie“ dar, wenn z. B. Hegi festellt:

„Die suggestive Zuschreibung, Musik sei etwas Feines und Schönes, sie sei einmalig, weil präverbal, nonverbal, pränatal, entspannend und sensibilisierend, wird einseitig und undifferenziert gebraucht“ (Hegi 2002, 62).

Zum zweiten gibt die *Klinik* der Musiktherapie ganz unmissverständlich und eindeutig den *Auftrag*, zur compliance des Patienten beizutragen, also mithilfe eines vermeintlich spannungsregulierenden, Ablenkung verschaffenden und dadurch möglicherweise schmerzlindernden Verfahrens zum leichteren Ertragen der übrigen Behandlungsformen beizutragen – böswillig könnte man sagen: ihn willfährig zu machen.

Zum dritten gibt es für die Therapeuten so etwas wie einen *Berufsauftrag der Musiktherapie.* Er lautet, Musik und das spezifische musiktherapeutische Setting in beider Eigendynamik zur Krankheitsbewältigung zu nutzen, und das heißt idealerweise: zur Konfliktdarstellung und Konfliktlösung. Daraus wiederum ergibt sich die Konsequenz, dass die methodischen Vehikel, die zur Verfügung stehen, also konflikt-, erlebnis- und übungszentriertes Arbeiten einerseits und aktive und rezeptive Formen andererseits sich uneingeschränkt in den Dienst dieses obersten Ziels stellen und nicht über vorschnelle Ausgrenzungen eines oder mehrer Modalitäten professionelles Arbeiten begrenzen. Diese Forderung stellt sich umso mehr, je höher die Qualifikation des Therapeuten ist. Klar ist aber auch, dass sich Musiktherapeuten einem Wissen über die sehr differenzierten Wirkungen von Musik nicht entziehen können; von daher können sie auch nicht ausschließen, dass Musik eben auch anders als beruhigend, entspannend, erleichternd etc. wirken kann.

Zum vierten hatte das *Forschungsdesign* das Anliegen, die Form der aktiven Musiktherapie sowie die zahlenmäßig gleiche Anzahl von weiblichen und männlichen Patienten ins Zentrum der fachlichen Betrachtung zu stellen. Die Gründe liegen in dem eben genannten Anspruch der Musiktherapie, konflikt- und lösungsorientiert zu arbeiten, was sich unter Interaktions- und Beziehungsaspekten am deutlichsten im aktiven Tun vollzieht Es war aber klar und zeigte sich konflikthaft auch sehr schnell, dass dies nicht die Regelform des musiktherapeutisch-psychoonkologischen Ansatzes war und ist.

Zum fünften hat man es mit einer *Abwehrhaltung bei den Patienten* zutun, die als schützende Abwehr bezeichnet werden kann. „Auch wenn die Patienten durch ihre Erkrankung mit dem Thema Tod konfrontiert werden, ist die bewusste Auseinandersetzung mit diesem Thema eher selten. Alle Hoffnung wird [beispielsweise, A.S.] auf die Knochenmarkstransplantation gesetzt. Alles richtet sich auf die Zukunft. Die Chance zu überleben will um jeden Preis genutzt werden. Der ‚Hoffnungs-Strohhalm Knochenmarkstransplantation‘ drängt alle Ängste und Zweifel meist in den Hintergrund. Der Patient wird zwischen der Hoffnung zu überleben und der Angst zu sterben hin- und hergerissen“ (Hennings 1999, 369).

Abwehr wird auch verständlich angesichts des desolaten körperlichen Allgemeinzustands und all der Anforderungen, die die übrigen Behandlungsmodalitäten mit sich bringen, und angesichts der Tatsache, dass Musiktherapie als spezifisches Angebot, hier das aktive Musizieren, eine solche Fülle von Differenzerfahrungen bereithält, dass es der Patient einfach als Herausforderung erleben muss.

Das sechste und letzte Konfliktfeld betrifft das *Spannungsfeld kurativ / palliativ*. Solange von Seiten der Medizin noch die Hoffnung auf lebensverlängernde Maßnahmen genährt und im Klinikalltag praktiziert wird, solange sich der Musiktherapeut als Teammitglied hier einreihen muss, um die Bemühungen der Kollegen nicht zu unterlaufen, solange er getragen ist von dem Interesse, seinen Job nicht zu verlieren, solange bleibt seine Orientierung diffus und wird zu einem individuellen Problem in eigener Verantwortung, die ihm niemand abnehmen kann. Reine Palliativarbeit mit Krebspatienten, medizinisch gewollt und hantiert, wäre für die Musiktherapie wesentlich leichter und eindeutiger im konzeptionellen und methodischen Design.
Die Musiktherapie sitzt also gewissermaßen zwischen allen Stühlen. Sie ist potentiell weder eindeutig stützend, compliance fördernd und Ressourcen stärkend, weil die Wirkungen von Musik zu vielfältig sind und damit unter der Hand „aufdeckend". Sie ist auch nicht eindeutig Situations- und Krankheitsbewältigung im Sinne des Einübens in Copingstrategien über lösungs- und konfliktzentriertes Arbeiten, weil das in gewisser Weise dem Klinikauftrag ebenso wie dem Auftrag des Patienten widerspricht, der in der Regel auf Ablenkung, Entspannung etc. eingestellt ist und der den Auftrag zu tiefergehendem Arbeiten eigentlich erst erteilen muss. Sie wird in dieser aufdeckend-konfliktzentrierten Form deshalb zu sehr in das Belieben und die fachliche Potenz und Persönlichkeit des Therapeuten gestellt.
Aber es ereignet sich etwas im Vollzug von aktiver Musiktherapie, möglicherweise auch in der rezeptiven Form, selbst wenn sie vordergründig „nur" entspannt und ablenkt – das zeigt der Expertenblick von außen. Man muss es sich vielleicht so erklären: Der Klinikaufenthalt bringt es mit sich, dass – bei vollem Wissen um den letalen Ausgang der Erkrankung – doch mit der Behandlung auf Leben(serhalt) gesetzt wird. Das geht nicht anders, denn dafür ist eine medizinische Behandlung da, das ist ihr ethisches Prinzip. Es muss also in gewisser Weise das Prinzip Hoffnung herrschen. Dies geht als inneres Bild in die Haltung des Arztes ein, und das muss es ja, denn anders ist seine Berufsidentität nicht denkbar.
Dieses innere Leitbild überträgt sich auf das Klinikpersonal einschließlich des Psychoonkologischen Dienstes und der Musiktherapeuten. Auch das muss so sein, denn sonst würden beide Seiten – zu Zwecken der Linderung des Leidens – nicht eingestellt.
Es hat sich gezeigt, dass niemand über den bevorstehenden Tod redet, obwohl er immer präsent ist. Die Patienten werden zwar sorgfältigst aufgeklärt, aber das Setting bringt es mit sich, dass Im-Krankenhaus-sein und Behandelt-werden in jedem Fall heißt: immer noch auf eine Veränderung hoffen.
Überall kann dieses Prinzip aufrechterhalten bleiben – nur in der Musik nicht. Da die Musik auf das Unbewussten einwirkt, kann der Patient aufsteigenden Elementen aus dem Unbewussten gegenüber nicht steuernd eingreifen. Das seelisch in ihm Arbeitende macht sich Bahn, schafft sich ein Austrittsloch: „Unerhörtes wird hörbar", so der Titel einer Rundfunksendung zur Musiktherapie.
Dem klinischen Vorgehen ist der Musiktherapeut aber auch erlegen. Auch er ist Teil dieser notwendigen Todesverdrängung, auch er atmete die Luft von Hoffnung und Vertrauen in die Medizin. So schließen sich zwei seelische Realitäten

aneinander und arbeiten Eindrücke – imprints – in der Musik aus. So kann es sich ereignen, dass die Musik all das Nichtverarbeitbare, all das Nichtverstehen, die Einsamkeit, die Trostlosigkeit hervorbringt.
Eine hilfreiche Modellvorstellung ist in diesem Zusammenhang das psychoanalytische Konzept des „intermediären Raums" (nach Winnicott) als eines psychischen Phänomens, das der Vermittlung von Innen und Außen bzw. eines Spannungsfeldes zwischen dem Subjekt und seinem Erleben und der umgebenden Realität, hier: der Krankheit, Behandlung, Zieldimensionierung etc. dient (vgl. Winnicott 1989).

Tab. 2: Intermediärer Raum

Welt des Therapeuten	Intermediärer Raum	Welt der Patientin/des Patienten
• die Therapie(n) • die Krankheit als solche • das Krankenhaus • Status als Patient • das gesellschaftliche Bild der Erkrankung • etc. etc.	• das Setting incl. der Instrumente • die Musik • ggf. Materialien wie Bücher, Bilder • etc. etc.	• die Schmerzen • der Umgang mit der Behandlung • das ferne Zuhause • besuchende Angehörige • etc. etc.

Die Realebene, das äußerlich ablaufende, (audio-)protokollierbare, sinnlich wahrnehmbare Geschehen der Sitzung auf der einen Seite und die Spiel-(Musik)ebene auf der anderen Seite verhalten sich wie ein Außen zu einem (mehr oder weniger bewussten, mehr oder weniger tabuisierten, mehr oder weniger lebbaren) Innen.
Intermediär ist dieser Raum insofern, als er

- innere Realität nicht im Verborgenen lassen kann, sondern sie vermittels eines Übertrittrituals nach außen gibt
- das nach außen Tretende nicht mehr weiter versprachlicht werden muss, da es bereits in eine bestimmte „Sprache" übersetzt wurde, Objekt wurde
- es mit dem Ausgesprochensein vielleicht auch schon „gut" ist, das „Ding" benannt ist, das Monster Tod, Krankheit, Zerstörung, Hoffnungslosigkeit ein Gesicht, besser: einen Klang bekommen hat.

Alle Verarbeitung läge demnach in der Musik selbst; der Tod hat hier viele klar getrennte Schichten: Himmel und Erde, Lichtes und Grauen, Grandioses und Vergehendes etc. etc.
Von daher muss Musiktherapie als ein Raum verstanden werden

- in den diese Grenzzustände einfließen können, ohne dass sie aber auch versprachlicht und kognitiv zugänglich gemacht werden müssen (dürfen? sollten?)
- in dem diese Wahrheiten leben dürfen und eben nicht, wie sonst im klinischen Alltag üblich und auch in der Privatsphäre des Patienten nicht anders denkbar, weggemacht werden
- das rational nicht Fassbare sich dennoch emotional fassbare Formen schafft in der Musik; durch sie zeigt sich, dass da, wo der Verstand die Krankheit, Bedrohung und das Wissen um die eigene Vergänglichkeit noch nicht erfassen kann, dies im Inneren aber längst seelische Wahrheit ist.

Kapitel 11
Gender mainstreaming – ein Thema für die Musiktherapie

Almut Seidel

Was die Genderfrage und den Gendervergleich anbelangt, so hatte das Forschungsprojekt die Chance, auf gleich mehreren Ebenen im Blindversuch zu arbeiten: weder wussten die Beschreiber, um welches Projekt, welches Krankheitsbild, welchen Patienten und welchen Therapeuten es sich handelte, noch waren die Transkriptionen der Verbalanteile der Sitzungen in irgendeiner Weise personbezogen gekennzeichnet. Für die sequentielle Textanalyse lag lediglich ein verschrifteter Text vor, aus dem eventuelle Anreden oder Namensnennungen entfernt worden waren. Die Transkription als solche wurde von einer anderen Person als der Auswerterin vorgenommen; diese erhielt das Audiomaterial nicht. Auch die statistische Auswertung des Prä- und Posttest war bis in eine Schlussphase hinein anonymisiert, d. h. die Fragebögen waren verschlüsselt gekennzeichnet, sodass das Geschlecht des Patienten nicht erkennbar war. Erst in einer Abschlussphase wurde der Geschlechtervergleich errechnet.

Wo könnten mutmaßlich denn die Gender-Unterschiede liegen bzw. gelegen haben, fragt man sich an dieser Stelle. Vielleicht

- im Zugang zur musiktherapeutischen Behandlung: ist er freiwillig oder ist der Patient geschickt/geholt
- im Ergebnis: gibt es Abbrüche, nur wenige Stunden, Zeitverkürzungen
- im Methodischen: gibt es mehr oder weniger Musik / mehr oder weniger Reden; werden spezielle Instrumente angeboten oder gespielt bzw. in das Patientenzimmer mitgenommen
- im Verhältnis rezeptiver zu aktiver Musiktherapie bzw. den Gesprächsanteilen
- im Impulsgeben / Lenken / Freiraumlassen
- in der Musik selbst
- im Inhaltlichen der Musik, dokumentiert über die Beschreiber-Ebene
- in den generellen Themen
- im Bearbeiten der Todesnähe
- in der Intensität der Beziehungsgestaltung
- in der Art, wie der Therapie Bedeutung beigemessen wird
- in der Gesprächsführung
- etc. etc.?

Aus dem statistischen Material, das nun nicht „blind“ ist, hat sich in der vorliegenden Studie eine gängige Beobachtung überaus deutlich bestätigt:

Solange es keine konzeptionelle Verpflichtung und von daher institutionelle Kontrolle gibt, werden Männer von der psychoonkologisch-musiktherapeutischen Behandlung ausgeschlossen. Das zeigt prozentual berechnet das folgende Diagramm:

Abb. 1: Verhältnis Männer zu Frauen aus der Gesamtstatistik N=148 Patienten in 3 Kliniken

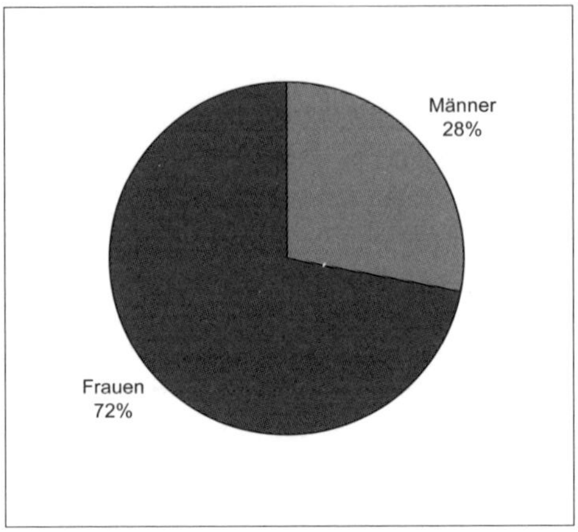

Krasser formuliert: Männern wird der Zugang zur Musiktherapie schwer gemacht. Denn bei einem offenen Konzept (und dazu zählt schon eines, das den Zugang zur Musiktherapie grundsätzlich auf Freiwilligkeit beruhen lässt) bleiben die Männer außen vor: die Frauen teilen sich untereinander die positive Einschätzung der Musiktherapie mit, die Männer hören davon aufgrund ihrer stärkeren sozialen Isolierung und Kontaktscheu weniger. Es reicht eine Patientin ihrer Zimmernachbarin die Musiktherapeutin weiter, Mund- zu- Mund-Propaganda ist der erste und beste Verteiler der Patienten, und auch die häufig bereits am Bett mitvollzogene Therapie der Bettnachbarin ist stimulierend und macht den nächsten Therapie-Verlauf sinnfällig.
Männern mag die Musiktherapie möglicherweise, sofern sie sie nur vom Hörensagen kennenlernen und nicht entsprechend einsozialisiert werden, wohl leicht als Spielerei erscheinen. „Ganz hübsch, diese kleinen Instrumente", hört man sie vielleicht denken – „und die Therapeutin ist auch ganz nett". Dass sich im Kontakt selbst sehr schnell ein anderer Eindruck einstellt, konnte man dem Beitrag von Ulrike Haffa-Schmidt entnehmen.
Musiktherapie-Frauen suchen Frauen als Patientinnen, auch das hat die Studie überaus deutlich gezeigt. Dass da leicht und gleich so etwas wie eine weibliche Solidarität entsteht, wurde gleichermaßen im eben genannten Beitrag deutlich. Etwas salopp formuliert klingt das so: Frauen lassen sich eher ein auf die Musik. Sie wollen gar nicht so viel. Sie glauben der Therapeutin, wenn die sagt, dass Musiktherapie gut tut. Sie finden an allem und jedem Interesse, sind einfach froh, dass sich jemand um sie kümmert.
Doch zurück zur Statistik: Geraten die Männer durch persönliches Engagement bzw. das ihrer Therapeuten oder durch solche Zufälle wie eine genderzentrierte Forschungsarbeit nun doch in die musiktherapeutische Behandlung hinein, so erfahren sie überwiegend die rezeptive Form musiktherapeutischer Arbeit – wenn

sie denn in allen Sitzungen, die sie haben, überhaupt mit Musik arbeiten und nicht nur über sich sprechen, also letztlich und streng genommen keine Musiktherapie machen (es ist immerhin knapp die Hälfte aller Männer).

Abb. 2: Verhältnis von aktivem zu (nur) rezeptivem Arbeiten bzw. ausschließlich Gesprächen aus der Gesamtstatistik N=148 Patienten in 3 Kliniken

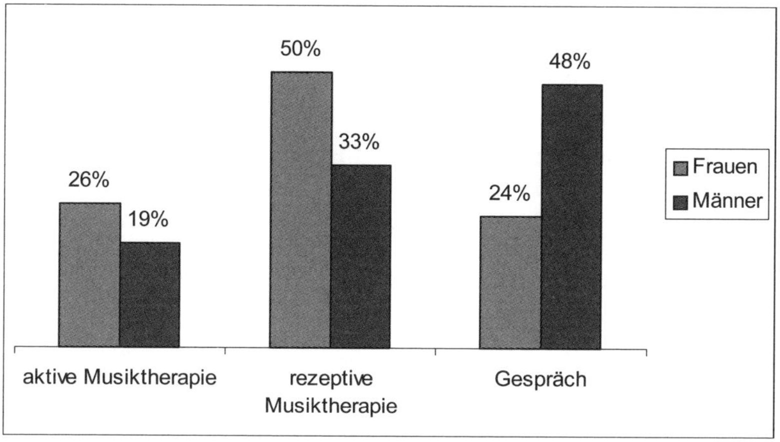

Was das rezeptive Arbeiten anbelangt, so bestätigt diese Tatsache ein bekanntes Klischee: Männer lassen sich besonders von Frauen gern bedienen, sie nehmen ohne eigene Anstrengung wahr, was ihnen vermeintlich zusteht, sie vermeiden die emotionale Auseinandersetzung. Aber – sie bleiben in ihrem Leiden allein. Es entsteht eine Zweiklassengesellschaft.
Bei keinem der anderen drei „blind" erworbenen Materialbereiche (Beschreibungen, Verbalanalysen, Prä- und Posttest) ist aber nun ansonsten eine Differenzierung in der Geschlechtszugehörigkeit möglich. Das heißt also: weder gibt es aus den Musikbeschreibungen und deren Einordnung in die Bewusstseinsebenen eindeutige Clusterbildungen in den Motiven, Bildern, Versprachlichungen etc., noch gibt es Hinweise auf irgendwelche Anmutungen der Beschreiber. Sie selbst verneinen bei der Schlussauswertung, auch nur annähernd an eine Gender-Forschungsfrage gedacht zu haben.
Was die sequentielle Textanalyse anbelangt, so hätten sich Unterschiede auf verschiedene Weise ergeben können, so z. B. bei den thematischen Schwerpunkten einer Sitzung bzw. Themenfokussierungen, in sprachstilistischer Hinsicht, bei den wenigen im Transkript auftauchenden paralinguistischen Merkmalen wie Sprachfluß, Füllsel, Pausen etc. und anderem mehr. Das ist nicht der Fall. Vom Text her ist nicht kenntlich, ob ein weiblicher oder männlicher Patient behandelt wurde.
Beim Material Fragebogen schließlich, bei dem lediglich Kreuze gesetzt werden, ist unzweifelhaft kein Platz für genderspezifische Mutmaßungen.

Man kann also feststellen: außerhalb eines Kontakts, also einer direkten Begegnung life oder eines Gesprächs am Telefon, und ohne Wissen um das Geschlecht einer Person, mit der man es zutun hat, existiert die Variable Geschlecht als intervenierende Größe nicht. Umgekehrt muß man schlussfolgern, dass Genderaspekte als Einflußgrößen aus dem direkten Kontakt nicht eliminiert werden können. Im life-Kontakt sind das natürlich zuallererst die körpersprachlichen Elemente der Kommunikation und Interaktion. Mimik und Blickkontakt, Gestik und Pantomimik, Körperbewegungen und körpersprachlich-räumliches Verhalten, Körperkontakt und die Nähe-Distanz-Regulierung, alle Accessoires wie Kleidung, Schmuck, Haartracht etc. etc. und zusätzlich die weitergehenden, den Sprechakt begleitenden paralinguistischen Elemente wie Melos, Stimmlage, Sprechtempo etc. sind Verhaltensmerkmale, die geschlechtsspezifisch ausgeprägt sind und auch so erlebt werden, und zwar unausweichlich. Hier greift das Watzlawick'sche Axiom von der Unmöglichkeit, nicht kommunizieren zu können, dem der Satz: „Man kann sich nicht nicht verhalten" vorausgeht (Watzlawik /Beavin / Jackson 1969).
Implizites Wissen um die Unterschiedlichkeit im Geschlechterverhalten des Gegenübers geht aber auch unabhängig von der körpersprachlichen Ausdrucksebene bereits durch die bloße Kenntnis des Geschlechts in die Interaktion ein, jetzt im Sinne von nicht-bewußten, prä-konzeptionellen Vorannahmen. Möglicherweise verstärkt sich dieser Automatismus in dem Maße, wie man es mit Personen zutun hat, die aufgrund ihrer Fachlichkeit mit genderspezifischen Fragen vertraut sind. Denn eigentlich kann sich keine und keiner, die/der Beziehungsarbeit leistet, also auch keine Musiktherapeutin und kein Musiktherapeut der Genderthematik entziehen, selbst wenn sie/er dem explizit keine Aufmerksamkeit widmet, wonach es in der musiktherapeutischen Forschungs-, Ausbildungs- und Praxisszene ja aussieht.
Alle Mutmaßungen, alle Behauptungen und Wahrnehmungen zu weiblichen und männlichen Anteilen, Beweggründen, Verhaltensweisen etc. sind demnach den impliziten Vorannahmen der Autoren/Therapeuten geschuldet, die ihre Wahrnehmungen orientieren und Verhalten und Reflektieren lenken.
Es lässt sich der Studie entnehmen: man muss in einem solch parteilichkeits- und vorurteilsanfälligen Bereich wie einem Gendervergleich schon sehr genau hinschauen und mit der eigenen Betroffenheit gut umgehen, ehe man vorschnell vermeintlich Faktisches setzt, dies auch und insbesondere in Zeiten einer noch nicht stabilen Professionalität. Dies gilt im erweiternden und übergreifenden Sinne auch für alle Aspekte des Geschlechtlichen, wie sie im Kapitel 1 formuliert und behandelt wurden (Familienanalogien, Nachnähren, entwicklungspsychologische Modelle etc.).
Auch heißt es in viel stärkerem Maße als bisher die institutionellen Belange zu reflektieren, wozu im hier vorgestellten Praxisbereich ein Überdenken des offenen Ansatz gehört. Mehr konzeptionelle und institutionelle Kompetenz scheint also das Gebot der Stunde zu sein.
„Es gibt keine geschlechtsneutrale Wirklichkeit", so lautet die Ausgangsbasis der Gender mainstreaming – Bewegung. Sie geht davon aus, dass alle gesellschaftlichen

Vorhaben, also auch die musiktherapeutische Praxis, wo immer sie angesiedelt ist, die unterschiedlichen Lebenssituationen und Interessen von Frauen und Männern von vornherein und regelmäßig berücksichtigen sollen. Ziel ist die Gleichstellung beider Geschlechter.
Zu keiner Zeit und an keinem Ort der Welt gibt es Hinweise darauf, dass Männer einen weniger intensiven, weniger motivierten, weniger elementaren und weniger emotionalen Zugang zur Musik haben. Männer mögen eine unterschiedliche Affinität zur Musik aufweisen und diese unterschiedlich konzeptualisieren, aber damit brauchen sie Musik genauso dringend als lebensspendendes und lebenserhaltendes Element in ihrem Dasein wie Frauen. Das gilt für Grenzsituationen wie schwere Erkrankungen allemal.
Es konnte wie dargestellt bei den 18 männlichen Patienten der Studie gegenüber den 18 weiblichen grundsätzlich kein anderes Verhalten, kein anderer Zugang zur Musiktherapie und kein anderes Ergebnis der Arbeit festgestellt werden. Das gilt für alle Parameter, die untersucht wurden, von der Instrumentenwahl und -handhabung angefangen bis zu den Übergängen und Externalisierungen von Musik in Sprache und umgekehrt.
Dass die klinische Realität – unbeeinflusst – Unterschiede macht und damit vom Gedanken eines Gender mainstreaming in der Musiktherapie weit entfernt ist, konnte gezeigt werden.
Das Thema Abwehr gilt also gleichermaßen für den Genderaspekt. Der Verleugnung des Themas als Gegenstand musiktherapeutischer Reflexion, Forschung und (ausbildungs-)politischer Strategie auf der einen Seite entspricht die unterschwellige Benachteiligung der Männer in der Praxis auf der anderen Seite – wenigstens in dem hier dargestellten Bereich.
So wie die musiktherapeutische Praxis sich hier darstellte, gibt es Suggestivfaktoren, die das Männlichkeits-Klischee des psychotherapie- bzw. musiktherapie-resistenten Mannes bestärken und perpetuieren. Sie bestehen wie bereits angeführt:

- in der Freiwilligkeit im Zugang zur Musiktherapie
- im Festhalten und Bevorzugen von offenen Konzepten für Aquise und methodischer Durchführung der Therapien
- in der Entscheidung für überwiegend rezeptives Arbeiten mit dem Aspekt von Versorgung, Schonung, Anforderungslosigkeit etc.
- in der konzeptionellen und ideellen Anbindung an das Konzept Psychoonkologie mit dem Überwiegen von Gesprächsanteilen anstelle der Ausprägung eines eigenständigen Konzepts Musiktherapie
- in der Suggestivkraft einer weiblichen, matrizentrischen Musiktherapie

Wenn der Begriff Gender mainstreaming heute in inzwischen weiteren Facetten erscheint, nämlich als

- Gendersensibilität
- Gendersensitivität
- Vermeiden des Gender bias bzw. einer Geschlechterblindheit und von
- Gendergerechtigkeit

so ist die Musiktherapie von diesem Spektrum noch weit entfernt.

Diesen Gedanken verstärkt in die musiktherapeutische Berufs- und Ausbildungsszene hineinzutragen, war und ist ein wichtiges Anliegen dieser Arbeit. Deutlich wurde, dass die psychoonkologisch-musiktherapeutische Arbeit ein besonders eindringliches und eindrucksvolles Beispiel dafür ist, welche Qualität des Wahrnehmens und Fühlens, des Nach-Innen-Lauschens und Nach-Außen-Mitteilens im Zusammenhang mit Krankheits- und Lebensbewältigung Männer wie Frauen brauchen, Männer nicht anders als Frauen und nicht weniger selbstverständlich und unhinterfragt. Als Ergebnis der diskutierten Studie muss man nun sagen: professionelle Qualität und Verantwortung fängt an diesem Punkt an.

Literaturverzeichnis

Adler, R., Herrmann, J. M., Köhle, K., Schonecke, O., von Uexküll, T., Wesiak, W. (1990): Psychosomatische Medizin. München

Aldridge, D. (1996): Music therapy research and practice in medicine. From out the silence. London

Aldridge, D. (1999): Musiktherapie in der Medizin. Forschungsstrategien und praktische Erfahrungen. Bern

Aldridge, D. (2002): Familien, Karzinome und das Sterben. Witten/Herdecke

Antonovsky, A. (1985/1997): Salutogenese. Tübingen

Bauer, E., Braun, M., Hauffe, U., Kastendieck, M. (Hg. 1997): Psychosomatische Gynäkologie und Geburtshilfe. Beiträge der Jahrestagung 1996. Gießen

Beck-Gernsheim, E. (1980): Das halbierte Leben. Frankfurt

Behnke C., Meuser M. (1999): Geschlechterforschung und qualitative Methoden. Opladen

Behnke, C. (1997): Frauen sind wie andere Planeten. Das Geschlechterverhältnis aus männlicher Sicht. Frankfurt

Beiträge zur Musiktherapie – Einblicke (1999), Hg. Berufsverband der Musiktherapeutinnen und Musiktherapeuten in Deutschland e. V. Heft 9: Schmerz in Körper und Seele. Berlin

Bick, M. (2003): Gender Studies und Musikwissenschaft. Internet: www.mugi.hfmt-hamburg.de

Bilden, H. (Hg. 1992): Das Frauentherapie Handbuch. München

Bilek, H. P. (1999): Musik bei Krebs? Gedanken zu psychoonkologischen Modellen. In: Musiktherapeutische Umschau 20, 325–341

Bissegger, M. (1999): Dem anderen begegnen – Musiktherapie auf der Intensivstation. In: Beiträge zur Musiktherapie / Einblicke, 69–78

Böhnisch, L. (2003): Die Entgrenzung der Männlichkeit. Verstörungen und Formierungen des Mannseins im gesellschaftlichen Übergang. Opladen

Brähler, E. / Felder, H. (Hg. 1999): Weiblichkeit, Männlichkeit und Gesundheit. Opladen

Brandes, H. (1992): Ein schwacher Mann kriegt keine Frau. Therapeutische Männergruppen und Psychologie des Mannes. Münster

Brodi, B (1998): Musiktherapie in der Onkologie. In: Muthny (1998), 124–136

Bründel, H. / Hurrelmann, K. (1999): Konkurrenz, Karriere, Kollaps. Männerforschung und der Abschied vom Mythos Mann. Stuttgart

Buckman, R., Baile, W. (1998): How to break bad news to patients with cancer: a practical protocol for clinicians. ASCO Education book (spring), 203–208

Butow, P. N. (1998): What patients prefer. Wanted: emotional support. Helix 8(1), 50–55

Connell, R. W. (1999): Der gemachte Mann. Konstruktion und Krise von Männlichkeiten. Opladen

Decker-Voigt, H. H., Escher, J. (1994): Neue Klänge in der Medizin. Musiktherapie in der Inneren Medizin. Düsseldorf

Decker-Voigt, H. H. (1999): Mit Musik ins Leben. Wie Klänge wirken: Schwangerschaft und frühe Kindheit. Kreuzlingen

Dilthey, W. (1894, 1924): Ideen über eine beschreibende und zergliedernde Psychologie. Leipzig

Erger R., Molling, M. (1991): Der kleine Unterschied. Frauen und Männer in Supervision. Hille
Eusemann, B. (2003): Bei Krebs muss auch die Seele behandelt werden. Frankfurter Rundschau Nr. 123
Fallowfield, L. (1997): Truth sometimes hurts but deceit hurts more. Ann N Y Acad Sci 809, 525–536
Faludi, S. (2001): Männer – das betrogene Geschlecht. Reinbek
Flick, U. (2002) : Qualitative Sozialforschung. Eine Einführung. Hamburg
Flick, U., v. Kardorff, E., Steinke, I. (Hg. 2003): Qualitative Forschung – ein Handbuch, Hamburg
Ford, S., Fallowfield, L. & Lewis, S. (1994): Can oncologists detect distress in their outpatients and how satisfied are they with their performance during bad news consultations? Brit. J. Cancer 70, 767–770
Fox, B.H. (1995): Some problems and some solutions in research on psychotherapeutic intervention in cancer. Support Care Cancer 3, 257–263
Frankl, V. (1986): Der Mensch vor der Frage nach dem Sinn. München
Fritsche, K., Stein, B., Herzog, T. et al. (1998): Psychosocial care of oncological inpatients. An empirical study of psychiatric and psychosomatic consultation services. Onkologie 21, 150–155
Frohne, I. (Hg. 2004): Rezeptive Musiktherapie – Theorie und Praxis. Wiesbaden
Ganz, P.A. (1998): Cancer survivors: physiologic and psychosocial outcomes. ASCO Education book (spring), 118–123
Geiger, E.M. (2004): GIM – The Bonny Method of Guided Imagery and Music. In: Frohne, I. (Hg. 2004), 89–109
Gerok, W., Hartmann, F., Pfreundschuh, M., Philipp, T., Schuster, H.-P., Sybrecht, G.W. (1996): Klinik der Gegenwart. München
Glaser, B., Strauss, A. (1967): The Discovery of Grounded Theory. Strategies for Qualitative Research. Chicago
Glaser, B.G., Strauss, A.L. (1998): Grounded Theory. Strategien qualitativer Forschung. Bern
Greer, S. (1994): Psycho-Oncology: It's aims, achievements and future tasks. POICEE 3, 87–101
Grootaers, F.G. (2001): Tinnitus: Ein Fremdes in uns. In: Musiktherapeutische Umschau 22, 336–356
Gruhlke, N., Bailer, H., Kächele, H. (1999): Krankheitsbewältigung bei Krebs – ein kurzer Überblick. In: Musiktherapeutische Umschau 20, 342–349
Gruman, J. (1998): Beyond chemotherapy: making psychologic and social concerns part of cancer care. ASCO Education book (spring), 412–417
Haffa-Schmidt, U. (1999): Am Rande der High-Tech-Medizin. Existenzbedingungen für Musiktherapeuten. In: Musiktherapeutische Umschau 20, 317–324
Heinze, Th. et al. (Hg. 1980): Interpretation einer Bildungsgeschichte. Bensheim
Heller, A. (Hg. 1994): Kultur des Sterbens. Bedingungen um das Lebensende zu gestalten. Freiburg
Hennings, U. (1999): Soll ich hier Musik machen? Musiktherapie in der onkologischen / hämatologischen Intensivmedizin. In Musiktherapeutischer Umschau 20, 368–375.
Hobi, V. (1985): Basler Befindlichkeits-Skala. Weinheim

Hochschule für Musik und Theater Hannover (Hg. 2003): Musik. Frau. Sprache. Herbolzheim
Hollstein, W. (1999): Männerdämmerung – Von Tätern, Opfern, Schurken und Helden. Göttingen
http://www.gender-mainstreaming.net/gm/definition
Hürny, C. (1990): Psychische Verarbeitung und soziale Faktoren in Entstehung und Verlauf maligner Erkrankungen. In: Adler u. a. (1990)
Hürny, C., Adler, R. (1981): Psychoonkologische Forschung. In: Meerwein (1981) 13–63
Hurrelmann, K., Laaser, U. (Hg. 1998): Handbuch Gesundheitswissenschaften. Weinheim
Hurrelmann, K., Kolip, P. (2002): Geschlecht, Gesundheit und Krankheit. Bern
Husserl, E. (1936, 1992): Die Krisis der europäischen Wissenschaften und die transzendentale Phänomenologie. Hamburg
Jenkins, V. , Fallowfield, L. (2002): Can communication skills training alter physicians' beliefs and behaviour in clinics? J Clin Oncol 20 , 65–769
Jung, C. G. (1977): Erinnerungen, Träume, Gedanken. Düsseldorf
Kächele, H. (1999): Krankheitsbewältigung bei Krebs. In: Musiktherapeutische Umschau 4, 342
Kappauf, H. (1996): Integration psychosomatischer Medizin in einer onkologischen Abteilung. In: Bauer u. a. (1996), 89–100
Kappauf, H. (1997): Psychoonkologie. In: Seeber (1997)
Kappauf, H. (2003): Wunder sind möglich. Spontanheilung bei Krebs. Freiburg
Kappauf, H. (2004): Kommunikation in der Onkologie. Hautarzt (8)
Kappauf, H., Dietz, R. (1996): Psychische Betreuung von Krebskranken (Psychoonkologie). In: Gerok u. a., 1–3
Kappauf, H., Gallmeier, W. M. (2000): Nach der Diagnose Krebs – Leben ist eine Alternative. Herausgegeben von der Deutschen Krebshilfe. Freiburg
Kappauf, H., Gallmeier, W. M. (1995): Nach der Diagnose Krebs – Leben ist eine Alternative. Freiburg
Kappauf, H., Leykauf-Ammon, D., Bruntsch, U., Horneber, M., Kaiser, G., Gallmeier, W. M. (2000): Use of and attitudes towards unconventional medicine by patients in a department of internal medicine / oncology and haematology. Support Care Cancer 8, 314–322
Klesse, R., Sonntag, U., Brinkmann, M., Maschewski-Schneider, U. (1992): Gesundheitshandeln von Frauen. Leben zwischen Selbst-Losigkeit und Selbst-Bewußtsein. Frankfurt
Klotz, T. (1998): Der frühe Tod des starken Geschlechts. Göttingen
Koch, U., Potreck-Rose, F. (1990): Krebsrehabilitation und Psychookologie. Heidelberg
Koch, U., Weis, J. (1998): Krankheitsbewältigung bei Krebs und Möglichkeiten der Unterstützung. Stuttgart
Kolde, E., Böcker, E. B.: Tumoren der Haut. Jahrbuch der Dermatologie 1994/95, 393–398. Zülpich
Kolip, P. (2000): Weiblichkeit ist keine Krankheit. Weinheim
Krantz, B. (1999): Geschlechtsspezifische Aspekte in der Musiktherapie. In: Beiträge zur Musiktherapie, Eigenverlag Deutsche Gesellschaft für Musiktherapie (DGMT), Berlin
Kraus, W. (1999): Die Heilkraft der Musik. Beck, München
Lamszus, K., Verres, R. (1998): Strahlentherapie im Erleben von Patienten. In: Verres / Klusmann (1998)
LeShan, L. (1999): Psychotherapie gegen den Krebs. Stuttgart

Lincoln, Y. S., Guba, E. G. (1985): Naturalistic inquiry. Newbury Park
Longaker, Ch. (1997): Dem Tod begegnen und Hoffnung finden. Die emotionale und spirituelle Begleitung Sterbender. München
Maguire, P., Pitceathly, C. (2002): Key communication skills and how to acquire them. Br Med J 325 , 697–700
Mangold, I., Oerter, U. (1999): Du kannst ja nicht das Klavier mitnehmen. Zur besonderen Situation der Musiktherapie am Krankenbett. In: Musiktherapeutische Umschau 20, 349–357
Maschewsky-Schneider, U. (1997): Frauen sind anders krank. Zur gesundheitlichen Lage von Frauen in Deutschland. Weinheim 1997
Maschewsky-Schneider, U. (Hg. 1996): Frauen – das kranke Geschlecht? Opladen
Matt, G. E., Navarro, A. M. (1997): What meta-analyses have and have not taught us about psychotherapy effects: a review and future directions. Clinical Psychology Review 17, 1–32
Mayring, P. (1996): Einführung in die qualitative Sozialforschung. Weinheim
McGrath, P. (2004): The burden of the „RA RA" positive: survivors' and hospice patients' reflections on maintaining a positive attitude to serious illness. Support Care Cancer 2, 25–33
Meadows, A. (2002): Gender Implications in Therapists' Constructs of Their Clients. In: Nordic Journal of Music Therapy 11, 127–141
Meerwein, F. (1981): Einführung in die Psycho-Onkologie. Bern
Merleau-Ponty, M. (1942, dt. 1976): Die Struktur des Verhaltens. Berlin
Meth, R. L. , Pasick, R. S. (1992): Mut zur Veränderung. Männer in der Therapie. Mainz
Mosse, G. L. (1996): Das Bild des Mannes. Frankfurt
Muthny F. A. (1998): Psychoonkologie – Bedarf, Maßnahmen und Wirkungen am Beispiel des „Herforder Modells". Lengerich
Muthny, F. A., Haag, G. (1993): Onkologie im psychosozialen Kontext. Spektrum psychoonkologischer Forschung, zentrale Ergebnisse und klinische Bedeutung. Heidelberg
Nestmann, F., Schmerl, C. (1991): Frauen – das hilfreiche Geschlecht. Reinbek
Neumann, W. , Süfke, B. (2004): Den Mann zur Sprache bringen. Psychotherapie mit Männern. Tübingen
Neuwöhner, K., Sommerfeld, S. (2000): Schriftenreihe des Instituts Simone Weil. Meinhardt
Newell, S., Sanson-Fisher, R., Girgis, A. & Bonaventura, A. (1998): How well do medical oncologists' perceptions reflect their patients' reported physical and psychosocial problems? Data from a survey of five oncologists. Cancer 83, 1640–51
Oerter, U. (1999): „Du kannst ja nicht das Klavier mitnehmen". In: Musiktherapeutische Umschau 4, 349–357
Oevermann, U. et al. (1980): Zur Logik der Interpretation von Interviewtexten: Fallanalyse anhand eines Interviews mit einer Fernstudentin. In: Heinze (1980)
Oevermann, U. u. a.: Die Methodologie einer „objektiven Hermeneutik" und ihre allgemeine forschungslogische Bedeutung in den Sozialwissenschaften. In: Soeffner (1979)
Oevermann, U., Allert, T., Konau, E., Krambeck, J. : Die Methodologie einer „objektiven Hermeneutik" und ihre allgemeine forschungslogische Bedeutung in den Sozialwissenschaften. In: Soeffner (1997)
Oppermann, K., Weber, E. (1995): Frauensprache – Männersprache. Zürich

Osaba, D. (1999): What has been Learned from Measuring Health-related Quality of Life in Clinical Oncology. European Journal of Cancer 35, 1565–1570
Picardie, R. (1999): Es wird mir fehlen, das Leben. Reinbek
Ptacek, J.T., Ptacek, J. (2001): Patients' perceptions of receiving bad news about cancer. J Clin Oncol 19, 4160–4164
Rabinowitz, I., Luzzatti, R., Tamir, A., Reis, S. (2004): Length of patient's monologue, rate of completion, and relation to other components of the clinical encounter: observational intervention study in primary care. Br Med J 328, 501–502
Reddemann, L. (2002): Imagination als heilsame Kraft. Zur Behandlung von Traumafolgen mit ressourcenorientierten Verfahren. Stuttgart
Reichertz, J. (2003): Objektive Hermeneutik und hermeneutische Wissenssoziologie. In: Flick u.a. (2003)
Renz, M. (1996): Zwischen Urangst und Urvertrauen: Therapie früher Störungen über Musik-, Symbol- und spirituelle Erfahrungen. Paderborn
Renz, M. (2000): Zeugnisse Sterbender: Todesnähe als Wandlung und letzte Reifung. Paderborn
Rinpoche, S. (1995): Das tibetische Buch vom Leben und Sterben. Bern
Rittner, S. (1998): Entwicklung eines musiktherapeutischen Konzeptes. In: Verres / Klusmann (1998)
Rodi, B. (1999): Der Schmerz der Krankheit und des Abschieds. In: Musiktherapeutische Umschau 4, 376–386
Roethlisberger, F.J. & Dickson, W.J. (1939): *Management and the Worker* Cambridge, Mass.: Harvard University Press
Rogers, C.R. (1951/1973): Die klientenbezogene Gesprächstherapie. München
Roter, D., Hall, J., Kern, D., Barker, L., Cole, K. & Roca, R. (1995): Improving physicians' interviewing skills and reducing patients' emotional distress. A randomized clinical trial. Arch Intern Med 155, 1877–84
Salber, W. (1965): Morphologie des seelischen Geschehens. Katelaun
Salber, W. (1980): Konstruktion psychologischer Behandlung. Bonn
Salber, W. (1959/1975): Der psychische Gegenstand. Bonn
Sardell, A.N., Trierweiler, S.J. (1993): Disclosing the cancer diagnosis. Procedures that influence patient hopefulness. Cancer 72 , 3355–3365
Schaverien, J. (1995): Desire and the female therapist. Engendered gazes in psychotherapy and art therapy. Hove / New York
Schlömer-Doll, U. (1998): Infauste Prognose. In Verres / Klusmann (1998)
Schlömer-Doll, U. (1998): Psychologische Betreuung und Therapie. In: Verres/ Klusmann (1998)
Schofield, P.E. et al. (2003): Psychological responses of patients receiving a diagnosis of cancer. Ann Oncol. 14, 48–56
Schwarz, R. (1994): Die Krebspersönlichkeit, Mythos und klinische Realität. Stuttgart
Seale, C., Addington-Hall, J. (1994): Euthanasia: Why people want to die earlier. Soc Scie Med 39, 647–654
Seeber, M., Ostendorf, P.C. (Hg. 1997): Hämatologie – Onkologie. München
Sieg, A. (1995): Eine Männergruppe in der Musiktherapie. In: Musiktherapeutische Umschau 16, 43–53
Simonton, C. (1998): Wieder gesund werden. Reinbek

Smeijsters, H. (1996): Entweder – oder? Überlegungen zur quantitativen und qualitativen Forschung in der Musiktherapie. In: Musiktherapeutische Umschau 17, 23–38
Soeffner, H. G. (Hg. 1979): Interpretative Verfahren in den Sozial- und Textwissenschaften. Stuttgart
Soeffner, H. G. (Hg. 1997): Interpretative Verfahren in den Sozial- und Textwissenschaften. Stuttgart
Söllner, W., Zingg-Schir, M., Rumpold, G. et al. (1998): Need for supportive counseling – the professionals' versus the patients perspective. Psychotherapy and Psychosomatics 67/2, 94–104
Söllner, W., DeVries, A., Steixner, E., Lukas, P., Sprinzl, G., Rumpold, G. & Maislinger, S. (2001): How successful are oncologists in identifying patient distress, perceived social support, and need for psychosocial counselling? Br J Cancer 84, 179–85
Söllner, W., Maislinger, S., Kappauf, H. (2003): How to improve communication between physicians and cancer patients about use of complementary and alternative medicine? Psycho-Oncology 12, 203–204
Spiegel, D., Diamond, S. (1998): Psychosocial interventions. ASCO Education book (spring), 386–395
Stahr, I., Jungk, S., Schulz, E. (1991): Frauengesundheitsbildung. Grundlagen und Konzepte. Weinheim
Steinkamp, H. (1990): Anpassung oder Verweigerung. In: Strittmatter (1987), 5–15
Stewart, M. A. (1995): Effective physician-patient communication and health outcomes: a review. Can Med Assoc J 152(9), 1423–1433
Strauss, A. L. (1998): Grundlagen qualitativer Sozialforschung, München
Strittmatter, G. (1987): Anpassung und Verweigerung in der Akutphase der Krebserkrankung. Ergebnisbericht der 5. und 6. Jahrestagung der Deutschen Arbeitsgemeinschaft für Psychoonkologie e.V. (Dapo). Coesfeld
Strittmatter, G. (1991): Aufklärung und nachsorgende Betreuung bei Hauttumorpatienten. Ärztliche Hilfe bei der Bewältigung von Krankheit und Behandlungsfolgen. Die Heilkunst 104, 110–113
Strittmatter, G. (1994 a): Ergebnisse, Kontroversen und Perspektiven der psychosozialen Onkologie. Ergebnisbericht der Jahrestagung zum 10-jährigen Bestehen der Deutschen Arbeitsgemeinschaft für Psychoonkologie e.V. (Dapo), Wiesbaden 1993. Münster
Strittmatter, G. (1994 b): Die psychologische Betreuung von Hauttumorpatienten. In: Macher u. a. (1994)
Strittmatter, G. (1997): Indikation zur Intervention in der Psychoonkologie: psychosoziale Belastungen und Ermittlung der Betreuungsbedürftigkeit stationärer Hauttumorpatienten. Münster
Suchman, A. L., Markakis, K., Beckman, H. B., Frankel, R. (1997): A model of empathetic communication in the medical interview. JAMA 277, 678–682
Tiefensee, J., Klusmann, D. (1998): Psychische Aspekte prädikativer genetischer Diagnostik bei Brust- und Eierstockkrebs. Psychother Psychosom med Psychol 48, 369–374
Timmermann, T. (2004): Tiefenpsychologisch orientiert Musiktherapie. Wiesbaden 2004
Tischer, B. (1993): Die vokale Kommunikation von Gefühlen. Weinheim
Tüpker, R. (1988/1996): Ich singe, was ich nicht sagen kann. Münster
v. Moreau, D., Wölfl, A. (2002): Zur Idee des therapeutischen Nachnährens – was kann Musiktherapie leisten? Wiesbaden

Verres, R. (1986): Krebs und Angst: subjektive Theorien von Laien über Entstehung, Vorsorge, Früherkennung, Behandlung und die psychosozialen Folgen von Krebserkrankungen. Berlin
Verres, R. (1991): Die Kunst zu leben – Krebsrisiko und Psyche. München
Verres, R., Klusmann, D. (1997): Strahlentherapie im Erleben der Patienten. Stuttgart
Verres, R., Hasenbring, M. (1989): Psychosoziale Onkologie. Jahrbuch der medizinischen Psychologie. Band 3. Berlin
Verres, R., Rittner, S. (1997): Musiktherapie und High-Tech-Medizin: ein Widerspruch? – Entwicklung eines musiktherapeutischen Konzeptes. In: Verres/Klusmann (1997)
Von Hodenberg, F. (1998): Dona nobis pacem. In: Verres / Klusmann (1998), 240–277
Waldenfels, B. (1976): Die Struktur des Verhaltens. Frankfurt
Waldenfels, B.(1985/1994): In den Netzen der Lebenswelt. Frankfurt
Weber, S. (1999): Vergessen wo ich bin... Musiktherapie mit Krebspatienten während der Chemotherapie. In: Kraus, W. (1999), 186–193
Winnicott, D.W. (1989): Vom Spiel zur Kreativität. Stuttgart
Wirtz, U. (2000): Krankheit und Sinn – Die spirituelle Dimension in der Krebstherapie. In: Neuwöhner / Sommerfeld (2000)
www.eurekalert.org, (2003): Hinweis in Musiktherapeutische Umschau Band 24 Heft 4

Register

Personenregister

Sachregister

Autorenverzeichnis

Manfred Banschbach
Dipl. Musiklehrer (Rhythmik), Musiktherapeut (IMM). Seit 1995 Musiktherapeut am Fachkrankenhaus Neresheim, Fachklinik für Frührehabilitation von Schwerst-Schädel-Hirn-Verletzten, Behandlungsphase B.
Fachkrankenhaus Neresheim, Kösingerstr. 11, 73450 Neresheim, manfred.banschbach@gmx.de

Martin Deuter
Dipl. Musikpädagoge, Musiktherapeut BVM, Psychotherapie HPG. Weiterbildung in morphologischer Musiktherapie. Nach Musikstudium und Musiktherapieausbildung langjährige klinische musiktherapeutische Tätigkeit im Bereich Psychosomatik und Psychiatrie. Lehrauftrag im Masterstudiengang Musiktherapie/Fachhochschule Frankfurt.
Saurenhorn 259, CH – 3054 Schüpfen, Tel. 031–8720626, martin.deuter@bluewin.ch

Birgit Gaertner
Prof. Dr. phil., Diplompsychologin, Psychoanalytikerin. Schwerpunkte: Klinische Psychologie, Entwicklungspsychologie, Psychotherapie. Forschungstätigkeit und Veröffentlichungen im Bereich Schwangerschaftsforschung und Erforschung der Mutter-Kind-Interaktion sowie in der Psychotherapieforschung. Seit 2002 Lehrtätigkeit im Masterstudiengang Musiktherapie/Fachhochschule Frankfurt. Supervisionstätigkeit und Weiterbildung in verschiedensten Feldern der Sozialen Arbeit.
Oberhöchstädterstrasse 22, 61440 Oberursel, Tel. 06171–51205, birgit_gaertner@web.de

Frank G. Grootaers
Dr. rer. mus. Seit 1981 tätig als Diplom-Musiktherapeut am Krankenhaus für Psychosomatische Medizin und Psychotherapie, Bad Honnef. Psychotherapie (HPG), Supervision, Weiterbildung und ambulante Kurzbehandlung am Institut für Musiktherapie und Morphologie, Zweigstelle Linz a. Rh.
Institut für Musiktherapie und Morphologie – Zweigstelle Linz / Rhein
Kirchplatz 1, D–53545 Linz / Rhein, Tel. 02644–981744

Ulrike Haffa-Schmidt
Studium der Musiktherapie an der Hochschule für Musik und Darstellende Kunst in Wien, danach von 1983–1993 Musiktherapeutin an der Kinder- und Jugendpsychiatrie in Nürnberg. Seit 1991 Musiktherapeutin an der Klinik für Onkologie, Hämatologie und Knochenmarkstransplantation Nürnberg und seit 1994 auch in freier Praxis tätig.
Nordring 178, D–90409 Nürnberg, Tel. 0911–352747, info@musiktherapie-nuernberg.de

Herbert W. Kappauf
Dr. med. Studium der Medizin in Erlangen und Rennes/Frankreich. Weiterbildungen sowohl zum Facharzt für Innere Medizin und Internistischen Onkologen als auch zum Facharzt für Psychotherapeutische Medizin. 15 Jahre Tätigkeit als Oberarzt an der Schwerpunktklinik für Medizinische Onkologie, Hämatologie und Knochenmarktransplantationen am Klinikum Nürnberg, danach Niederlassung in eigener Internistischer Schwerpunktpraxis für Onkologie, Hämatologie und Psychoonkologie in Starnberg.
Internistische Schwerpunktpraxis, Onkologie – Hämatologie – Psychoonkologie
MediCenter, Oßwaldstr. 1a, D–82319 Starnberg, Tel 08151–559302, Fax 08151–559303
onkologie.starnberg@t-online.de, www.onkologie-starnberg.de

Urs Kleinholdermann
Schweriner Weg 14, 65719 Hofheim, urs@kleinholdermann.de

Christof Kolb
Studium der Musiktherapie an der Fachhochschule Heidelberg mit Abschluss Diplom-Musiktherapeut (FH). Weiterbildung in morphologischer Musiktherapie. Seit 1989 Tätigkeit als Musiktherapeut an Rehabilitationskliniken für Psychosomatik und Psychotherapie.
Am Hährenwald 9, 75378 Bad Liebenzell, Tel.: 07052–5274, bc.kolb@freenet.de

Susanne Landsiedel-Anders
Musiktherapeutin und Lehrmusiktherapeutin BVM. Diplom-Psychologin. Weiterbildung in morphologischer Musiktherapie. Seit 1983 tätig als Musiktherapeutin in verschiedenen Bereichen (Therapiezentrum für verhaltensauffällige Kinder und Jugendliche, Erwachsenenpsychiatrie, Alteneinrichtungen sowie freier Praxis). Schwerpunkt: Demenzerkrankungen.
Sömmerringstr. 17, 60322 Frankfurt/M., Tel. 069–59678885, landsiedel-anders@t-online.de

Brigitte Schumann
Sozialpädagogin (grad. FH), Musiktherapeutin BVM, Heilpraktikerin / Psychotherapie. Freie Praxis für Musik- und Körperpsychotherapie in Schöneck – Kilianstädten/Hessen. Musiktherapie im Evangelischen Hospital für Palliativmedizin in Frankfurt und Musiktherapie im Projekt „Lebendige Perspektiven“ der Frauenklinik im Klinikum Hanau.
Theodor-Heussstr. 18, 61137 Schöneck, Tel. 06187–7243 bzw. 990767
schumann-schoeneck@t-online.de

Thomas Schröter
Dipl.-Sozialpädagoge, Heilpraktiker (Psychotherapie), Musiktherapeut BVM, EMR-Zulassung für die Schweiz. GIM (Guided Imagery and Music) bei Stephanie Merritt. „Spiritual Care“ bei Christine Longaker. Leiter der Musiktherapiepraxis im Gesundheitszentrum Sokrates in Güttingen (CH) und des dortigen Forschungsprojektes „Musiktherapie bei chronischen Schmerzen“, eigene Praxis in Radolfzell am Bodensee.
Liggeringerstr. 4, 78315 Radolfzell, Tel. 07732–938068
thomas@klangtraeume.de, www.musiktherapie-praxis.de

Almut Seidel
Prof. Dr. phil., Studium der Schulmusik, Musikwissenschaft, Romanistik, Pädagogik, Psychologie und Soziologie. Diplompädagogin, Musiktherapeutin BVM, Supervisorin DGSv. Vortrags-, Publikations- und Forschungstätigkeit (Musiktherapie mit Kindern, mit suchterkrankten und mit alten Menschen). Seit 1971 tätig an der Fachhochschule Frankfurt, seit 1988 als Leiterin der Weiterbildung bzw. seit 2002 des Masterstudiengangs Musiktherapie. Berufspolitisch aktiv im Berufsverband der Musiktherapeutinnen und Musiktherapeuten in Deutschland e.V. im erweiterten Vorstand.
Am Römischen Hof 54, 61352 Bad Homburg, Tel. 06172–44977
seidel@fb4.fh-frankfurt.de

Doris Sondermann
Musiktherapeutin (BVM). Weiterbildung in morphologischer Musiktherapie. Langjährige klinische Tätigkeit in Psychosomatik und Psychiatrie/ Psychotherapie. Langjährige Mitarbeit im Vorstand und in Ausschüssen des deutschen Berufsverbandes der Musiktherapeutinnen und Musiktherapeuten (BVM)
Abt. für Psychiatrie u.Psychotherapie, Allg. Krankenhaus Harburg
Eissendorfer Pferdeweg 52, 21075 Hamburg, doris.sondermann@hanse.net